U0685022

北京

耐看工作室 编著

中国旅游出版社

统筹策划：高瑞　黄圣军

责任编辑：王欣艳 xinyan_w@ sohu.com

装帧设计：幸润年

责任印刷：闫立中

策划：深圳市耐看文化发展有限公司（深圳市福田区八卦岭工业区 512 栋二楼 212，邮编 518029）
　　　网址 www.naikanbook.com

图书在版编目（ＣＩＰ）数据

北京 / 耐看工作室编著 . —— 北京：中国旅游出版社，2011.10
　（ I Can 旅游系列 ）
　ISBN 978-7-5032-4253-3

Ⅰ . ①北… Ⅱ . ①耐… Ⅲ . ①旅游指南 – 北京市 Ⅳ . ① K928.91

中国版本图书馆 CIP 数据核字 (2011) 第 178985 号

书　　　名：北京

作　　者：耐看工作室

出版发行：中国旅游出版社

　　　　　（北京建国门内大街甲 9 号　邮编：100005 ）

　　　　　http://www.cttp.net.cn

　　　　　发行部电话：010-85166503

电脑制作：惠德图文设计制作中心

经　　销：全国各地新华书店

印　　刷：北京市世艺印刷有限公司

版　　次：2011 年 10 月第 1 版　2011 年 10 月第 1 次印刷

开　　本：720 毫米 ×970 毫米　1/16

印　　张：18

印　　数：8000 册

字　　数：270 千

定　　价：39.80 元

Ｉ Ｓ Ｂ Ｎ：978-7-5032-4253-3

主创自序

深 爱 北 京

北京是一个令人想一去再去的地方。

最爱老北京，早晨充满生气的小吃店、用心经营的百年美味、穿梭大街小巷的单车、在胡同里侃大山的老爷子、延绵万里的长城，北京到处是古迹，满载人情味，亲切得像街坊邻里。

新北京处处是惊喜，令人眼前一亮的特色小店、创意惊人的艺术区、新旧融合的本土设计、星级享受的新派美食、格调十足的精品酒店，既有新鲜感，亦不失本土特色。

虽然北京每天都在变，但幸运的是新旧并存，依然可爱。

深爱北京

特别鸣谢：

在路上帮助过我们的认识的或不认识的朋友们，**或许我们会再相见。**

主创简介
林思乐
lamclok@gmail.com

20年前就想靠写字为生，最大的愿望是一生都在旅行。有一天终于合二为一了，不断地写写写，由南写到北，记下各地新旧有趣的人和事。
从事传媒多年，专访旅游、饮食、潮流等新鲜事。

北京 [contents]

12 大主题特辑

北京出行必读	P.004
烤鸭涮羊肉大比拼	P.005-016
吃在北京 Tips	P.017
老北京地道美食	P.018-021
漫游艺术区	P.022-046
北京乐队演出特辑	P.047-049
京城赏花赏叶攻略	P.050-051
8 大必游名胜	P.052-053
3 大京味儿特产最强采购点	P.054-056
街头小卖店淘宝	P.057
住在四合院	P.058-075
北京特色酒店热选	P.272-281

东城区

基本资料 + 交通	P.076-077
天安门、故宫	P.078-087
王府井	P.088-099
东四	P.100-108
南锣鼓巷	P.109-129
安定门	P.130-143

西城区

基本资料 + 交通	P.144-145
什刹海	P.146-162
西直门	P.163-167
西单	P.168-171

"地图码"使用方法：
每个景点后面附有地图码，前半部分是该景点所在地图的页码；后半部分则是其位置的坐标。

MAP: P.181 B2
地图页码   地图坐标

提醒你

朝阳区

基本资料 + 交通	P.172-173
三里屯、工人体育场	P.174-198
建国门	P.199-206
潘家园	P.207-210
奥运场馆	P.211-216

海淀区

	P.217-229

崇文区（现并入东城区）、宣武区（现并入西城区）

	P.230-243

万里长城

基本资料 + 交通	P.244-245
慕田峪长城	P.246-249
八达岭长城	P.250-251

居庸关、水关长城	P.252-253
金山岭长城	P.254-255

河北省

基本资料 + 交通	P.256
唐山	P.257-258
秦皇岛	P.259
承德	P.260-262

天津

	P.263-271

北京旅游须知

	P.282-286

＊本书所列价钱，除特别标明，均为人民币（￥），仅供参考。

北京出行必读!

天气干燥 注意补湿

北方冬天天气干燥，特别是酒店的暖气，容易抽干空气水分，一早起床难免喉咙痛。要注意多喝水，也可在床边放一杯水，以保持空气湿度。更要准备润唇膏和润肤霜，女生应带补湿面膜晚上敷敷。打出租车开关车门时也要小心静电。

洋葱式穿衣法

北京冬季还是偏冷的，冬季游北京时帽子、手套都不可少。11月15日至次年3月15日，室内会供应暖气，室内室外温差极大，建议别穿太厚的保暖内衣，否则进入室内就会汗流浃背。最好采取洋葱式的穿衣法，多穿几件，遇冷一层层加，遇热一层层剥。

06:30-21:00塞车

北京的塞车情况比较严重，平日06:30-21:00都是塞车高峰，四环以内更是重灾区，平均车速只有20~30公里。而07:30-09:00和16:30-19:00的上下班时间，路面更几近瘫痪，北京司机都调侃说塞车时间足够读完一份报纸。

建议在塞车高峰时最好乘坐地铁，否则被困在公交车或出租车上既费时又劳累。塞车情况更延展至机场，去机场起码要预留半小时的塞车时间。

北京从06:30开始，直到21:00都塞车

东南西北要分清

在北京问路，当地人不会告诉你左转或右转，而是说"奔东"、"奔南"、"奔西"或"奔北"，即是往东、南、西、北走，因此游北京最好带上指南针。若问要走多远，北京人多数说"就一站地"，意思是一站公交车的距离，徒步10~20分钟。

四合院里没有洗手间

传统的四合院没有洗手间设备，因此很多开在老区四合院里的餐厅都不设洗手间，顾客要走到胡同内的公厕解决。幸好，通常胡同内每500米就有一个公厕。2008年奥运会前政府斥资改善公厕，因此卫生情况都不错，但得自备纸巾。

免费旅游杂志

不少酒店和游客热门的餐厅都有免费旅游杂志派发，介绍北京最新的吃喝玩乐资讯，例如节日活动、表演或最新饮食推介，排版精美、资讯齐备，必看!

《Time Out北京》是京城的权威性消费杂志

《the beijinger》是免费英文月刊，每期均有饮食及时事专题报道

京腔教室

北京话和普通话分别不大，只有某些字的发音稍微不同，还有些地道用语，但是一般情况下沟通都没有问题。北京人喜欢在一些名词后加上"儿"尾音，例如"胡同儿"、"拐弯儿"，又喜欢说"呗"、"嘞"等助词，形成独特的"京腔"。

京腔	普通话
甩站	过站不停
遛弯儿	散步
局器	豪爽大方
尖果儿	美女
尖孙儿	俊男
甭介	不用了
倍儿	特别
搓火儿	生气
挤兑	取笑
麻利儿	赶快
熬头	烦恼
抹不丢地	不好意思

挂炉烤鸭 vs 焖炉烤鸭

北京烤鸭分为挂炉和焖炉两大门派：挂炉烤鸭的烤炉没有炉门，采用果木烤制，由于果木耐烧兼无烟，烤出来的鸭会增添一股清香。鸭入炉后，要用挑杆有规律地掉换鸭的位置，让鸭身受热均匀，熔化皮下脂肪，烤制出来的鸭子才会皮脆肉嫩。

焖炉烤鸭是先把炉烧热，待炉火灭掉才放鸭入炉，让炉内的热力焖熟烤鸭，过程不见明火。由于炉内温度先高后低，空气湿度高，因此烤鸭受热均匀，油脂水分消耗少，鸭皮和肉不会脱离。

如今的北京烤鸭店多采用挂炉方法，焖炉则已很少见了。

提醒你

烤鸭涮羊肉大比拼！

烤鸭和涮羊肉是游北京必吃的名菜，百年老字号加上新派餐厅林林总总选择极多。到底哪家最好吃？询问当地人每次得到的答案都不同，口味相差较大。

本书特选多家北京名店，逐一介绍其中特色，读者大可按个人喜好挑选合口味的烤鸭店和涮羊肉店。

大董的全新"酥不腻"烤鸭，鸭皮酥松非常，入口即化，且低脂少油，¥118/半只

3种烤鸭的吃法：

大董新创的8种烤鸭调料，包括蒜泥、甜面酱、大葱、萝卜等，可搭配出3种吃法，服务生会为客人示范配搭方法。¥8/位

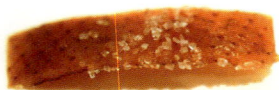

吃法一：鸭皮蘸白糖，白糖能中和膻味，香脆鸭皮入口即化

吃法二：荷叶饼抹上甜面酱，加几片鸭皮、鸭肉和大葱卷起来吃，一口多种滋味

吃法三：用烧饼夹着鸭皮、鸭肉、蒜泥、黄瓜、萝卜一同吃。蒜泥解油添辣，风味独特

提醒你

不油不膻新派菜 最健康

大董

创立于1985年，始创人董福祥是中国餐饮界唯一一位获得MBA学位的厨师，结合传统手法与现代健康饮食理念，创造出不油腻的挂炉烤鸭。其烤鸭不油腻、膻味亦不重，深受年轻人喜爱，每天门庭若市，几乎是北京城中人气最旺的烤鸭店，也是众多大使馆接待外宾的指定饭店。**MAP: P.175 E2**

厨师会在客人面前即席片鸭，刀功极精，片出来的鸭皮不带半点油脂。

水晶鸭舌，大董主打中国意境菜，每道菜式都赋予一首诗，卖相精致得像一幅画。¥40

鲜橙鸭宝羹，橙味鲜香浓郁。¥26

餐后奉送水果，盘底放有干冰，服务生端上台时还飘着轻烟，甚有意境

鸭汤，味道清淡。¥12

大董最闻名的是位于朝阳区团结湖的旧店

入口处设有水吧供等位的客人免费享用小吃及饮品，包括红、白酒，像开party

Info

地址：朝阳区团结湖北口3号楼
电话：010-6582-4003 / 010-6582-2892
营业时间：11:00-22:00
网址：www.dadongdadong.com/
消费：约¥150/位
＊大董在各区均有多家分店
前往方法：地铁10号线"团结湖"站C出口，徒步约3分钟即到

经典二人套餐（¥288）包括烤鸭一只、芥末鸭掌、盐水鸭肝、三丝蛋卷、西蓝花及凉菜。香脆鸭皮带着肉和脂香，入口则带果香而不油腻

烤鸭都是即点即烤，新鲜出炉

利群采用薄片纵切方式，鸭皮带着一点肉，吃时皮、脂、肉同时入口，滋味十足

老胡同的果香烤鸭

最传统

利群烤鸭店

　　店主张立群原是名店全聚德的老师傅，1992年起开始在四合院家中开办烤鸭店。

　　遵循古法，以陈年果木烤鸭，故烤出来的鸭皮鸭肉带股清淡的果香。虽然藏身胡同深处，仍然广受中外传媒推崇，连周润发、李连杰都是捧场客。

明星如李连杰、洪金宝、陈奕迅、容祖儿，以及周润发等都是捧场客

荷叶饼薄得可透光，极考功夫

MAP: P.233 E1

Tips

1. 店内只有12张台，最好先打电话订位和订鸭，否则现点现烤要等上至少45分钟。
2. 烤鸭只卖全只，不卖半只。点套餐较值。

利群藏身胡同深处不易找，店主特意在墙上画了只鸭子做标志

二人套餐里的盐水鸭肝，鲜嫩滑溜而不带膻味

麻辣膀丝，香辣清新，十分开胃

利群开在传统四合院里，装潢朴素，流露着老北京民居的感觉

Info

地址： 东城区前门东大街北翔凤胡同11号
电话： 010-6702-5681/010-6705-5578
营业时间： 12:00-22:00
消费： 约¥150/位
前往方法： 地铁2号线"前门"站B出口，沿前门东大街往东走，到正义路口看见前门小学右转走200米，见红灯笼进胡同便是

蔬香酥烤鸭,在烤制前用10种蔬菜将鸭坯脱油、入味,以降低烤鸭的脂肪含量。烤鸭外皮酥脆,肉质细嫩而带蔬菜清香。￥98/半只

家乡水豆腐,香辣非常。￥32

吃法一:用胡萝卜汁制成的薄饼卷着鸭肉,加上豆芽、萝卜苗、薄荷叶、生菜等,香甜可口

吃法二:在荷叶饼上抹上甜面酱,加入几片鸭皮、鸭肉和青菜卷起来吃,健康又清新

硕果仅存的焖炉烤鸭

最老字号

便宜坊

北京烤鸭分为焖炉和挂炉两大门派,现在情况是挂炉烤鸭大行其道,便宜坊则是焖炉烤鸭派系中硕果仅存的代表。便宜坊始创于明朝永乐年间(1416年),一直誉满京城,至今已有近600年历史,店铺宗旨是方便宜人,物超所值。除传统口味,更新推出蔬香酥烤鸭,烤之前先用蔬菜、莲子、茶叶、红枣等浸鸭,使烤鸭流露茶和菜的清香,刚一推出即大受欢迎。

MAP: P.233 G1

新世界店位于青春馆3楼

客人可以欣赏师傅片鸭时利落的刀功

便宜坊有多间分店,每间店门外都有踩着滑板的鸭公仔标志

新世界店装修富丽堂皇,捧场客极多

Info

地址: 崇文门外大街5号新世界二期青春馆3楼
电话: 010-6708-8680
营业时间: 周一至周五09:00-21:30;
周五、六及公众假期09:30-22:00
网址: www.bianyifang.com
消费: 约￥150/位
* 便宜坊在各区有多间分店

前往方法:
1. 地铁2号线"崇文门"站B出口
2. 地铁5号线"磁器口"站B出口,徒步约10分钟即到

京城新宠
鸭王

MAP: P.200 A2

用传统挂炉烤鸭的技术烤出外酥内嫩、入口即化的烤鸭，加上独具特色的新派吃法，成为烤鸭中的极品。虽然开业只有十多年，但是广受好评，连张惠妹、苏慧伦、篮球明星迈克尔·乔丹都要远道而来品尝。即使只在北京停留一天，也值得前往一试。

随烤鸭附送的鸭汤，用鸭架熬成的汤呈奶白色，滋味鲜美

片了皮的鸭骨可熬汤
烤鸭片皮后剩下的鸭架，一般烤鸭店会将它用来熬汤，部分店铺熬汤需另外收费，有些则免费提供鸭汤。也可做成椒盐鸭架或酱爆鸭架，制作时间清楚，当地人很多会打包鸭架回家自己做。

提醒你

豆浆时蔬，清甜豆浆配鲜嫩豆苗，美味又健康。¥48

芥末鸭掌非常爽脆清新，是绝佳的开胃小吃。¥30

烤鸭外皮香脆而不油腻，肉质鲜嫩，鸭味香浓。¥98/半只

盐水鸭肝，片片厚薄均匀，爽口鲜甜。¥32

烤鸭调料包括大葱、酱油、豆芽、糖等，可自行配搭出多种吃法

师傅片片鸭刀功极好，鸭片的外皮与肉的比例恰到好处

鸭王装潢古色古香，更可俯瞰建国门一带景色

鸭王开业于1997年，是一家在本地人中广受好评的烤鸭店

Info
地址：朝阳区建国门外大街24号
电话：010-6515-6908
营业时间：10:00-21:30
网址：www.bjywky.com
消费：约¥100/位
* 鸭王有多间分店
前往方法：地铁1号线"永安里"站C出口，徒步约5分钟即到，在麦当劳旁

精选大小适中的鸭子,以果木烤成,鸭肉渗出阵阵果木甘香。￥198

莲蓉鸭酥,卖相与味道均属一流。￥38

豆腐鸭汤,清淡味美。￥38

鸭肝酱,融合中、法式的制法,一口吃下,上层的鸭肝跟蛋糕融合,回味无穷。￥158

星爷、李泽楷捧场　最时尚

全鸭季

　　北京最时尚的烤鸭店,位于京城人气的餐饮会所"1949 - The Hidden City"内。全鸭季以传统的烤鸭材料,结合法式烹调手法,炮制出香气四溢的新派烤鸭菜式。美味只此一家,绝无分店,因此每晚座无虚席,连周星驰、李泽楷、张曼玉、章子怡等名人红星都曾是座上客。

MAP: P.175 D3、E3

全鸭季所在的1949-The Hidden City餐饮会所,环境结合历史建筑与现代设计,乃京城最时尚的餐饮夜间聚会点

内部装潢古色古香,片烤鸭时,服务员会打锣公告天下,恍如回到古时

鸭松脆饼,用特制的烤饼搭配鸭松,在北京传统吃法中加入创意。￥88

店内附设Bollinger香槟吧,配烤鸭是绝佳的享受

Info

地址:朝阳区工体北路太平洋百货南门对面1949-The Hidden City
电话:010-6501-8881
营业时间:11:30-14:30、18:00-22:30
网址:www.elite-concepts.com
消费:约￥200/位
前往方法:地铁10号线"团结湖"站D出口,步行约5分钟即到

挂炉烤鸭脆嫩酥香，最重要是价格非常实惠。￥52/半只

传统挂炉烤鸭大解构！

采用果木烤鸭，果木要够陈年才能烧出旺火

柜内吊着待烤的鸭坯，都用竹筒填塞防止肉汁流失

挂炉的特点是湿度低、火力猛，鸭身受热均匀，皮下脂肪化掉得多，令鸭皮焦而肉鲜嫩

提醒你

老北京最爱 最值

金百万

MAP：P.218 D4

这是主打烤鸭的大型连锁店，挂炉烤鸭只卖￥88一只、￥52半只。价钱虽大众化，但制作依旧用心，特别选用5斤半左右、顺义产的北京填鸭，用传统方法烤制。还有健康不油腻的精品烤鸭，传统与新派口味兼备，深受北京人欢迎，成为北京老百姓的家常烤鸭店。

沙煲丸子，肉丸筋道爽口，酱汁香浓。￥36

装潢精致时尚，因此金百万亦是许多北京人的请客首选

金百万分店众多，每间店的装修均有不同风格

Info

地址：西城区文慧园北路8号
电话：010-6225-7676
营业时间：11:00-14:00、17:30-22:00
网址：www.jinbaiwan.com
消费：约￥70/位
*金百万在各区均有多间分店，请参阅本书各区地图标示

前往方法：
1.地铁2号线"西直门"站B出口，沿西直门北大街往北徒步约15分钟，转入文慧园路徒步约10分钟，转至文慧园北路徒步约5分钟即到
2.地铁2号线"西直门"站B出口，转乘出租车约￥15

葱爆鸭心，鸭心爽滑，火候掌握得非常好，佐酒一流。￥26

西直门店装修是以圆形为主题，中间有一面穿洞的墙，风格独特

餐厅不时推出新优惠，消费满￥100即可加￥10申请成为会员，可即时享用会员价

调料大解构

每家涮羊肉餐馆的调料比例各有秘方。东来顺的调料（￥8）是用芝麻酱、绍酒、酱豆腐、韭菜花、虾油、辣椒油、酱油、米醋调配而成，又称"老八件"。左图右上角是糖蒜（￥10），北京人习惯吃涮羊肉配少许糖蒜

芝麻烧饼（￥3/个），当地人喜欢在吃涮羊肉时配烧饼当主食

手工切的鲜羊肉，肉嫩味美，肥瘦适中，而且刀工细致，片片成卷，纹理清晰。￥68

百年老字号
东来顺

最人气

MAP: P.089 B2

北京涮羊肉名店，因选料精、加工细、作料齐全、肉嫩味美而驰名全国，长期保持着人气。创始人丁德山是回民，1903年开始在东安市场摆摊出售羊肉杂面和荞麦面切糕，由于生意日渐兴隆，便取"来自京东，一切顺利"的意思来命名，正式挂起东来顺的招牌。

紫铜清汤火锅，采用的紫铜锅身高膛大，容炭量多而不怕飞灰。￥35

新东安店是东来顺的总店，每晚均门庭若市

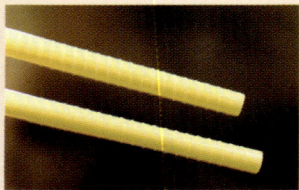

筷子上有凸起的螺旋纹，夹羊肉下锅时羊肉不易松脱

提醒你
地道涮羊肉吃法

最地道的涮羊肉吃法是一次夹几片羊肉，下锅后用筷子快速拨散，让羊肉均匀受热熟透，至变色后立即夹起，这才够鲜嫩

店门外的巨型精致火锅是拍照热点之一

紫铜锅底部的铁箅子粗而疏，易于通风供氧，故能保持炭火旺盛

Info

地址：东城区新东安商场5楼
电话：010-6528-0932
营业时间：10:00-21:00
网址：www.donglaishun.com
消费：￥100/位
*东来顺在各区有多间分店
前往方法：地铁1号线"王府井"站A出口，沿王府井大街向北走约10分钟即到，在王府井大街与金鱼胡同交界处

裕德孚老北京涮羊肉

全京城有过百间名为"老北京涮羊肉"的店铺，但当地人认为真正称得上老北京风味的，首推裕德孚。这里的手工切鲜羊肉分为：大三岔（肥肉）、小三岔（半肥瘦肉）和黄瓜条（瘦肉）3种，师傅刀功极精致，肉质鲜嫩，而且价格实惠。因此即使店铺小且装潢简单，仍吸引了很多当地人和游客慕名而来。

MAP: P.131 B4

采用特别定制的紫铜锅，是正宗老北京风味

小三岔，羊肉鲜嫩无比，口感绵软细腻，富弹性，且每片厚薄均匀，肥瘦比例适中。¥24

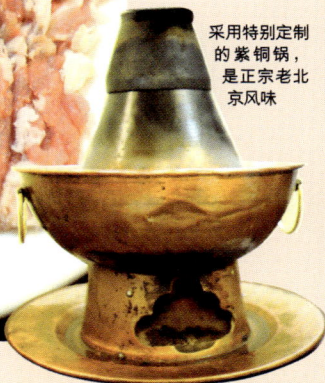

黑百叶，爽脆新鲜，色泽黑白分明。¥20

店内只有5张台，感觉有点像大排档，却更显地道

冻豆腐看起来干干的，但入口却是意想不到的滑。¥6

燕京纯生冰啤（¥8），一般人认为吃火锅喝啤酒可清热气，但北京人认为吃火锅喝啤酒会令热气积聚在体内

调料大解构

调料沿袭北京"老八件"，芝麻味香浓但不会掩盖肉味，香菜和大葱清新解腻

店主示范如何配调料，按个人喜好将香菜和大葱倒进调料拌匀

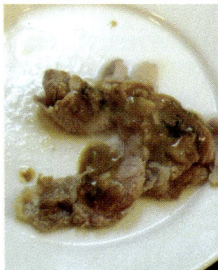

一般客人都是直接夹羊肉片蘸调料，但很容易蘸太多。店主教授，先把羊肉放在碟子里，再用小勺浇上调料，一来容易控制分量，二来可让调料均匀覆盖整片羊肉

裕德孚门面毫不起眼，入夜后更难找，请认准门前大树上挂着涮羊肉3个大字，招牌右边写着裕德孚才是正店

Info
地址：东城区东直门内大街264号
电话：010-8402-6223
营业时间：17:00-次日02:00
消费：约¥50/位
前往方法：地铁5号线"北新桥"站B或C出口，步行约5分钟即到，位于簋街上

烤鸭涮羊肉大比拼

融合老北京紫铜锅与京城传统工艺景泰蓝而成的小锅，高雅别致。¥10/位

景泰蓝科普
将各种颜色的珐琅附在铜胎或是青铜胎上，然后烧制而成的工艺品便是景泰蓝，器皿瑰丽多彩。制作工艺源于元朝，在明朝开始盛行。

提醒你

海带豆皮拼，海带新鲜、豆皮清淡爽滑。¥12

北京人下馆子吃饭喜欢喝热的玉米汁，清甜又稠糊。¥15

门口的巨型紫铜锅是游客的拍摄热点

后海店开设在四合院里，分4个大厅，装修古色古香

Tips I Can
18:00后不接受电话订位，只接受电话预约优先入座，到店后仍需等候。

清汤底内有红枣、杞子、虾皮、姜、大葱等，汤头鲜美

景泰蓝小火锅
南门涮肉

最精致

原名"宏源涮肉城"，北京人称之为"南门涮肉"。创立于2004年，源自北京永定门河边独具特色的清真涮肉。以大众化见称，火锅配料选择多，深受北京人喜爱，每天晚上都排大队。其中最具特色的是一人一锅的"景泰蓝锅"，以特色工艺景泰蓝特制而成的锅涮羊肉很有京城大户人家的气派。**MAP: P.147 D3**

调料内粉红色的是腐乳、绿色的是韭菜花，另有酱油、芝麻和芫荽。不吃芫荽的谨记预先告诉服务员

南门涮肉有多间分店，其中后海店是传统大宅四合院，毗邻后海，风景宜人

特制墨鱼滑，新鲜爽滑。¥22/小份

四鲜组合（¥58）包括鲜羊肉、鲜羊上脑、鲜切牛花腱和滑牛肉，均肉质鲜嫩，一次可尽尝多种口味

Info

地址：西城区什刹海南官房胡同1号
电话：010-8322-7033
营业时间：11:00-24:00
网址：www.hongyuan.cc
消费：约¥80/人
*南门涮肉在多区有分店，只有日坛店和后海店提供每人一锅的"景泰蓝小锅"
前往方法：地铁2号线"鼓楼大街"站B出口，沿旧鼓楼大街往南步行约15分钟至后海边上即到，银锭桥旁

品涮羊肉
鼎鼎香

最有气派

1998年开业的精品火锅店，以富丽堂皇的装修、卖相精致的菜品闻名，自创汤底和菜式，采用新派的一人一锅形式，让当时的北京火锅界耳目一新。曾被权威美食旅游杂志《City Weekend》读者票选为最佳火锅店，更三夺《the beijinger》读者最爱餐厅，吸引了很多食客慕名而来。**MAP: P.173 B2**

烤鸭涮羊肉大比拼

手工北方水饺，融北京传统水饺与新派饮食于一体

羊肉组合，包括小肋卷、小羊腿、一品羊、羊上脑（羊脊梁上的肉，每只羊只有几两）。采用内蒙古及宁夏的羊，膻味较重，虽然不是手工切片，但是肉质细嫩。¥68

特制调料散发出浓郁芝麻香。另外，鼎鼎香的芝麻烧饼亦口碑极佳，很多客人都另点一份打包带走。¥7

香菇，鼎鼎香的配料选择适合现代人口味。¥28

装潢高雅，富有格调

东环店位于元嘉国际公寓2楼

一人一锅适合年轻人喜好

曲奇饼，鼎鼎香近年还进军西饼和蛋糕，曾获奖无数

Info
地址： 东城区东直门东中街40号元嘉国际公寓2楼
电话： 010-6417-2546/010-6417-9289
营业时间： 10:00-22:00
网址： www.dingdingxiang.com.cn
消费： 约¥100/位
*鼎鼎香在多区有分店
前往方法： 地铁2号线"东直门"站C出口，沿东直门外大街往东步行至东方银座，再从东方银座步行约5分钟即到，在东环广场B座对面

涮羊肉由来

据说源自元朝，说是元世祖忽必烈南下远征，在人困马乏的时候吃过一次水煮羊肉，感觉味道极其鲜美。战后，忽必烈要厨师再做，厨师将羊肉切成均匀薄片，配上多种作料，涮后亦鲜嫩可口，忽必烈便赐名"涮羊肉"。

还有另一说法是成吉思汗南下远征时，突然想吃蒙古传统美食手抓肉，于是叫军厨去煮，怎料敌人忽至，军厨刚杀好羊而赶不及做其他的，便把羊肉切成薄片，放到滚水中涮，成吉思汗吃后便急忙迎战。战胜回营后，成吉思汗命军厨依法再做一次，将领们吃后都赞不绝口，于是成吉思汗便赐名"涮羊肉"。

提醒你

羊肉套餐（￥28），包括羊肉、蔬菜拼盘和自选￥2主食（烧饼、米饭、拉面或火锅饺）。虽然不是手工切羊肉，但是肉质味美，厚度适中，绝对物超所值

店铺极受当地人欢迎，晚饭时间经常排大队

￥28一人一锅   最平民化

呷哺呷哺

　　大型火锅连锁店，在各区都有分店。采用一人一锅的餐吧形式，羊肉套餐只卖￥28，品质好，分量足，非常值！其余火锅配料最低只要几元，是不少老百姓日常吃涮羊肉的首选。

MAP: P.089 B2

餐厅采用餐吧形式，乍一看还以为是回转寿司店

除了清汤，也有麻辣汤底可供选择

麻酱调料（￥2）是真空包装形式，客人自助加入香菜，还有沙茶酱（上左，￥2）

▶Info◀

地址： 东城区新东安商场5楼
电话： 010-6126-7119
营业时间： 10:30-21:00
网址： www.xiabu.com
消费： 约￥30/位
*呷哺呷哺在各区有多间分店
前往方法： 地铁1号线"王府井"站A出口，沿王府井大街向北步行约10分钟即到，在王府井大街与金鱼胡同交界处

吃在北京 Tips!

北京的很多包子按两计算，1两有2~3个

晚饭时间通常不设订座，但部分餐厅设电话预约优先入座

按斤两计算

不少饭馆的包子、饺子等都以两、斤为单位计算，切勿随意点一斤，否则包子、饺子会堆成山。

勿误饭点

北京人称吃饭时间为"饭点"，早餐一般从06:00开始，午餐11:00开始，晚餐则17:00开始。部分餐厅，特别是国营饭店，14:00-17:00会有午休。

想吃清淡应事先声明

北京菜口味较重，外地人未必适应。订位或点菜时，服务生通常会问客人有什么"忌口"，如果喜欢淡口味，可要求少油、少盐、少糖、少辣、不加味精等。涮羊肉调料一般有香菜，如不吃香菜应事先说清楚。

北京菜口味偏咸，建议先要求少盐，再要求不用味精

吃饭要订位

热门餐厅在饭点通常要等位，先以电话订位可节省不少时间。但要留意很多大型餐厅，18:00后便不设电话留位，只设电话预约优先入座，虽然到场后仍要等候，但仍比完全没预约好。

部分餐馆不提供免费茶水，一壶茶可能比整顿饭更贵

点茶前先看酒水单

入座后，服务员会问要什么茶水，记得先看酒水单，因为很多餐馆都不提供免费茶水，有些餐馆点心只需￥10，但一小壶茶却索价￥40，收到账单才后悔已太迟。

北京菜式扫盲

艾窝窝	带芝麻、山楂等馅的糯米糕	三不粘	用蛋黄、淀粉、白糖制成的甜品，不粘盘子、不粘筷子、不粘牙齿	炸货	奶油炸糕、焦圈等油炸食品
它似蜜	滑溜羊肉里脊丝			炒货	花生、瓜子等烘炒食品
豌豆黄	用黄豌豆制的糕点			流食	豆汁、面茶等流质食品
面码儿	拌面的配菜	馋嘴蛙	麻辣牛蛙	蒸货	千层饼、花卷、豆包等蒸制面食

推介
街边小摊贩、东华门夜市
（详见P.094-095介绍）

冰糖葫芦

起源于京津地区，名字虽然叫冰糖葫芦，但并非用冰糖，而是用普通的白糖，酸脆的山楂外面覆盖着一层晶莹剔透的、脆脆的糖胶，看起来像结了一层冰，因而命名。

传统的冰糖葫芦用山楂（又叫山里红）穿成，后来陆续出现用山药、黑枣、橘子等制作的糖葫芦，近年还有用苹果、菠萝、草莓等水果制作的。在北京卖冰糖葫芦的摊档随处可见，仍然深受当地人和游客欢迎。

老北京地道美食

推介
隆兴盛名优小吃（详见P.155介绍）

麻酱烧饼

将面团搓成圆饼状，涂上麻酱，再将外皮烤成金黄色即成。外焦内嫩，香味浓厚，一刀切开，千层饼皮层次清晰、均匀，一般以十五六层的为最地道。

北京人吃涮羊肉或豆面时会配烧饼当主食，有的店铺在烧饼里夹上酱牛肉，叫"烧饼夹肉"，也是北京特色小吃之一。卖烧饼的地方很多，口味各有不同，当地人都推荐后海隆兴盛的烧饼最正宗。

烧卖

地道的北京小吃，最早出现于元朝，与包子的区别在于顶部不封口，貌似石榴。明代称烧卖为"纱帽"，清代称之为"鬼蓬头"，清乾隆年间的竹枝词更有"烧卖馄饨列满盘"的说法。广东烧卖亦由此演变过来，但北京的烧卖皮薄而不油腻，最普遍的馅料是猪肉或羊肉大葱，现在还演变出素馅、腊肉糯米、蟹、虾等口味。

推介
都一处烧卖馆（详见P.238介绍）

推介
海碗居（详见P.210介绍）
侣松园（详见P.064介绍）

推介
老磁器口豆汁店（详见P.236介绍）

炸酱面

　　北京炸酱面远近驰名，当然要一尝。将肉丁及葱姜等下油里炒，加入黄豆酱或甜面酱做成炸酱。而手工面则讲究筋道爽滑。拌面配菜有豆芽、芹菜、青豆、黄瓜丝、心里美萝卜丝、白菜丝、青蒜和大蒜8种。冬天，北京人一般将面条煮熟后直接捞到碗里吃，称为"锅挑儿"；夏天则会将面条出锅过冷水后再吃，称为"过水儿"。

豆汁儿、焦圈

　　豆汁使用绿豆制成，其制作过程中需要发酵，因此豆汁会散发强烈的特殊气味，喝起来味酸但回味时又有微甜感。因其口味独特，所以外地人一般接受不了，但是当地人却非常钟爱，认为有清热去火的功效，相传乾隆帝更曾请豆汁匠到御膳房制作豆汁。喝豆汁通常配焦圈和切得极细的酱菜，在老北京饮食文化中，一碗豆汁儿几个焦圈加上一碟辣咸菜丝儿便是一餐，这一餐集合了五味中的酸、辣、甜、咸四味。

老北京地道美食

灌肠

　　最初的灌肠是在猪大肠里灌入淀粉、碎肉而成，后来改以绿豆淀粉加香料灌制而成。最讲究的灌肠，必须以猪大肠提炼的油炸制，因此正宗的炸灌肠闻起来总有一股猪大肠香味，但现在的都市人讲究健康，已经很少用猪油来炸灌肠了。炸灌肠时，先将灌肠切片，炸至两面冒泡变脆，捞起洒上拌好的盐水蒜汁，味道像薯片，蘸上盐水蒜汁更开胃。

推介
丰年灌肠（详见P.107介绍）

推介
护国寺小吃（详见P.152-153介绍）
隆福寺小吃店（详见P.106介绍）

推介
馅老满（详见P.129介绍）

驴打滚

又称"豆面糕"，是一种以糯米做皮、红豆沙做馅的满族传统小吃，清朝时列为宫廷食品，现在是北京著名小吃。因为做好后要放在黄豆粉上滚一下，就像野驴在土地上打滚后浑身沾满干土而得名。糯米外层柔韧绵软，裹着甜甜的红豆沙，是北京老百姓非常喜爱的小吃。

饺子

俗语说"舒服不如倒着，好吃不如饺子"。北京人过春节，绝不能少了饺子。除夕晚上包饺子，24:00开始吃，取"更岁交子"谐音的意思。还有"冬至饺子夏至面"的说法，在冬至也有吃饺子的习惯。常见的馅料有猪肉白菜、牛肉酸菜、猪肉冬笋、牛肉胡萝卜、猪肉三鲜等。很多人爱吃蒸饺，当然也有水饺和煎饺等做法。在餐馆里，水饺分量以两计算，一两饺子大概有5个。

推介
爆肚张（详见P.154介绍）

推介
左邻右舍褡裢火烧（详见P.108介绍）

爆肚

清真小吃，分为牛肚和羊肚两大类：羊肚又可分为肚仁、肚领、食信、散丹等8个部位；而牛肚则分为肚仁、百叶、百叶尖和厚头4种。爆肚制法有水爆、油爆、汤爆、芫爆等，其中以水爆最为常见。水爆是根据部位不同，在滚水中余几秒到十几秒，捞出后蘸小料食用，鲜嫩爽脆。小料一般由芝麻酱、韭菜花、酱豆腐调成，香浓美味。

梁实秋回国后马上就吃爆肚

话说当年梁实秋先生留学美国，心中最念念不忘的就是爆肚。据说他学成回国当天，把行李寄存在车站后，便跑到馆子里要了三份爆肚，盐爆、油爆、汤爆各一份，吃饱才回家。梁先生更认为这顿饭是"平生快意之餐，隔五十年犹不能忘"。

芥末墩

北京的首席家常凉菜，年夜饭必备。老北京人大多会做芥末墩，将大白菜横刀切成寸高的菜墩，用沸水浇至菜墩变软，再一层层码在瓦盆内。码一层，撒一层芥末、白糖和少许醋，最后用棉垫子把瓦盆盖密封，两三天后即可食用。吃时，酸、甜、脆、辣、香五味俱全，芥末味钻鼻，开胃醒脑。

提醒你

炒肝

北京有一句骂人的俗话是"这人跟炒肝似的"，意思就是"没心没肺"。炒肝以猪肝、大肠等为主料，以蒜等为辅料，加上淀粉勾芡而成。炒肝中的"炒"字并非油炒之意，而是源于满语："colambi"，意思是烹、炒、煎、熬，均称为"colambi"。北京人吃炒肝并不用汤匙筷子，而是整碗端起来喝。好吃的炒肝汤汁颜色透亮，散发浓郁的大肠香和蒜香。

炒疙瘩

北京特有的传统清真面食，已有近百年历史。疙瘩即是粒状的疙瘩面，加入牛肉、黄瓜、萝卜炒成。最初由北京和平门外的穆老太太和她的女儿所创，民国初年，母女俩开了一个饭摊，由于生意不景气，便把卖剩的饸烙面重新揉成小疙瘩状，煮熟后加些青菜炒着吃。却未料想极为美味，第二天大家都来品尝，遂成为北京地道的主食之一。

老北京地道美食

面茶

面茶是深受北京老百姓喜爱的早餐或午点。将面粉、麻仁下锅拌均匀炒至焦黄，再用开水冲成糨糊状。面茶很讲究吃法，吃时不用筷子、匙羹等餐具，而是单手端碗，沿着碗边转圈喝，非北京人恐怕难以效仿。甜甜的面茶散发浓郁的芝麻香，口感像芝麻糊，值得一试。

棒糁粥、包子

棒糁粥即玉米粥，价格便宜营养丰富，早上喝上一碗是老北京平民百姓的养生之道。玉米粥配包子更是北京人早餐的不二之选，常见的包子馅料有猪肉大葱、猪肉三鲜、素三鲜等，近年新创的还有虾、猪肉梅干菜、鲜虾菜心、牛肉大葱馅等。好吃的包子皮薄馅多、松软多汁，每天早上包子铺前一定排大队。

漫游艺术区

到北京游艺术区早已是不可或缺的行程。北京的艺术区众多，云集数百间画廊和众多展览馆，展出闻名世界的艺术大师及新锐艺术家的作品，部分还附设小店、café和特色餐厅。

北京的艺术区大多由旧厂房改建而成，将历史建筑与艺术气息相结合，营造出独有的魅力。

漫步其中，可感受到北京艺术空间之多元与宽广。

漫游艺术区

提醒你

免费艺术小册子

艺术区面积广阔，一天实在逛不完，部分画廊只在展览期间才会开放，应事先做好调查。建议到达艺术区后，先到大型画廊索取免费的艺术小册子，内有各大艺术区的每月展览资讯，可根据喜好决定当天游览艺术区的行程，可节省时间。

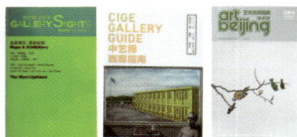

小册子通常都印刷精美，很多都有中、英双语介绍

朝阳区主要艺术区分布示意图

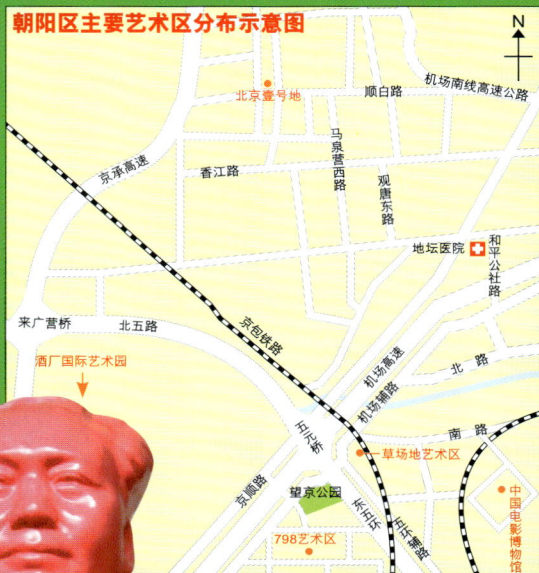

N

机场南线高速公路
北京童号地
顺白路
京承高速
香江路
马泉营西路
观唐东路
地坛医院
和平公社路
来广营桥
北五路
京包铁路
北路
酒厂国际艺术园
机场高速
机场辅路
五元桥
南路
草场地艺术区
京顺路
望京公园
长五苓
中国电影博物馆
798艺术区
托乐嘉路

漫游艺术区

751动力广场中摆放的蒸汽火车，由唐山机车制造厂制造，已成798的标志，很多时装潮流杂志都在此取景拍摄

Tips

部分画廊和商铺会在周一至周三休息，建议选周六、日的下午前往游览，绝大部分画廊及商铺均会对外开放，街上还有艺术学院学生摆摊卖二手书和小手工，相当热闹。

NO.1

艺术厂房 798艺术区

又称"大山子艺术区"，原为北京华北无线电联合器材厂，由苏联等援助建设，分为798、751、706等多个厂房，贯彻Bauhaus（包豪斯）设计思想的建筑风格，采用大量混凝土拱形结构。

老厂房本已荒废多年，2002年开始，陆续有艺术机构及艺术家前来租用闲置厂房并进行改造，逐渐形成集画廊、艺术工作室、设计公司、时尚店铺、餐厅酒吧于一体的多元文化空间，成为国际知名的艺术区。

798艺术区之大，一天也逛不完。区内还有众多富有艺术气息的餐厅、酒吧，甚至精品酒店，环境充满艺术氛围，正好让欣赏艺术作品后的思绪沉淀。不少当地人埋怨798太过商业化，但对游客来说，却是个足以逛上半天的艺术休闲好去处。 **MAP: P.023**

在艺术品前拍照

专卖中式茶品特饮的白石茶馆，附设巨型鸟笼茶座

广场上放着疑似擎天柱的机械人，是游人的拍摄热点

艺术区内仍保留昔日厂房的设施，流露工业革命的历史痕迹

荒废的水管、烟囱，都是摄影的最佳背景

街上摆放着众多大型雕塑，成为摄影爱好者的猎影对象

每逢周末，街上更有不少地摊摆卖，从藏族装饰到动物毛皮均有卖的

Info

地址：朝阳区大山子酒仙桥路4号
网址：www.798art.org
前往方法：
1.地铁2号线"东直门"站B出口，转乘公交车401、955路，在大山子路口南站下车，走几分钟即到
2.乘地铁1号线到"四惠"站，下车后转乘出租车，车费约￥20

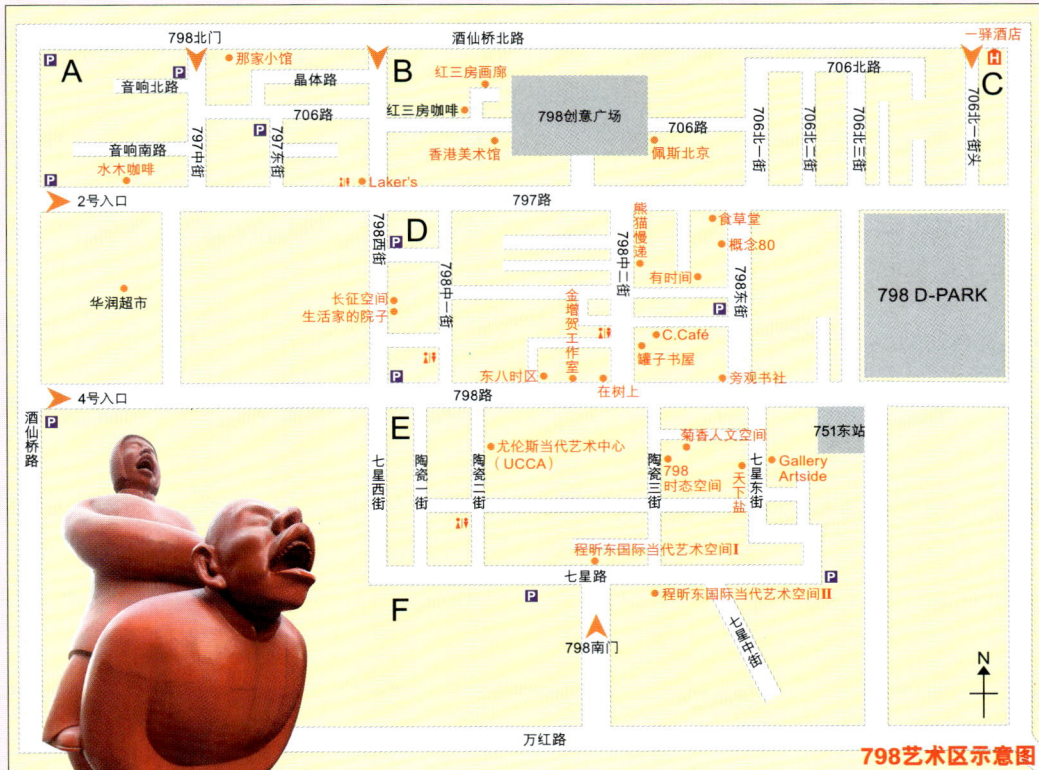

漫游艺术区

798艺术区示意图

798北门　　酒仙桥北路　　　　　　　　　　　　　　一驿酒店
A　　音响北路　　　那家小馆　　B　红三房画廊　　　　　　706北路　　　　C
　　　　　　　　晶体路　　　　　红三房咖啡　　798创意广场　　　　　706北一街头
　　　　706路　　　　　　　　　　　　706路
音响南路　　　　　　　　　　香港美术馆　　　　佩斯北京
水木咖啡　　　797中街　797东街　　　Laker's
2号入口　　　　　　　　　　　797路　　　　　　797路
　　　　　　　　　798西街　D　　　　　　熊猫慢递　食草堂
华润超市　　　　　　　　　　　798中一街　有时间　概念80　　798东街　798 D-PARK
　　　　　　　长征空间　　　　　金增贺工作室　C.Café
　　　　　　　生活家的院子　　　　　　　　罐子书屋　旁观书社
4号入口　　　　　　　　东八时区　　在树上
酒仙桥路　　　　　E　　　　　　　　菊香人文空间　751东站
　　　　　　　七星西街　陶瓷一街　尤伦斯当代艺术中心　陶瓷三街　798时态空间　七星东街　Gallery Artside
　　　　　　　　　陶瓷二街　（UCCA）　　　　天下盐
　　　　　　　　　　　　　　程昕东国际当代艺术空间I
　　　　F　　　　　　七星路　　程昕东国际当代艺术空间II
　　　　　　　　　　　798南门　　　　七星中街
　　　　　　　　　　万红路　　　　　　　　　　　N

门外的红色恐龙雕塑，乃中国当代著名艺术家隋建国的作品，已成UCCA的标志

UCCA内有部分小展馆不收入场费

UCCA是现在798内少有的收费展馆，但只去艺术精品店和餐厅则不用购票

展览场地灵活多变，经常举办大型装置艺术展览，是一个很成熟的展览空间

国际知名展览热场

尤伦斯当代艺术中心（UCCA）

　　简称UCCA，是由比利时著名收藏家尤伦斯夫妇创立、尤伦斯基金会出资建造的大型公益性当代艺术机构。总面积约8000平方米，可同时容纳数个不同的展览，过往展出过的都是国际著名公司，包括Christian Dior等。还设有图书档案中心、多功能厅、艺术精品店、café和餐厅等，是798艺术区的必游地方。

UCCA新开的图书档案中心，为中国第一个学习、研究当代艺术的公共资源中心，定期有当代艺术家图书，以及相关资料的主题展览

场内设有艺术精品店，卖展览纪念品和艺术书籍

还有中国当代艺术家的设计精品

UCCA另一优点是可以近距离欣赏展品，没有过多的围栏

Info

地址： 798艺术区E区798路E33
电话： 010-8459-9269
开放时间： 10:00 - 19:00
休息： 周一
入场费： ￥30（周四免费参观）
网址： www.ullens-center.org
前往方法： 东八时区对面

画廊拥有宽敞的空间，让人欣赏艺术品时有更多思考空间。图为中国艺术家蒋朔作品

很多雕塑甚至会在意想不到的位置出现

红三房画廊由3座总面积达1500平方米的厂房及一个院落组成

院落中放满名家的大型艺术雕塑

宽敞想象空间
红三房画廊

画廊附近有众多大型雕塑，风格大胆创新

　　一个多元化的艺术展览场所，集合众多画廊、咖啡店和酒吧。内部空间宽敞，楼顶高达9米的展览区域可举办各类艺术展示、活动。红三房咖啡吧及酒吧更为参观者提供了优雅宁静的休息空间，充满独特个性。

━━ Info ━━
地址：798艺术区B区B3
电话：010-8459-9652/010-8459-9653
网址：www.loft3.com.cn
前往方法：798创意广场对面

佩斯北京外的广场上放满大型艺术雕塑

来自美国的画廊帝国
佩斯北京

　　佩斯北京是美国纽约最具影响力的PaceWildenstein于2008年在北京开设的分属机构。建筑前身为20世纪60年代具包豪斯风格的锯齿房，面积达2200平方米，为园内面积最大的建筑空间之一。开幕首展便带来Andy Warhol、村上隆、奈良美智等人气艺术大师的作品，被誉为"画廊帝国"。

建筑外墙采用落地玻璃，充分利用光线

建筑外是水池，池中倒影令建筑更显轮廓

建筑极具包豪斯风格，简洁而富美感

━━ Info ━━
地址：798艺术区B区706路 B39
电话：010-5978-9781/
　　　010-8456-2862
开放时间：11:00-18:00
网址：www.pacebeijing.com
前往方法：798创意广场对面

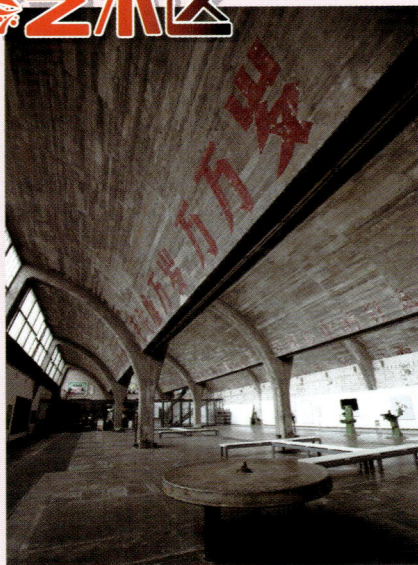

毛主席万岁
798时态空间

属于最早期进驻798的艺术单位，建筑前身是兵工厂房，于1950年由苏联援助、当时东德55个专家设计建造，故保留着新中国的工业化、"文革"以及改革开放的历史痕迹，墙上保留有"毛主席万岁"的标语，最能展现798的形象。

Info
地址：798艺术区E区798路陶瓷三街E35
电话：010-5978-9180
开放时间：10:30 - 19:30
网址：www.798space.com
前往方法：从798路E区广场，"百年印象"旁的通道直接进入便是

建筑风格富有德国包豪斯风格

展场内附设艺术书店及café

名扬法国第一人
程昕东国际当代艺术空间

程昕东是把中国艺术推广到法国的第一人，闻名中外，被誉为"最投入的艺术家"。展览场地分为两部分：空间I由老厂房改建，主要展出当代著名艺术家的作品；空间II则是一个大型户外雕塑庭院，分割成3个展示空间，致力展出新锐艺术家的作品，焦点是放有多件岳敏君等著名中国艺术家的大型雕塑。法国前总统夫人在2006年也曾到访这里。

空间II庭院中放有岳敏君的大型雕塑，已成拍照热点

展馆门口非常简约，不同于798其他红砖厂房

空间I主要展出当代著名艺术家作品

Info
地址：798艺术区D区798中街E18、E24、F5
电话：010-5978-9356
开放时间：10:00 - 18:30
休息：周一
网址：www.chengxindong.com
前往方法：798中街向南行到七星路

798书店始祖
东八时区

798艺术书店的始祖，专营进口书籍和杂志，种类包括当代艺术、设计、建筑和摄影等，多为英文原版。每月更换新书一次，经常可以找到最新版的书。更兼营咖啡店，其Gelato意大利冰激凌相当不错，不时还有小型摄影展或画展。

Info
地址：798艺术区D区798路D78
电话：010-8456-0336
营业时间：10:00 - 21:00
网址：www.timezone8.com
前往方法：798路中段，UCCA对面，与798中一街交界处，金增贺工作室旁

诚意推介
旁观书社

书社的藏书多元化，从国学、文化艺术、摄影、绘画，到小说、音乐、世界历史书籍应有尽有。店内书籍看似层层堆叠，实质分类有致，而且极有心思，分类如"给书虫的书"、"国学有大美"、"给女人看的书"，细心地向读者推介书籍，令人会心微笑。

藏书种类极多

书籍分类甚有心思

夏日店外茶座绿意盎然

店内设有小型咖啡店

Info
地址：798艺术区D区
电话：010-5978-9918
营业时间：10:00 - 21:00
网址：blog.sina.com.cn/insightbook
前往方法：798东街拐角处，爱特咖啡对面

红色文化书屋
菊香人文空间

由毛泽东外孙女孔东梅女士创办，更以毛泽东的菊香书屋来命名，是一个红色经典和当代艺术交融的文化、艺术及商业综合空间。在400平方米建筑空间内设有咖啡吧等，并出售红色经典书籍、红色礼品等。

对面是百年印象画廊

店内有众多关于红色文化的艺术书籍

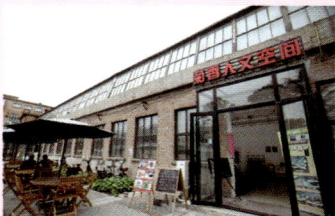

夏日在店外还设有露天茶座

设有咖啡吧，连书架也是红色

Info
地址：798艺术区E区798路 E34
电话：010-8459-9602/010-5978-9602
营业时间：10:00 - 19:00
前往方法：与陶瓷三街交界处，798时态空间旁

798首代艺术家
金增贺工作室

金增贺来自辽宁鞍山，是第一批进驻798的艺术家之一。以一系列光漆雕塑作品闻名，题材包括皮影、京剧等，极具中国传统气息，深受外国收藏家的喜爱，曾接受美国、墨西哥、巴西等传媒采访。

工作室门外放有金增贺的雕塑作品

Info
地址：798艺术区D区D10
电话：010-6436-2201
开放时间：10:00 - 18:00
网址：jinzenghe.diaosu.cn
前往方法：798路中段，UCCA对面，东八时区旁

漫游艺术区

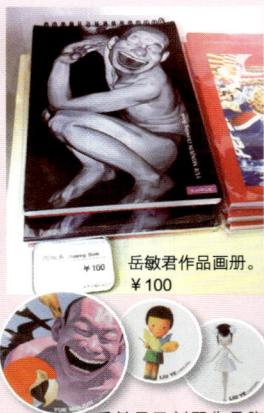

岳敏君作品画册。
¥100

店旁附设展览场地，展出欧亚新锐艺术家的作品

岳敏君及刘野作品胸章、磁石。¥5~20/个

岳敏君肖像包。¥700

狭长的店内摆满各式各样的艺术商品

店铺商品将艺术生活化，很受游客欢迎

买得起的岳敏君
Gallery Artside

　　中文名叫阿特塞帝，专卖中国当代艺术家商品的专卖店，包括被誉为中国先锋派的岳敏君、方力钧、曾梵志等人的作品，全是当今中国最具人气的艺术家的作品。从笔记本、皮袋、衣服到餐具应有尽有，十元八块就可以拥有天价艺术家的作品。

Info
地址：798艺术区D区798路D-09-2
电话：010-5978-9192
营业时间：10:00 - 19:00
休息：周一
网址：www.artside.org
前往方法：菊香人文空间对面

手工牛皮达人
食草堂

　　手工牛皮制品专卖店，产品包括行李箱、包包、皮鞋、花瓶、相框、相册等各种生活用品。话说创始人牛合印有一次找工匠定造牛皮摄影袋，自此爱上牛皮工艺，便自己躲在工作室自学制作皮具。1997年与几位朋友合办食草堂，渐渐得到大众支持，现在全国已有几十家加盟店，提供全国永久保修服务。

手工牛皮麻布袋。
¥395

手工牛皮包包。
¥529

木板店面格调质朴天然

店内皮具种类极多

手工牛皮手袋。
¥599

Info
地址：798艺术区D区
营业时间：10:00 - 17:00
网址：www.chouniu.com
前往方法：798东街转角、亚洲艺术中心对面

李宗盛的吉他工场
生活家的院子

　　台湾音乐教父李宗盛开设的餐厅，也是大哥的吉他工场，店内展出大哥的3把手工制吉他。几乎每个周末都有文化沙龙或小型演唱会等活动，大哥更会随时出现在观众席上观赏。餐厅供应菜式以西式为主，有散发着芝士香的意粉，也有香浓的烤羊排。

连门把也设计成手工木吉他形状

庭园内的两层木建小楼便是李宗盛开设的餐厅，从外面看，更像田园风格的家

Info
地址：798艺术区 D区798西街 D13
电话：010-6437-9079
营业时间：09:30 - 21:00
网址：www.acoustic-house.com
前往方法：798西街中段，长征空间旁

重走长征路
长征空间

　　长征空间在中国艺术界极具名气，始于2002年，其组织的重走长征路大型艺术活动，邀请了250位国际和中国艺术家重走昔日红军的长征路，由此创作出一系列艺术作品，当中亦包括支持老区文化建设的研究，乃中国艺术界的盛举。

不时展出知名艺术家作品，如曾于三藩市SFMOMA举办个展的喻红等

展出过往长征项目的部分重要作品

Info
地址：798艺术区D区798西街D20
电话：010-5978-9768/010-6438-7107
开放时间：11:00 - 19:00
休息：周一
网址：www.longmarchspace.com
前往方法：798西街中段，生活家的院子旁

Made in HK
香港美术馆

　　顾名思义，将香港艺术家的作品带到北京，让国内及外国游人认识香港艺术。不少香港人看到此馆也有他乡遇故知的感觉，身为港人当然要入场支持香港艺术。

门外放有香港艺术家Dorophy Tang的青花瓷作品

在香港美术馆，听得最多的便是广东话

Info
地址：798艺术区B区
电话：010-5978-9217
开放时间：夏季10:00 - 19:00、冬季10:00 - 18:00
休息：公众假期
前往方法：创意广场对面

80后艺术公社
概念80

　　由一班80后青年开设的艺术创作空间，创作灵感来自毛泽东、奥巴马、麦当劳叔叔、KFC上校等，全是80后生活中最具影响力的人物。以此创作出油画、海报、T恤衫等，亦有加入个人风格的传统手工陶瓷，很有现代感。

Info
地址：798艺术区D区798东街
前往方法：亚洲艺术中心对面

粉红色的外墙，十足特色小店风格

漫游艺术区

031

递信

Tips
★ I Can

寄信收费
即日寄出：按照邮局正常邮费标准。
指定日期寄出：正常邮费外加保留信件附加费，2011年寄出的收取￥11，2020年￥20，2036年￥36，以此类推。

信箱像时光机

店内出售各种心意卡、小礼物，亦提供即时打印相片服务。￥10/张

给未来的信
熊猫慢递

店主设计了各式各样满富心思的明信片，非常受欢迎，开业第一年已卖出超过20万张。￥10/张

专门提供寄信到未来的服务，最远可寄至50年后。客人写下指定的收信日期，例如2036年2月1日，熊猫慢递便会替客人保管信件，然后在到期前寄出，保证收信人可在指定日期收到信件。服务推出后立即大受欢迎，引来各大传媒广泛报道，现在每天收到的信件订单超过100封。很多信件背后都有感人的故事，例如有客人一次写了20封信，每年寄出一封给男友。目前最远的一封是寄往2069年的钻石婚纪念日的信。

客人在店中静静地用心写信，写给未来的自己、情人、家人或朋友，曾有客人为了写20封信而赶不及上飞机

在当今人人手执iPhone、一切讲求速度的年代，熊猫慢递让人重拾写信的情怀

店内有各式印章，如"我爱你"、"好孩子"，让客人自己盖在信上

店主设计了多款记事贴、信纸和笔记本

Info
地址：798艺术区D区
电话：010-5978-9364
营业时间：09:00 - 19:00
网址：www.pandamandy.net
前往方法：798中二街，白石茶馆对面

中国艺术宝库
罐子书屋

装潢极富波普艺术风格，内里收藏的却是中国古典直至当代艺术的书册，内容从文物考古到绘画书法一应俱全。书店更有代理台北故宫出版的书籍，亦搜罗众多艺术家画册及绝版图书，几乎所有中国艺术家的出版物都可以在店里找到。

店内还有一架改装成沙发的古董车，是店主的珍藏

店面毫不起眼，容易错过

店内有一棵许愿竹，挂满客人的愿望与祝福

两层高的书架上，放满从古至今的中西艺术书籍

Info
地址：798艺术区D区D09-17
电话：010-5978-9805/010-5978-9806
营业时间：10:00 - 17:00
网址：www.cansbook.com
前往方法：798中二街，C.Café后面

豪华双人房装潢富有艺术气息，
与窗外绿意盎然的景色融合

画廊套房
一驿酒店

　　2010年新开业，乃798艺术区第一家精品酒店。酒店前身为水晶工厂，厂房采用德国包豪斯风格的建筑，酒店装潢则融合法国殖民地风格，以灰、白、绿为主色，布局精妙，舒适隐蔽。每个角落，以至房间都放满艺术品，令人恍如置身画廊。

酒店餐厅Fennel Seafood Bistro，主打地中海风情的海鲜

花园里放有由Quality Street 的Franck Privat 创作的巨型涂鸦，足有4层楼高

酒店大堂不时举行艺术展览，展出当代名家作品

标准双人房的装潢犹如豪华房一般

豪华双人房内的浴室简约整洁

餐厅设有露天茶座，非常受客人欢迎

酒店位于798艺术区边缘，多一份隐蔽舒适

Info

地址：798艺术区706后街1号
电话：010-6436-1818
房租：单人房　¥690/晚起
　　　标准双人房　¥970/晚起
　　　豪华双人房　¥1300/晚起
网址：www.yi-house.com
前往方法：在798艺术区西北面，邻近
　　　　　D-Park园区

老家炝锅鱼，味道与颜色一样浓，香辣美味，鱼肉新鲜嫩滑。¥62

门外放有毛泽东像

餐厅分3层设计，装潢富有"文革"气息

餐厅位于拱形建筑风格的厂房里

米汤青菜，看似清淡，实质口味颇重，建议先要求少放盐。¥28

天下盐在798极有名气

餐厅位于七星东街，较为僻静

艺术家私房菜
天下盐

老板是诗人二毛和黄珂，有着中国文人的美食情结。店名灵感来自旅德诗人张枣的创作，盐是五味之首，天下盐就是天下第一味的意思。供应的四川菜式集江湖经典、野道风骚于一身，几乎每道菜都有一首诗或一个故事。

Info

地址： 798艺术区E区七星东街E44
电话： 010-6432-3577
营业时间： 11:30 - 次日 02:00
消费： 约¥70/位
前往方法： Gallery Artside 斜对面

番茄汁意粉，酱汁开胃清新。¥48

玫瑰花茶，加入苹果粒，散发清甜花香与果味。¥30/杯

树上的玻璃屋，恍似动画中的空中小屋

艺术气质玻璃屋
在树上

整座建筑包围着大树，树荫笼罩着天台，看似挂在树上的玻璃小屋，与自然结合得天衣无缝，位于顶层的咖啡店更是别开生面，供应西式简餐及花茶咖啡。地下一层还有展示高氏兄弟的摄影、雕塑、绘画等的地方。

艺术中心被树木包围着，夏天绿树成荫，别具自然气息

Info

地址： 798艺术区D区
电话： 010-8456-6660
营业时间： 10:00 - 17:00
消费： 约¥80/位
前往方法： 798路中段，尤伦斯当代艺术中心斜对面

墙上的挂画，幅幅都是著名的中国当代大师画作

富有反思意味的雕塑

店内每件雕塑都是当代著名艺术家的作品

富有"文革"气息的艺术品，是798的特色

艺术家的聚脚地
有时间

由千年时间画廊兼营，是当地艺术家的聚脚地，岳敏君、吴冠中、艾敬等均曾是座上客。店内放满艺术品，比不少画廊藏品还要丰富，却没有画廊的拘束，可让人边喝咖啡边欣赏身边的艺术品。

俱乐部三明治，材料丰富新鲜，面包香脆。￥28

Cappuccino（￥25）和冰百利咖啡（￥35）

店铺位于3818库内

Info
地址：798艺术区D区
电话：010-8459-9265
营业时间：约11:30 - 19:00
消费：约￥80 / 位
前往方法：3818库内，千年时间画廊旁

落地玻璃光线充足

自家制的Chocolate Brownie（￥30），配即磨咖啡Cappuccino（￥25），绝配

店主在窗前缝纫

店主刚刚做好的给小孩玩的包包

店铺前院设有露天茶座

阳光生活气息
C.Café

用白色木材和落地玻璃装潢的咖啡店，阳光透进室内，充满自然气息。室内装修以简约为主，四周放满植物，写意舒适，让人顿时想躲懒就这么坐上一个下午。喜欢缝纫的店主在店内制作衣饰，为咖啡店增添了很多生活气息。

侧门框是咖啡杯形

Info
地址：798艺术区D区
电话：010-5978-9232
营业时间：约11:00 - 19:00
消费：约￥60/位
前往方法：798中二街中段，3818库斜对面

漫游艺术区

装潢以原木和砖墙为主，格调质朴

电影沙龙
水木咖啡

　　由水木当代艺术空间兼营，提供即磨咖啡、比萨饼和各类西式美食。店内每天21:00均举行电影放映会，播放国内独立电影，笔者采访当晚就正放映《非诚勿扰》摄影指导吕乐曾在东京电影节上得奖的电影《十三棵泡桐》。店铺亦不时播放外国电影节影片，成为北京电影迷的聚脚地。

店内放满艺术家的画册，任客人翻阅

水木咖啡，咖啡味香浓，奶油幼滑。￥35

巧克力蛋糕，由人气蛋糕店ebeecake制作，巧克力味道浓郁而不甜腻，配上无花果和番石榴，清新甜美得像艺术品。￥28

咖啡店与展馆设计风格统一

水木当代艺术空间就在咖啡店旁，展出当代艺术家作品

Info
地址：798艺术区A区
电话：010-6433-4216
营业时间：10:00-22:00
消费：约￥60/位
前往方法：797路头段中段，靠近2号入口

人气蜂蜜蛋糕
ebeecake

Info
电话：4006-106-798
营业时间：24小时
网址：www.ebeecake.com
*只提供电话订购外卖服务，六环内免费送货

　　曾被权威美食网站《大众点评》票选为"北京最受欢迎蛋糕店"，所有蛋糕均用蜂蜜代替糖，健康而味道清新，深受大众欢迎。ebeecake只设电话订购外卖服务，位于798的只是办公室，不设就餐位。于是ebeecake便与附近的水木咖啡合作，在水木提供ebeecake的蛋糕，但是款式有限，要尝尽心水款式还是要外卖订购。很多游客也慕名订购送至所住酒店，当做消夜甜品，甚至用来庆祝生日或纪念日。

蜂蜜蛋糕，ebeecake招牌，健康而且味道清新。￥225/3~6人分量

蛋糕用法国名牌朱古力Valrhona制作，可可味香醇浓郁

香橙布朗尼￥225/3~6人分量

满洲官府菜
那家小馆

还以为是取"哪家"的谐音，原来店主真的姓"那"，名叫那静林。小馆主打正宗满洲官府私房菜，当中罐焖菜式做得特别出色，表现出满洲人讲究精致生活的味道。餐厅装修古色古香，格调高雅，恍如置身宫廷。

富贵年糕，有炸和炒两种制法，都软绵筋道。¥38

罐焖鹿肉，鹿肉味道浓郁且有嚼劲。¥60

塘蒿拌羊肝，塘蒿清爽开胃，羊肝鲜嫩。¥18

餐厅位于大型四合院内，极具气势

椰奶山药汁（右，¥28）和银耳枣梨汁（左，¥22），清甜滋润

Info
地址: 798艺术区北门外
电话: 010-5978-9333/010-5978-9999
营业时间: 11:30-22:00
消费: 约¥80/位
网址: www.najia.com.cn
前往方法: 798艺术区A区北门外

老北京传统工艺
吹糖人

吹糖是一种民间传统手工艺，把煮热的麦芽糖用口吹制成各种造型。据说吹糖技艺始于明末清初，现在会吹糖的人已愈来愈少。张师傅的吹糖技艺是八代祖传，擅长吹十二生肖，每逢周末不时会在798中二街一带摆档，但因是不定期营业，有时会转移阵地，所以想欣赏张师傅的技艺就要碰碰运气了。

有人跟张师傅讲价，他回答说："不要跟艺术讲价"，挺有意思

吹糖Step by step

1 先吹头、颈，然后拉出四肢

2 再画上吉祥字样和点睛

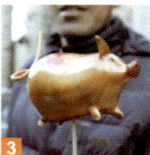

3 大功告成，金猪一只。¥20

Info
地址: 798艺术区798中二街一带
营业时间: 不定期营业

漫游艺术区

比萨饼工厂
Laker's

美式餐厅酒吧，专营比萨饼和汉堡。主打是¥38一个的12寸比萨饼，即点即做。店铺装修独特，店外放有两层高大型雕塑和旧工厂机械，极具个性。

店内墙上写满客人留言，风格原始

店外放有两层高大型雕塑

Info
地址: 798艺术区A区
电话: 010-5762-3073
营业时间: 夏季10:30-次日02:00、冬季11:00-22:00
消费: 约¥60/位
前往方法: 797路头段中段，靠近2号入口

★ I Can Tips

即使是对外开放的艺术馆，也看似重门深锁，必须鼓起勇气，推开门才知道内里乾坤。

高高的红砖墙，每座建筑外形都类似，置身其中真有点像迷宫，要认路找地标也真不易

宁静的纯艺术空间
草场地艺术区 NO.2

与798相距不过10分钟车程。据说原址是昔日皇家纵马狩猎的草场，隐藏于民居和草场地中学旁边，因而得名。区内尽是红砖、青砖（灰房子）建筑物，感觉较像实验大学，与工业革命气息浓厚的798形成强烈对比。

草场地比798更安静，没有过浓的商业味，但各展馆与画廊位置分散，布局像迷宫，单是找寻展馆就颇费时间和脚力。建议参观者放松心情只做艺术漫步细心欣赏区内建筑。

MAP: P.023

草场地大致可分为红房子区与灰房子区两个部分

Info
地址： 朝阳区草场地艺术区
营业时间： 约11:00-17:30
休息： 周一
网址 www.caochangdi.com
前往方法： 从798艺术区乘坐402、418路公交车，草场地站下车即达

草场地艺术区示意图

N

站台中国　F2画廊
紫禁轩画廊
艺术文件仓库
三影堂摄影中心
草场地美术馆
草场地中学
南路　中国电影博物馆
CCD300当代艺术与设计中心
北京空间
Egg Gallery
C空间
三潴画廊
荔空间
印象空间　秀瓷当代
红房子区　空白空间
艺术通道
艾未未工作室
草场地南路
Boers-Li Gallery
望京公园
798艺术区
京顺路
机场高速
机场高速辅路
京包铁路

漫游艺术区

草场地艺术核心
红房子区

　　从草场地中学进入西八间路，就会找到草场地艺术区的核心——红房子。里面集合有多间大型艺术馆，包括前波画廊、北京空间画廊、北京现在画廊、荔空间、北京奥拿奥拿美术馆。部分展馆在展出期间才会开放，最好留意公告。

Info

地址：草场地艺术馆旁
营业时间：11:00-17:30
前往方法：从草场地中学进入西八间路

草场地内的建筑本身已极具欣赏价值

各馆庭院放有众多艺术品

荔空间（草场地艺术区红一号院）

C空间（草场地艺术区红一号院C1、2座）

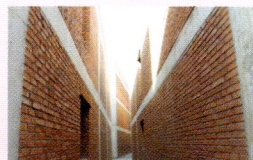

红砖建筑形成窄长走廊

前波画廊（草场地艺术区红一号院）

多元化艺术中心
CCD300当代艺术与设计中心

　　集画廊、咖啡店、设计工作室、影楼为一体的艺术中心，不时举办现场乐队演出、电影播放、文化沙龙、画展等活动，是一个让普通人与艺术家近距离接触、交流的场所。

中心内设有画廊、书店、咖啡店、酒吧、设计工作室、影楼，是草场地艺术区中少有的多元化中心

Info

地址：草场地艺术区A区46号
电话：010-6433-3533/010-6433-3933
前往方法：从艺术区入口直行约5分钟即到

中心内设有咖啡店和酒吧，宁静而简洁

漫游艺术区

蓝天、白房子、青草地与颜色鲜艳的艺术品自然融合

空白空间于2009年，由798艺术区搬至草场地。与艺术通道位于同一座建筑物内

空白空间多展出中国新锐艺术家的作品，作品充满惊喜

空间巨大，可展出大型装置艺术

室内空间除了白色，亦会顺应展览而改变

展馆外是一大片草地，可做户外展出

推动中国当代艺术
空白空间

　　这是2009年从798迁来的画廊，由当代画家田原主持，以推广中国当代艺术新生力量为主，策划举办过多位著名艺术家的个人展览，如迟鹏、崔国泰、方力钧、苏波等，与画廊合作的艺术家还有岳敏君、张晓刚等。画廊也邀请过多位欧洲著名艺术家到北京参与和中国艺术家的对话展览，如Joerg Immendorff、Franz Gertsch等，在行内影响力甚大。

Info

地址：草场地艺术区255号
电话：010-8456-2054
开放时间：11:00-18:00
休息：周一
网址：www.whitespace-beijing.com
前往方法：灰房子区斜对面，大祥机械旁

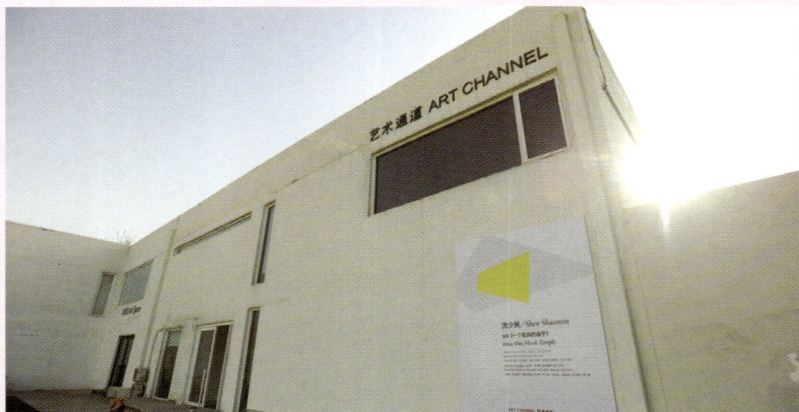

艺术通道与空白空间位于同一个院子内

纯白空间
艺术通道

　　纯白色的空间，展出中外新近艺术家的作品，展览形式多元化，题材广泛。除了画作、雕塑和装置艺术外，亦会举办多媒体展览，以及电影放映会，曾放映过沈少民的《一个和尚的庙宇》。

Info

地址：草场地艺术区255号
电话：010-6433-5080/
　　　010-6433-5060
前往方法：
灰房子区斜对面，大祥机械旁，与空白空间位于同一院子里

画廊的白色建筑更能突显艺术品

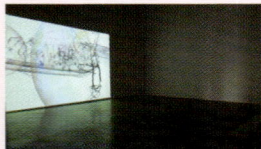

不时有多媒体展览

艺术通道不论内外，均以纯白色为主

当代名家展
印象空间

展品除了油画、版画，也有多媒体作品

不时举办中国当代艺术展览和学术交流活动，也会为极具潜质的新锐艺术家举办展览，曾为李锐、于向溟、张彪、刘波涛、周旭帆等举行个人展览。

Info
地址：草场地艺术区249-3号艺术B区1号楼（灰房子区）
电话：010-6431-0192
网址：www.isgart.com
前往方法：位于大祥机械对面的灰房子区，进入艺术B区后左边第一幢楼

241号 草场地

三潴画廊位于这条长长走廊的尽头

241号院子内除了三潴画廊，还有其他工作室

画廊除了展出画作，亦有不同艺术品

东京新势力
三潴画廊

来自东京，创建人三潴末雄先生致力发掘当下日本的新锐艺术家，并以此而闻名于世。2008年开幕，请来艾未未设计，建筑面积约500平方米，楼高6米，是集工作室和画廊为一体的复合式空间，展出日本和世界各地的新生代艺术家的作品。

Info
地址：草场地艺术区241-15号院（灰房子区）
电话：010-5127-3267
开放时间：10:00-18:00
休息：周一、二
网址：www.mizuma-one.com
前往方法：从艺门画廊附近进入241号院子，直行至尽头的木篱内

当代青年艺术家
Egg Gallery

由意籍华人茹洁女士于2008年创建，占地1000平方米，两展厅共占地450平方米。高大宽敞的展厅和恬静幽美的庭院，为举办各类艺术活动提供了良好环境。主要展出中外当代青年艺术家的作品，曾举办中央美术学院应届毕业生的延续展。

由画作到雕塑均有展出

Egg Gallery位于327号院子

Info
地址：草场地艺术区327号（灰房子区）
电话：010-6432-8089
开放时间：11:00-17:00
休息：周一
网址：www.eggartgallery.cn
前往方法：在CCD300当代艺术与设计中心旁

展品形式和风格多样，与室内环境自然融合

场内放有沙发，可坐下来写意自如地欣赏艺术品

漫游艺术区

德国画廊
秀瓷当代画廊

原名Michael Schultz Gallery，是拥有30多年悠久历史的德国画廊，北京分站于2009年开幕。"秀瓷"一方面取Schultz的音译，另一方面取自"china（瓷器）"。占地面积逾650平方米，宽敞的空间为举办展览、研讨会等各类艺术活动提供了良好的环境，主要展出国内、外有创造活力的年轻艺术家作品。

画廊展出众多中外新锐艺术家的作品

宽敞空间可展出大型画作

很多多媒体装置艺术，充分运用场内的空间

秀瓷当代画廊位于B区

Info
地址： 草场地艺术区249-3号院（灰房子区）
电话： 010-6431-9181
开放时间： 10:00-18:00
休息： 周一
网址： www.schultz-gallery.com
前往方法： 位于大祥机械对面的灰房子区，印象空间旁

中西文化交流
草场地美术馆

属于草场地外围的焦点，以主办大型展览为主，致力于中西文化艺术交流。在亚洲艺术基金会的支持下，举办了多次展览和活动，曾与法国美术家协会合办罗浮宫画展、草场地双年展等。

屋顶极高，可展出大型艺术品

建议参观者先来这里，拿取附近美术馆展览安排的小册子

展馆门外雕塑极具中国气息

馆内大多是工作室，展馆也只在展览期间开放

Info
地址： 草场地艺术区A区46号
电话： 010-6432-5598
开放时间： 10:00-18:00
休息： 周一、二
前往方法： 在艺术区外，机场辅路旁

户外布满雕塑，是游人取景拍照的好去处

艺术区新贵

北京壹号地

距离首都机场不过10公里，相对798、酒厂等艺术区，壹号地较新，不少画廊和艺术家都是崭新进驻，当中以设计工作室为主，也有对外开放的画廊。最大特色是附近有300多个小村庄，艺术区与附近民居和平共处，形成独特的艺术农村小社区。

MAP: P.023

国内艺术场地很大，常见有艺术家索性搬来乒乓球台自娱

壹号地是北京新兴的艺术区

Found Museum长期对外开放

时间机器是区内对外开放的展馆之一

Info

地址：朝阳区崔各庄乡何各庄村
电话：010-6432-5598
开放时间：10:00-18:00
休息：周一
网址：blog.sina.com.cn/kaiyate
前往方法：在艺术区外，机场辅路旁

很多工作室都由昔日的酿酒库改建而成

"人墙"雕塑也是酒厂地标之一

外墙上的大头婴儿雕塑，已成酒厂地标

历史痕迹处处

酒厂国际艺术园

有30年历史的朝阳区酿酒厂，2003年划出一半面积改建成艺术园。占地2万平方米，区内仍保留不少昔日酒厂的痕迹，吸引大批艺术家进驻。与798相比，酒厂拥有较多的设计工作室，对外开放的画廊较少，但仍会有一些长期展览，以外国艺术团体为主。 **MAP: P.023**

九立方是酒厂内规模较大的展馆，荷花池上建有九曲桥和玻璃屋

Info

地址：朝阳区安外北苑大街北湖渠路
电话：010-6489-4093
开放时间：约10:00-18:00
休息：周一
网址：www.jcysy.com.cn
*部分画廊只在展览期间开放
前往方法：从798艺术区乘629路公交车，在北湖渠站下车即达

漫游艺术区

馆内设有港澳地区及台湾地区专门展厅，当中飞身踢腿的李小龙更成为博物馆标记

馆内有3个影院定期播放经典电影，还有IMAX巨幕影厅及数码影厅播放特效电影

多个展厅介绍百年中国电影的发展演变

展示不同年代的拍摄器材，包括多种古董摄影机

Tips

1. 博物馆位于798及草场地附近，建议可安排上午参观中国电影博物馆，下午到艺术区参观。
2. 每日只限派发1600张免费门票，建议先网上预约。

NO. 5

百年电影史
中国电影博物馆

　　为纪念中国电影诞生100年而建，楼高4层共有20个展厅，包括电影的发明、主题发展、两岸三地电影介绍等，当中电影制作过程的展示对拍摄、录音、剪接、冲印等各个步骤，均有详尽介绍。附设IMAX巨幕影厅，专门播放特效电影，还有咖啡厅以及专卖电影纪念品的商店，电影迷一定要去。

MAP: P.023

博物馆共有20个展厅，展出中国电影的百年发展史

地下的商店专卖电影纪念品，如山口百惠主演的《绝唱》小人书（连环图）。￥25

馆内设有咖啡厅及电脑室，可付费在电脑室欣赏近期及经典电影

博物馆每天只卖1600张门票，建议先网上预约

设有多个互动专区，让游人了解电影技巧的奇妙之处

多个大型模型，解构电影拍摄现场

Info

地址： 朝阳区南影路9号
电话： 010-5165-4567
营业时间： 09:00-16:30（15:30停止出售门票）
休息： 周一
入场费： 免费
网址： www.cnfm.org.cn
*每日只卖1600张门票，建议先网上预约，然后带着预约号码前往
前往方法： 乘402、418、688或973路公交车，到南皋站下车即达

门外广场放有多个岳敏君的大型雕塑，成为标志

苹果艺术社区
今日美术馆 NO.6

　　由著名建筑设计师王晖设计及改建，结合旧工业时代的遗痕与当代美学。室内展示面积达2500平方米，经常举行中外著名艺术家的大型个展，涵盖绘画、装置艺术、雕塑、影像艺术和新音乐等不同范畴，部分画廊仍在建设当中。

　　美术馆所在的苹果社区仍在发展中，附近开满书店、咖啡店和艺术礼品中心，构成艺术与商业融合的小社区。

MAP: P.173 C5

街上到处都是与建筑融合的雕塑，令区内充满艺术气息

疑似《最后的晚餐》的猪雕塑，令人反思

苹果社区一带又称为北京22院街艺术区

Info

地址：朝阳区百子湾路32号
电话：010-5876-0600/010-5876-0705
营业时间：10:00-17:00（16:00停止售票）
入场费：￥20
网址：www.todayartmuseum.com
前往方法：
1.地铁10号线"双井"站B2出口，沿东三环路往北走约15分钟至百子湾路，再往东走约10分钟即到
2.地铁10号线"双井"站B2出口，转乘出租车，约￥15

漫游艺术区

大师之作随处可见，拍照一流

中国当代著名艺术家隋建国的名作《中国制造——恐龙》

座位用玻璃制成，脚下种有植物，像个小温室

楼高两层，楼上是时装设计工作室，楼下才是咖啡店

橙皮芝士布朗尼（前，￥30）和消化玛奇朵（后，￥25），蛋糕香甜美味，咖啡的忌廉与焦糖比例刚好

杏仁摩卡巧克力，咖啡香浓幼滑，奉送的巧克力蛋糕更是让人回味无穷。￥32

温室咖啡
Digest

以温室为主题的咖啡店，落地的大玻璃外墙，配上玻璃座位，内部摆满植物，阳光洒进来的时候，感觉像置身于温室，写意又舒适。店内提供花式咖啡和自家制蛋糕，卖相精致美味，是参观艺术馆后慢慢思考的宁静空间。

Digest的名片特别做成印章，客人有需要便可盖在纸巾上，极有心思

Info
地址：朝阳区百子湾路22号苹果社区
电话：010-5821-1449/
　　　138-1075-7432
营业时间：11:00-18:00
消费：约￥60/位
网址：www.cnfm.org.cn

金属未来
Café COPY

由今日美术馆兼营的餐厅，从天花板、墙、餐桌、座位、书架到地板均用金属制成，营造出未来感觉。提供法国菜及东南亚菜式，晚上则变成极具格调的酒吧。

全金属设计，室内植物更为金属感强的装潢添加生气

Café COPY 中文名叫重复咖啡

Info
地址：朝阳区百子湾路22号今日美术馆1楼东侧
电话：010-5876-9680
营业时间：10:00-24:00
消费：约￥60/位

香港人热捧
苹果艺术酒店公寓

2008年开业的公寓式酒店，装修简约舒适，房内配有电磁炉、微波炉、洗衣机等家用电器，设备完善。价格优惠，交通方便，故深受香港人欢迎。

Info
地址：朝阳区苹果社区北区2号楼酒店式公寓B座
电话：010-5876-9976
房租：豪华大床房A　￥698/晚
　　　豪华三人间　￥798/晚
　　　豪华大床房B　￥898/晚
网址：www.apple2008.com

北京乐队演出 特辑

北京的Live Music早已闻名中外，来到北京定要亲身感受其震撼魅力。以下特别推介京城超人气的乐队演出，音乐类型从摇滚、民谣到爵士均应有尽有，还有一年一度的大型音乐节资讯，从多角度感受北京的音乐力量。

酒吧面积不大，舞台就在吧台旁，气氛极好

装潢简朴亲切，让人在舒适的环境下享受现场音乐

不插电热场
江湖酒吧

隐藏在胡同之中，是京城数一数二的民谣、爵士音乐演出地，店主之一正是曾推出震撼全国专辑《中国孩子》的周云蓬。每晚都有现场演出，晚晚不同主题，吸引各路著名音乐人及人气乐队，包括摇滚乐坛名人张楚、《BBC》都专访过的布衣乐队、中国当代民谣最具代表性音乐人洪启等，均经常驻场演出，是音乐迷的必到之地。 **MAP:P.110 C2**

每晚都有现场演出，周一是古典吉他与弗拉明戈吉他，周二是Jazz Jam Session，周三至周日则有国内外的知名乐队

演出音乐主要以爵士、蓝调和民谣为主

酒吧不时有摇滚乐队演唱

酒吧位于东棉花胡同里，靠近南锣鼓巷

附设小庭院，让客人听着室内的音乐把酒聊天

▌Info▐

地址： 东城区东棉花胡同7号
电话： 010-6401-4611/186-1008-7613
营业时间： 18:00-次日03:00
（演出时间21:00-23:30）
网址： www.douban.com/group/jianghubar
前往方法： 地铁5号线"张自忠路"站A出口，沿张自忠路往西走约5分钟，至交道口南大街，再往北走至东棉花胡同即达

047

北京乐队演出特辑

MAO是北京首家Live House，带领北京音乐酒吧的热潮

演出单位以内地组合及创作人为主，亦有来自世界各地的音乐人

除特别演出外，每天20:00后均有多个音乐团队轮流表演

北京首间现场乐队演出地
MAO

开创于2007年，是北京首家现场乐队演出地形式的音乐场地。创办人是北京现在最火的脑浊乐队经理人，在国内音乐界地位举足轻重，故此脑浊乐队及其他北京新世代乐队都经常在此演唱，还不时邀请外国著名乐队或音乐人来演出，包括瑞典Post-Rock名团EF、美国摇滚乐队Anberlin、the Thermals、加拿大的The Besnard Lakes、台湾的张悬等，成为北京的"摇滚重镇"。

MAP:P.110 B1

场地可容纳约500人，面积不算大，但用上重量级轰炸L-acoustic音响，音响效果非常澎湃

位于鼓楼东大街上，就在南锣鼓巷口对面

Info

地址：东城区鼓楼东大街111号
电话：010-6402-5080
营业时间：12:00-次日05:00（演出约20:00开始）
演出门票：￥50起
网址：www.maolive.com
前往方法：地铁5号线"北新桥"站A出口，沿鼓楼东大街走约10分钟即达

京城3大音乐节

大型户外演出场地可容纳数千名观众，现场气氛一流

忍花草摄

2009年有中国摇滚先锋王勇震撼压轴，掀起全晚高潮

高鹏摄

陈珊妮、王若琳、张悬、后海大鲨鱼、新裤子等也曾在此演出，2008年更邀请内地乐坛名人何勇复出登场

集结中外最强
摩登天空音乐节

北京阵容最强大的户外音乐节，2011年已经是第5届。每年10月里一连三日在海淀公园举行，共设4个舞台，中外演出团体过百个，从重量级海外乐队、港台独立艺人，到内地摇滚大牌、老牌乐队重组应有尽有，云集中外最强组合。最瞩目的是2010年邀请到前Suede主音Brett Anderson演出。

金与心摄

2007年邀请到来自纽约的Yeah Yeah Yeahs

Info

地址：海淀区新建宫门路2号海淀公园
电话：010- 5100-2111/010- 5100-1433
举行日期：每年10月*
演出门票：￥60/日、￥120/3日
网址：festival.modernsky.com
　　　www.modernsky.com
*确切日期请留意公告
前往方法：
1. 乘公交车634、933、708、72、302、968、973、817路等，在芙蓉里站下车
2. 乘公交车特5、特10、384、482、534、671、996路，在海淀公园站下车
3. 地铁10号线"苏州街"站B出口，转乘出租车，约￥20

演出音乐类型多元化，从摇滚、爵士、蓝调、电音到Hip Hop等均有

设有酒吧区，装潢时尚优雅，可举行私人派对

最佳现场音乐
愚公移山

曾连续3年被《That's Beijing》杂志评选为"最佳现场音乐"第一名，举办过无数大型音乐演出，包括北欧音乐节、九门爵士音乐节、中法音乐交流周等。这里也是外国著名音乐单位世界巡回演出的热点，过往在此演出过的包括：曾获格莱美奖6次提名的蓝调口琴大师Charlie Musselwhite、顶级DJ Goldie、法国著名歌手Keren Ann、德国大师Jazzanova等。不时也有北京人气乐队演出，集合中外现场音乐之最。

MAP：P.100 B1

外国顶级音乐单位演出例必爆场，现场情绪极为高涨

面积达850平方米，可容纳700人

位于全国重点文物保护单位——段祺瑞府旧址内，古迹内却是城中最震撼的音乐

Info
地址：东城区张自忠路3-2号段祺瑞执政府旧址西院
电话：010-8402-8477 / 010-6404-2711
营业时间：18:00-深夜（演出约21:00开始）
演出门票：￥50起
网址：www.yugongyishan.com
前往方法：地铁5号线"张自忠路"站A出口，走约5分钟即达

设有6个舞台，分别提供给中外顶级乐队、重型摇滚、电子舞台、豆瓣独立音乐人、校园摇滚乐队演出

越来越多的人喜欢
草莓音乐节

举行过两届的草莓音乐节，是国内史上面积最大、舞台最多、表演单位最多的音乐节。每年春天举行，6个舞台，面积达11万平方米，演出单位以中国人气乐队为主，包括唐朝乐队、麦田守望者、重塑雕像的权利、AK47等。乐迷可以躺在大草坪上，配上阳光与啤酒，热闹程度媲美台湾垦丁的春天呐喊音乐节。

Info
地址：通州区通州运河公园
电话：010-5100-2111 / 010-5100-1433
举行日期：每年5月*
演出门票：￥80/日、￥180/3日
网址：www.modernsky.com
*确切日期请留意公告
前往方法：
1. 地铁1号线"四惠"站，转乘公交车322路，东关大桥站下车
2. 地铁1号线"国贸"站，转乘938支路，东关大桥站下车
3. 地铁2号线"北京"站，转乘938支4路，东关大桥站下车

中国胡士托音乐节
迷笛音乐节

中国最富影响力的摇滚音乐节之一，始于2000年，由北京迷笛学校创办。一连3天的演出，分为3个舞台，聚集近百个中外摇滚、民谣、Hip Hop、电子舞曲音乐团体，包括崔健、Carsick Cars、杭盖等超强阵容。曾创下8万现场观众的纪录，其间还有小型创意市集举行。观众可在现场露营，气氛媲美胡士托音乐节。

每天从下午至次日凌晨，不断有多场演出，吸引过万观众参与

李乐为摄

Info
地址：每年不同，请留意公布
电话：010-6259-0008
演出门票：约￥80/日、￥240/3日
网址：www.midifestival.com

京城赏花赏叶攻略

　　春天，北京满城花开、山桃花、玉兰、樱花、海棠、桃花、芍药等争奇斗艳，万紫千红。夏天，荷花盛放。秋天，香山公园、长城漫山红叶，城内也举目处处见黄叶。

　　北京四季景致各异，春花夏荷秋叶，吸引游客赴京留影，更是婚纱拍摄的取景胜地。

秋天的香山，是婚纱摄影的热点

Heyio b摄

静翠湖三面环山，每逢深秋便黄叶漫漫

香山枫树达13万棵，红叶举目可见

每年10月中旬至11月上旬，均会举行香山红叶节

乘坐缆车（￥30/单程）即可达顶峰欣赏全景

京城赏枫首选
香山公园

　　位于西山脚下，占地160公顷，具有皇家园林特色，文物古迹星罗棋布。公园内种有13万棵枫树，每到深秋便漫山红叶，每天吸引上万人慕名前往赏枫，是京城观赏红叶的首选之处。

公园内小桥流水蜿蜒，河上倒映秋色，色彩艳丽

Info
地址： 海淀区香山公园
电话： 010-6529-1264/010-6259-1155
开放时间： 旺季06:30-18:30、淡季06:00-18:00
红叶节日期： 10月中旬至11月上旬
　　　　　　（确切日期请留意公告）
门票： 旺季4月1日~11月15日即￥10、淡季11月16日~次年3月31日￥5
网址： www.xiangshanpark.com.cn
前往方法： 地铁2号线"西直门"站，乘634路公交车在香山公园东门下

银杏叶在阳光照射下更显金黄，闪闪发光

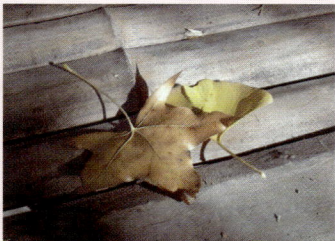
除了银杏，偶有枫叶，使景色更富层次感

大使馆区内不准出租车停留，路上车辆甚少，情侣们漫步一流

Caca摄

金色的童话
大使馆区

MAP:P.200 A2、B1-B2

　　大使馆区一带遍布银杏树，每到10月下旬，银杏叶变成金黄色，道路两旁便一片金光，让人恍如置身童话世界一般。届时，政府更会停止打扫街道，特意让金色落叶铺满地面，铺天盖地，非常壮观。

Info
地址：朝阳区建华路、秀水北街至日坛东街一带
银杏观赏期：10月下旬至11月上旬
前往方法：地铁1号线"永安里"站A出口，沿建国门外大街往东走约15分钟即到建华路口

北京赏花时间表

　　北京春夏，几乎每个月都有一种甚至多种花开，请留意各种花盛开的时间与最佳赏花地点！

每年3月中旬开始，颐和园西堤山都有桃花盛开，但2010年花期延迟了半个月，故出发前请留意www.beijing.cn的公布

Joe Leoson摄

每年4月10日左右，元大都城垣遗址公园花溪都有海棠盛开，海棠近300棵、十几个品种，盛开期约2个星期

迎春花
花期：3、4月
地点：城内随处可见

山桃花
花期：3月中旬至4月上旬
地点：海淀区颐和园西堤
门票：4～10月￥30、11月～次年3月￥20、联票￥60/￥50
网址：www.summerpalace-china.com
前往方法：地铁4号线"北宫门"站C出口

海棠
花期：4月
地点：朝阳区元大都城垣遗址公园花溪
门票：免费
前往方法：地铁10号线"西土城"站C出口

牡丹
花期：4、5月
地点：东城区景山公园
门票：免费
前往方法：地铁5号线"东四"站D出口，走约20分钟

荷花
花期：7、8月
地点：西城区北海公园
门票：4～10月￥10、11月～次年3月￥5
网址：www.beihaipark.com.cn
前往方法：地铁1号线"天安门西"站A出口，走约20分钟

看升旗仪式的攻略
天安门

初游北京必到之地便是天安门，升旗仪式更是必看仪式。本书特别介绍看升旗攻略，以及天安门广场内多个景点，包括人民英雄纪念碑、毛主席纪念堂、人民大会堂、中国国家博物馆等。

详细介绍见P.080-082

8大
必游名胜！

游览线路推介
故宫博物院

故宫是明清两朝皇宫，面积之大让人一整天也逛不完。本书特别介绍里面几个必游宫殿，更编排多条游览线路，让各位根据时间进行选择，即使时间有限，也可看尽故宫精华。

详细介绍见P.083-086

5大线路齐备
长城

不到长城非好汉！本书囊括八达岭、金山岭、慕田峪、居庸关及水关多个长城线路，逐一介绍各处交通、游览及亮景拍摄攻略，还有周边特色餐厅及住宿，让大家能以最轻松好玩的方式游长城。

详细介绍见P.244-255

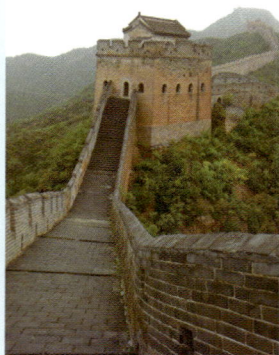

荡舟游皇城
颐和园

湖光山色、雄伟建筑，宜人美景，漫游其中可一览昔日帝王的奢华生活。本书将解构皇家园林，介绍园内各个重要景点，以及泛舟御河游皇城攻略，推荐大家从中央电视塔旁坐船到颐和园，饱览海淀区一带美景。

详细介绍见P.220-222

8大必游名胜

游湖攻略
圆明园

其悲伤的历史故事无人不晓，不少人到京城都想一访园林遗址。本书介绍当中不可不看的西洋楼、大水法、迷宫黄花阵、十二生肖铜像，还有游湖赏景攻略，欣赏美景之余也能了解那段历史。

详细介绍见P.224 - 225

亲身试玩鸟巢水立方
奥运场馆

奥运场馆建筑震撼全球，亲身走入场馆更能感受其壮观气势。本书会介绍各场馆的日、夜景拍摄攻略，以及亲身试玩鸟巢冰雪嘉年华、水立方游泳馆等场馆新玩乐节目。

详细介绍见P.211 - 216

酒吧以外
什刹海

什刹海除了广为人知的后海酒吧区，附近胡同里还有很多更值得一游的地方。本书搜罗什刹海周边30多个历史古迹、百年老字号饭馆和特色小店，还有踏单车游湖攻略，介绍酒吧以外的什刹海。

详细介绍见P.146 - 162

重点游
天坛

明清两朝皇帝祭天、祈谷的地方，当中的祈年殿更是京城重要地标之一。天坛总面积比故宫还要大，本书特别介绍当中的祈年殿、圜丘坛、回音壁等。

详细介绍见P.234 - 235

8大必游名胜

3大

京味儿特产
最强采购点！

冰糖葫芦等可供选择多

NO. 1

王府井食品商场

　　王府井食品商场汇集各式北京特产，从糕点、酱菜、茶叶，到真空烤鸭一应俱全。其中独立包装的冰糖葫芦和京糕等小吃种类多达数十种，价格按重量计算，￥26.5~28.5/500克，顾客可自己挑选喜欢的。一次买齐全北京特产，非常方便。

MAP:P.089 B2

各式独立包装的老北京小吃多达数十种，价格按重量计算

王府井食品商场是零食小吃专卖店，顾客可自己挑选

3
大京味儿特产最强采购点

冰糖葫芦

每次去北京，身边总有朋友要我带点冰糖葫芦回来！备有传统、瓜子仁、芝麻等多款口味，独立包装，一包一口，甜脆味美，但要注意夏天容易溶化。

茯苓饼

慈禧至爱的名点，用茯苓霜、蜂蜜等制成，以薄如纸见称。

艾窝窝

清真风味小吃，是北京的地道糕点，用糯米做成，黏软清甜。

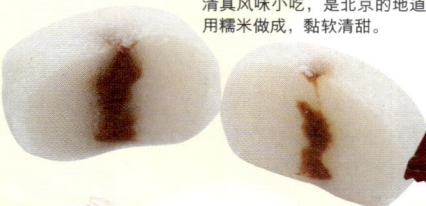

京糕

有红枣、桂花等多种口味，味道清甜，口感软绵绵，与清茶同吃更佳。

驴打滚

即红豆糯米糕，因制成后需在黄豆粉上滚一下，像驴子打滚而得名，是北京名吃。

蜜枣、酸枣、金桔

枣是北京特产，老百姓的至爱，各式各样的蜜枣甘甜可口。

Info

地址： 东城区王府井大街186号
电话： 010-6525-0458
营业时间： 09:00-21:00
前往方法： 地铁1号线"王府井"站A出口，沿王府井大街走约10分钟即到，中国照相馆旁

稻香村

　　北京糕点远近驰名，当地人拜访亲友时都习惯买糕点礼盒做见面礼，而众多糕点店中首推稻香村。创于1773年的这家老字号，相传乾隆帝吃过都赞好。店里提供上百款糕点，并备有多种尺寸礼盒，顾客先自己挑选不同糕点，再交给服务员用礼盒打包。糕点味道清香而不甜腻，适合大众口味。

MAP:P.131 C4

服务员摆放糕点的技巧非常纯熟，充分利用礼盒的空间

稻香村有多间分店，总店位于东直门内大街，即簋街

Info
地址：东城区东直门内大街19号
电话：010-8404-3305
营业时间：07:30-19:00
网址：www.daoxiangcun.com
前往方法：地铁5号线"北新桥"站B出口，沿东直门内大街走约10分钟即到

金猪饼
女生最爱，南瓜馅清香可口。

糕点按重量计算，礼盒须另收取￥5费用，备有多种尺寸，可自由配搭，一盒30件约￥80

枣花酥
花形卖相讨好，清甜的枣泥带有花香。

南瓜饼
贝壳外形很有趣，南瓜馅滋味新鲜。

黄油枣泥饼
枣味香浓，枣是北京特产，值得一试。

抹茶酥
酥皮松软，茶味香浓。

近年国货化妆品再度掀起热潮，深受北京女生欢迎

Info

地址：西城区永安路143号
电话：010-6303-6566 / 010-6303-6289
营业时间：08:30 - 18:30
前往方法：
1. 地铁4号线"菜市口"站C出口，转乘出租车约￥10
2. 地铁4号线"菜市口"站C出口，沿骡马市大街往东走约10分钟，转至南新华街再往西走，至永安路再走约5分钟即达

除了化妆品，还有厨具用品、文具、衣服等，可在此淘到很多老北京货

北京女生热捧的国货化妆品

永安路百货商场

　　源于六七十年代的国货化妆品，近年在北京再度掀起热潮，本地女生纷纷涌到国货商场抢购，更成为淘宝网大热的化妆品。老牌国货质量稳定，较少添加化学成分，用起来更放心，加上包装怀旧又精致，十元八块的便有交易，所以成为女生选礼物的热门产品。 详细介绍见P.237

MAP:P.232 B2

蛤蜊油
用真贝壳做包装外壳，是六七十年代家家必备的护手霜。￥3

百雀羚雪花膏
这是北京几代人的童年回忆，最近在淘宝网月卖数千件。￥3

友谊护肤脂
质地滋润，最适合冬天随身携带用来抹手。￥3

万紫千红润肤脂
天津经典老字号，艳丽的铁罐极为吸引人。￥1.5

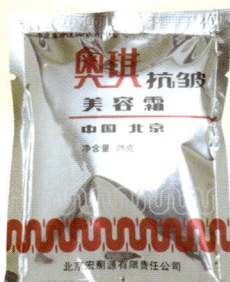

奥琪抗皱美容霜
抗皱功效显著，口碑极佳，白领最爱。￥3

千纤草小黄瓜水
具有保湿及收细毛孔的功效，滋润而不油腻。￥12

信远斋桂花酸梅汤

北京人特别喜欢喝酸梅汤，其中以信远斋较受欢迎。酸梅味相当浓，圆玻璃瓶造型也很独特。¥4

世纪酸枣汁

北京人下饭店的首选饮品，很多北京饭馆都有供应。¥6

小卖店兼卖小吃

北京不少小卖店都兼卖老北京风味的小吃，例如糖火烧、糖耳朵、酥饼等。每天早上都门庭若市，也是不少学生在下午放学后常去的地方。

提醒你

街头小卖店淘宝！

北京街头巷尾有很多小卖店，卖的都是北京人从小吃到大的地道食品和饮品，是真正的"北京之味"。加上价格便宜，绝对是最佳的北京特产。

酸奶

来到北京当然要尝一尝酸奶，红星和三元老酸奶（¥3）深受北京百姓喜爱。

三元脱脂鲜牛奶

人民大会堂宴会的指定牛奶，也是不少北京人从小饮用的牛奶品牌。¥2

蜂蜜酸牛奶

"白色大肚瓷瓶"装，是每个老北京人的难忘回忆。通常是要当场喝完交还瓷瓶，不可带走。¥3

必试！

体验老北京生活
住在四合院

　　要体验北京百姓日常生活，最佳方法是入住传统建筑四合院。

　　北京有不少利用旧四合院改建而成的特色住宿地，很多都配备了现代设施，部分更加上时尚设计，在媲美酒店级享受的同时，也能感受最地道的老北京生活，值得一试！

四合院房间不够暖和?!

现在的四合院宾馆一般都配有先进设备，但因旧式四合院房间的窗户隔热功能较差，所以冬季气温太低时房内可能会不够暖和，这时可要求宾馆服务员在房间多添一部小暖炉，便一室温暖了!

*以下房价均为酒店或其网站的公报，价格会随旺淡季调整，通过旅行服务机构预订也可能有优惠，仅供参考。

住在四合院

"四合院"解码

四合院是中国北方的传统民居建筑，在北京、山西、兰州均有，当中以北京的最具特色。所谓四合院，是以东、南、西、北4座房屋包围着中央庭院的院落。北房由长辈居住，又称正房；晚辈居东、西厢房；南房则用作书房或客厅。大型的四合院称为"大宅门"，一般是复式四合院，可有多至二三十个房间。

四合院建筑早在辽代已具雏形，至元世祖忽必烈时于北京设元大都，大规模发展北京都城，四合院与胡同因而广泛形成，及至明清两朝逐渐完善。后来因为时代变迁，不少皇室贵族、高官商人的大宅渐渐变成平民的居所，从前一家一户的四合院，现在变成几户人分住。近年更有不少改建为酒店、旅馆、餐厅、店铺等。

双人套房附设客厅、睡房和浴室，布置温馨，适合情侣住

中国25佳酒店

迈克之家

I Can 诚意推介

　　2005年开业，老板Michael兼任设计，将传统四合院打造成温馨的精品酒店。在中国传统中加入现代装潢风格和设备，既富老北京风味，又写意舒适。

　　老板Michael拥有丰富酒店管理经验，提供的服务更非常贴心，世界权威酒店网站《Trip Advisor》也曾高度评价这里，更入选全中国25间最佳酒店之一。

MAP: P.218 D4

帝皇套房装潢古色古香，配有现代化设备，传统架子床配苹果电脑的组合真是难得一见

通花圆形门框以及墙上字画都极具传统特色

浴室虽然不算大，但十分整洁

浴室的沐浴用品齐全，非常精致

到处都是富有中国传统特色的装饰，瓷瓶中的小金鱼极美

宽敞的院子盖上玻璃顶，即使雨雪严寒也不怕，晚上配合灯光效果，又变成另一个样子

酒店也提供咖啡和香茗，坐在四合院中享用非常写意

夏季酒店门外布满藤蔓，相当有田园气息

提供的自助早餐非常丰富，有十多款中西食品可供选择

曾主演《敌对同谋》的奥斯卡影后Tilda Swinton，也曾于2009年下榻迈克之家

四合院每个角落均有可爱的摆设，很讨女生喜欢

Info

地址： 海淀区小西天志强北园1号南院
电话： 010-6222-5620
房价： 标准双人房　US$61/晚起
　　　　双人套房　US$82/晚起
　　　　帝王套房　US$125/晚起
网址： www.michaels-houses.com
前往方法：
1.地铁 2 号线"积水潭"站A出口，沿新街口外大街往北徒步20分钟，左转徒步再走10分钟即到
2.地铁 2 号线"积水潭"站A出口，转乘出租车，约￥10

玻璃顶的院子气派十足，可供客人在此举办婚宴

从天花板到墙面均有精致的传统装饰，极尽奢华

最初改建这四合院打地基时，发现地下埋着不少古代陶壶，酒店主人原封不动将其保留，在上面盖上玻璃供客人欣赏

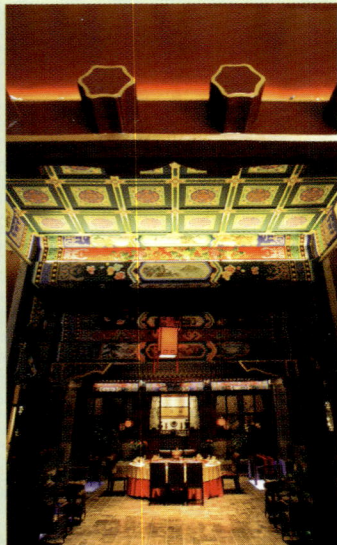

贵族大宅
什刹海福禄

★I Can 心水推介

　　2008年开业，原来是只接待会员的私人会所，北京奥运会时被选为"奥运之家"，负责接待英国政府官员。2010年才开始接待游客，随即成为港、台旅客的人气住宿地。

　　酒店装潢极其气派，不论装修格局与家具摆设，均仿照大户人家的四合院而设。套房内的紫檀木及金丝楠木古董家具价值连城，其中几张紫檀木架子床便价值过百万元。管家式的服务更是周到，旅客可一尝古代贵族的奢华生活。

MAP: P.147 B4

每间客房的桌上都放有出师表竹简，让客人空闲时照着练书法用，陶冶性情

房间里放满古董，檀木雕花窗框雕工极细

房间里的饮水器，是特别用传统坛子加上水龙头开关改装而成

房内备有不少贴心日用品，如手电筒、脸谱造型水果削皮刀和开瓶器，还有免墨水书法练习板

提供免费早餐，有中西式两种选择，中式食品有馄饨、烧饼、馒头、鸡蛋等，丰富健康

酒店以前是私人会所，因此大门没有招牌，请认准42号门牌

Info

地址： 西城区兴华胡同42号
电话： 010-8322-0266
房价： 豪华标准间 ￥888/晚起
　　　　 豪华大床房 ￥1088/晚起
　　　　 豪华套房 ￥2088/晚起
电邮： sch.hotel@hotmail.com
前往方法： 地铁4号线"平安里"站C出口，沿地安门
　　　　　　 西大街往东走约15分钟，转到德胜门内
　　　　　　 大街往前走，再右转至兴华胡同即达

贵族房间一览

豪华套房的小叶紫檀架子床价值300万元人民币，床上放着古代贵族专用的缎子面床盖

豪华大床房的浴室宽敞，从吹风机、洗衣篮到沐浴用品一应俱全

豪华大床房，古典优雅，是酒店人气之选。
约 ￥1088/晚

豪华套房的书房内有红木制成的榻，古人通常在此下棋、品茶或聊天

豪华标准间，面积约50平方米，简约舒适

豪华套房的客厅仿照贵族大宅的中堂设计，另有主人房及客房

住在四合院

庭院走廊极具古典气息，安放着孙中山先生及鲁迅先生的雕像

清代名将官邸
侣松园

　　原为击败太平天国的清朝大将军僧格林沁的官邸，建于光绪年间，有超过170年的历史了，相当气派。原址占地广，经过时代变迁，现只剩下一部分。

　　侣松园保留僧府原有的设计及建筑特色，大堂及房间配备典雅的明清家具，主院内设有亭台走廊环绕的露天茶座，更有恬静幽雅的竹院，在此可领略传统四合院的宁静。

MAP: P.110 C3

酒店前身为清代大将军官邸，尽显昔日名门望族的四合院气派

大堂装修仿照皇家贵族的中堂而建

侣松园靠近南锣鼓巷，交通非常方便

四合院里的竹院清幽雅致

院中亭台的雕檐碧瓦精巧别致

古典房间一览

标准客房，清新雅致，最受三五知己结伴出游的年轻人欢迎。房价约￥425/晚

房间配备一室精致的明清家具

特色客房设有客厅，配传统的架子床

房间备有万能插头的接线板，方便各国旅客，还有网线可以上网

附设京味餐厅

酒店设有餐厅，提供多款北京地道美食，水准不低。

老北京炸酱面，面条爽滑筋道，品相清新，面酱非常美味。￥12

手工水饺，皮滑馅足，猪肉与大葱的比例刚刚好，且肉汁丰富。￥45/斤（1斤20~30个）

鸡里蹦，地道京味小炒，鸡肉嫩滑，新鲜虾仁晶莹剔透，爽口甜美。￥38

Info

地址：东城区宽街板厂胡同22号
电话：010-6404-0436
房价：标准客房　￥425/晚起
　　　特色客房　￥580/晚起
　　　套房　　　￥680/晚起
网址：
www.the-silk-road.com/hotel/lusongyuanhotel
前往方法：地铁5号线"张自忠路"站A出口，沿张自忠路往东走约15分钟，转到交道口南大街往北走约5分钟，到板厂胡同再走约3分钟即到

住在四合院

附设酒吧的沙发时尚舒适，与墙上的皇后画像以及京剧主题挂饰相映成趣

纪晓岚双喜套房
阅微庄

2007年开业，相传是清代大学士纪晓岚的东城宅院，故得名"阅微庄"，为传统两进四合院结构，已有200多年历史。酒店的英文名称为"Double Happiness"，即"囍"，装潢古色古香，处处洋溢着喜庆的感觉。

32间客房每间风格均独一无二，多以红色为主题，其中更以豪华蜜月房最受欢迎。华丽精致的架子床，配上赏心悦目的绸缎被子，仿如住进古人的新房。

MAP: P.100 C2

古雅的长廊墙上挂着新派油画，古典与现代艺术相结合

天台上设有露天茶座，夏天在此享受阳光特别舒服

庭院采用传统手工彩绘，配以精致木雕工艺点缀，保留北方民居庭院风貌

从楼上的房间可俯瞰庭院景色

酒店位于东城区与朝阳区之间，交通方便

浪漫古色"新房"一览

双人房的架子床内，竟是两张单人床，自成一国

豪华蜜月房的架子床全挂上红色围幔，恍如古时的新婚喜床

酒店的绸缎被褥是一大亮点，绣有古代小孩生活图案，妙趣横生

豪华蜜月房最受情侣欢迎，每间里的架子床款式均不同

特色单人房面积虽不大，但精致非常，从墙上挂的书画到绸缎被褥均经过精心配搭

部分套房带电脑

特色单人房的浴室配用手绘桃花图案洗手盘，古色古香

Info

地址：东城区东四四条37号
电话：010-6400-7762
房价：特色单人房 约￥628/晚
　　　中式双人房 约￥1180/晚
　　　中式大床房 约￥1180/晚
　　　豪华蜜月房 约￥1580/晚
网址：www.hotel37.com
前往方法：地铁5号线"东四"站B出口，沿东四北大街往北走约10分钟，转到东四四条再走约10分钟即达

住在四合院

房间里放着瑞典名床DUX，是英国、瑞典、丹麦皇室指定品牌，每张价值约10万元人民币

10万元名床的套房

红墙花园

　　隐藏在胡同深处，红墙内别有洞天。2010年开业，是北京最新的四合院及西式花园风格精品酒店。酒店房间面积宽敞，可俯瞰院中花园或街外胡同景致。最大亮点是每个房间均备有英国皇室御用的瑞典名床DUX，每张价值约10万元人民币。更配有香薰、加湿器等贴心设备，其目的都是为住客消除一天疲劳，使客人完美甜睡。

MAP: P.089 C1

瑞典名床DUX大解构

瑞典名床DUX被英国、瑞典、丹麦皇室选为指定睡眠品牌，英国前首相布莱尔、天后麦当娜、万人迷贝克汉姆等均是其粉丝，连迪拜七星级帆船酒店都有选用。

DUX床垫每张价值约10万元人民币，纯手工打造，秘密在于被誉为"魔术弹簧"的Pascal系统，可自动根据客人体形、受力点不同而调整，还能适应身体的翻转和移位而提供均衡支撑，减少压力点，加强血液循环，让人酣然入梦。

提醒你

甜睡三宝

采用著名品牌AIGNER的香薰浴室用品，让人沐浴后舒缓压力，躺在床上入睡前会感受到其芬芳气味，更能完美甜睡

房内还有气味清淡的香薰，有助舒缓紧张神经，让人更容易入睡

每间房均备有加湿器，早上起床不会感到喉咙及皮肤干燥，相当贴心

甜睡套房一览

豪华客房

这是最受欢迎的房种，面积42平方米，空间宽敞，配1.8米宽的瑞典名床，附设的客厅可观赏街外胡同景色。房价约￥2280/晚

红墙花园房

设有空中花园私人阳台，可在此欣赏庭院景色，更可要求在阳台享受晚餐，非常浪漫，最适合情侣。房价约￥2680/晚

东厢复式房

为两层复式设计，装潢古色古香。楼下是客厅，出门即可达花园。楼上设有阳台，面对种满各种植物的花园，四季皆有不同景致。房价约￥2880/晚

管家服务

　　酒店提供一对一的管家服务，从客人抵达北京的一刻起，管家便会照顾客人在北京的全部行程，包括接送机、本地手机借用、计划旅游行程、DIY配餐、购物指南等。

　　酒店管家非常有效率，如笔者的手提电脑无线上网出现问题，打电话到前台，管家数分钟便来到房间，安装直接接电脑的路由器让笔者专用，服务有效率又贴心。

五星级早餐

　　酒店餐厅每天早上提供中、西式免费早餐，即点即做。大厨均来自五星级酒店，水平毋庸置疑，各种材料更是新鲜味美。由于制作耗时，赶时间的话，最好先打电话到前台请餐厅预先准备。

中式早餐健康丰富，有各式面点及粥可供选择

当中的牛角包最值得一赞，外层松脆，内里软绵，由来自台湾的烘焙大师精心炮制

餐厅布置集合中西式风格，微黄的灯光令人舒服

户外环境

酒店夜景迷人，很多客人特意到其餐厅享受晚餐

花园在夏季设有露天茶座，在园中品茗特别有意境

酒店入口是十足的外国古堡大宅风格

庭院花园种满各种植物，四季皆有不同景致

┃Info

地址： 东城区史家胡同41号
电话： 010-6400-7762
房价： 豪华客房　约￥2280/晚
　　　　　红墙花园房　约￥2680/晚
　　　　　东厢复式房　约￥2880/晚
网址： www.redwallgardenhotel.com
前往方法： 地铁5号线"灯市口"站A出口，沿东四南大街往北走约3分钟，转到史家胡同再走约10分钟即到。7天连锁酒店对面

从天台可欣赏白塔寺佛塔，以及俯瞰附近胡同四合院青瓦密布的京城独有景致

饱览白塔与胡同

广济邻

邻近白塔寺，是一座清朝建筑风格的标准老北京四合院。只有7个房间，装潢简朴舒适，是2007年全球酒店预订网"Hostelworld"用户票选的"全国第一酒店"。

以玻璃屋顶覆盖的四合院，阳光悄悄渗入，写意宜人。沿吱吱作响的竹梯走到阳台，更可饱览白塔寺佛塔以及附近的胡同保护区，呼吸最原汁原味的老城胡同气息。

MAP: P.164 B4

古典的庭院，从装潢到家具摆设均贯彻清代四合院风格

双人标准间采用中式古典木床，极具特色

酒店位于闹中取静的胡同深处，早上出门可看见附近街坊们的生活

大床双人房面积宽敞，设有两张大床

Info

地址： 西城区赵登禹路白塔巷2号
电话： 010-6617-2571
房价： 双人标准间 约￥518/晚
　　　　大床双人房 约￥518/晚
网址： www.templeside.com
前往方法： 地铁2号线"阜成门"站B出口，沿阜成门内大街往东走约10分钟，转到赵登禹路再走约10分钟，到安平巷后转至白塔巷即到

每间房均备有大床，让旅
客一洗旅途的疲惫

异国风情四合院
史家商务会馆

　　位于历史悠久、洋溢着书香气息的史家胡同里，故取此名。整
体布局为新型四合院风格，庭院设有花园与茶座。只有8间套房，每
间装修各有特色，主要是中国传统结合东南亚风情。除了中式传统架
子床、清代贵族画像，亦有富南洋民族风情的手工艺摆设和佛教装饰
品，用色对比鲜明，风格强烈，很有异国色彩。

MAP: P.089 C1

佛教油画、北京名胜相片、明清家具共处一
室，气氛却出奇地融和

标准间的明清式家具，与异域风情的装饰混搭出强烈风格

客人走进房间的第一个问题总是：请问洗手间在哪里？原来浴室
被巧妙地隐藏在衣橱门后了

史家胡同名人辈出

历史悠久的史家胡同路面宽阔，两侧建筑整齐，多为深宅大院，有中国显赫人物的府邸，也有普通居民几世同堂的住宅。

史家胡同名人辈出，很多近代中国名家学者包括胡适、中国著名教育家梅贻琦、语言学大师赵元任等，都出自史家胡同。而北京"第一贵族小学"——史家小学也位于胡同内。

提醒你

每间房风格均与其他房间不同，每件摆设也别具匠心

把所有衣橱门关上后，实在令人猜不到浴室在哪里

豪华间的浴室极为宽敞，以蓝色为主色，风格前卫

走进衣橱，是装修古典的浴室，很有皇室气派

富有欧陆风情的庭院茶座

大堂放满植物，富有热带气息

住在四合院

Info

地址：东城区史家胡同42号
电话：010 - 5219 - 0288
房价：标准间 约￥1000／晚
　　　　豪华间 约￥1600／晚
网址：www.shijiahouse.com
前往方法：地铁5号线"灯市口"站A出口，沿东四南大街往北走约3分钟，转到史家胡同再走约10分钟即到。7天连锁酒店旁

房间装修简约，床头及床头柜的衣箱设计独特

《Lonely Planet》推介
莲花旅舍

　　《Lonely Planet》也曾推荐这里，宽敞的四合院里设备齐全。阳光茶座、温馨舒适的酒吧、一应俱全的自助式厨房、贴心的小型网吧，备有一切国际青年旅舍周到的设施，服务员也友善亲切。最重要的是房价便宜，因此口碑极佳，深受背包一族喜爱。

MAP: P.164 C3

酒吧是其一大亮点，放满搜罗自世界各地的摆设，还有旅游书籍，是背包客把酒聊天的好地方

酒吧装潢极有气氛，有些客人更会拿起吉他即席自弹自唱

酒吧供应自家酿制的杞子酒，具有补身功效，但酒性极烈。￥15/杯

酒吧内设有桌球台

提供免费无线上网，也设有收费电脑让客人使用

莲花旅舍又名莲舍，在背包客圈子里极有名气

Info

地址：西城区西四北七条29号
电话：010-6612-8341
房价：标准间　约￥240/晚
　　　四人间一个床位约￥60/晚
网址：www.lotushostel.cn
前往方法：地铁4号线"平安里"站D出口，沿西四北大街走约5分钟，转至西四北七条再走约2分钟即到

彩绘木雕游廊交错，绿意盎然，置身其中极为写意

背包客热选
和园国际青年旅舍

MAP: P.218 D4

于2010年开业的四合院式青年旅舍，最大特色是拥有宽敞的院落，院内植被繁茂、鸟语花香，极富中国传统特色的游廊纵横交错，连接四面房间，古色古香。大堂设有酒吧和桌球台，可结识来自世界各地的旅人，为年轻一族与背包客的热选之所。

于2010年开业，装修及设备都是崭新的

设有多人间，为精打细算的背包客提供服务。一个床位约￥60/晚

双人房舒适整洁，极受年轻客人欢迎。价格约￥210/晚

大堂气氛温馨随意，客人最爱在此交流旅游资讯及心得

Info

地址：海淀区小西天慧园路志强北园1号
电话：010 - 6227 - 7138
房租：双人标准房 约￥210/晚
　　　　双人大床房 约￥200/晚
　　　　六人房 约￥60/床/晚
网址：www.yhachina.com/ls.php?id=187
前往方法：地铁2号线"积水潭"站A出口，沿新街口外大街往北走约10分钟，穿过"小西天"牌坊，转入志强北园小区再走约3分钟即达

住在四合院

传统与创意融合

东城区

东城区地处北京的心脏地带，历史悠久。自明代起，这里已是商业繁荣的富庶之地，区内百年老字号林立，代表中华文明的故宫、天安门均坐落在东城区。

近年来，老胡同渐渐萌生出创意趋势，南锣鼓巷、五道营胡同、方家胡同等特色文化胡同崛起，成为本地人与游客的休闲去处，令东城区形成传统与现代创意皆备的独特魅力。

交通 地铁1、2、5号线。

东城部分地区示意图

N

安定门附近

黄寺大街
柳荫公园
青年沟路
和平里北街
和平里北街站
和平里东街
安德里北街
安德里北街
和平里中街
和平里西街
和平里南街
青年湖
安定门外大街
地坛
安德路
安德路
德胜门东滨河路
安定门西滨河路
安定门东滨河路
安定门东滨河路
地铁2号线
鼓楼大街站
安定门西大街
安定门站
安定门东大街
五道营胡同
雍和宫站
鼓楼西大街
旧鼓楼大街
安定门内大街
孔庙和国子监博物馆
雍和宫
直门北小街
后海
南锣鼓巷附近
钟楼
鼓楼
鼓楼东大街
交道口东大街
北新桥站
东直门内大街(簋街)
前海
地安门外大街
南锣鼓巷
交道口南大街
东四北大街
直门南小街
地安门西大街
地安门东大街
地安门内大街
张自忠路
张自忠路站
地铁5号线
朝阳门北小街
天安门、故宫附近
北海
北海公园
景山西街
景山东街
景山公园
北河沿大街
美术馆后街
东四北大街
东四四条
文津街
景山前街
中国美术馆
美术馆东街
隆福寺街
东四站
东四附近
五四大街
翠花胡同
东四西大街
北河沿大街
北池子大街
王府井附近
灯市口西街
灯市口大街
灯市口站
朝阳门南小街
故宫博物院
北长街
北池子大街
东华门大街
东安门大街
王府井大街
金鱼胡同
金宝街
中海
午门
南池子大街
南河沿大街
东单三条
南长街
中山公园
天安门
天安门东站
霞公府街
东单站
王府井站
东单公园
天安门西站
天安门
东长安街
崇文门内大街
市邮政管理局
地铁1号线
国家大剧院
国旗
广场东侧路
公安部
石碑胡同
人民大会堂
人民大会堂西路
毛主席纪念堂
广场西侧路
国家博物馆
最高人民法院
崇文门内大街
崇文门东大街
和平门站
市一六一中南校区
正阳门
前门东大街
前门东大街
崇文门站
哈德饭店
前门西大街
KFC
前门站
北京铁路博物馆
国人宾馆
地铁2号线

中国政治文化中心

天安门、故宫

天安门与故宫，是每个初到北京游客的必访之地。

天安门是北京乃至全中国的政治中心，中华人民共和国的开国大典就在此举行；故宫更是明清两朝皇宫，蕴涵丰富的中国历史文化，游过才算是真正的中国人。

交通 地铁1号线"天安门东"站或"天安门西"站。

01　天安门广场
电话：天安门010-6309-5745
天安门广场010-6524-3322
天安门城楼开放时间：08:30-17:00（16:30停止售票）
天安门城楼入场费：成人￥15、学生￥5

02　毛主席纪念堂
电话：010-6513-2277/010-6512-0909
开放时间：08:00-12:00（9月9日及12月26日08:00-11:30、14:00-16:00）
休息：周一
入场费：免费（需凭有效证件领票）

03　人民大会堂
开放时间：12月-次年3月　09:00-14:00
4~6月　08:15-15:00
7~8月　07:30-16:00
9~11月　08:30-15:00
入场费：成人￥30、学生￥15

04　人民英雄纪念碑
开放时间：24小时

05　中国国家博物馆
电话：010-6511-9031/010-6511-9032
开放时间：09:00-17:00（15:30停止售票，16:00停止入馆）
入场费：零散观众可凭有效证件在开放时间内领取免费参观券，参观本馆免费对外开放的展览（周一闭馆）；零散观众可从西门票务中心凭有效证件领取当日免费参观券，从西门进入参观；（有效证件包括：身份证、护照、军官证、士兵证、中小学生学生证）
团体观众（20人以上）可电话预约7日内免费参观并于参观当日携带单位介绍信在前台兑换
零散观众参观不限人次。团体参观每日限额5000人次，额满为止

06　正阳门
开放时间：08:30-16:00
入场费：￥10

07　故宫博物院
开放时间：4~10月旺季08:30-17:00
11月~次年3月淡季08:30-16:30
入场费：成人旺季￥60、淡季￥40
（学生凭证￥20、1.2米以下儿童免费）

8a　东交民巷
开放时间：24小时

8b　西交民巷
开放时间：24小时

地图标注

北海公园　北海
景山后街　景山公园
景山西街　景山东街
景山前街
文津街
神武门
公安医院
北池子大街
皇家驿栈
保和殿　中和殿　太和殿
太和门
午门
简子河
中海
北长街
东华门大街
南池子大街
南长街
中山公园
端门
天安门
华表
劳动人民文化宫
南海
天安门西站　天安门东站
东长安街
地铁1号线
人民大会堂西路
石碑胡同
国家大剧院
国旗
广场西侧路
广场东侧路
公安部
最高人民法院
市一六一中（南校区）
东来顺
地铁2号线
和平站
前门西大街
老舍茶馆　KFC
前门站
箭楼
北京铁路博物馆
国人宾馆
旅游集散中心
利群烤鸭店

天安门、故宫周边示意图

天安门、故宫二三事

1. 国家大剧院
位于天安门广场西面，由法国建筑师保罗·安德鲁设计，于2007年建成，是全球瞩目的北京新地标。建筑呈椭圆形，外层采用钛金属板面，中间为渐开式玻璃幕墙，极富未来感。主建筑外环绕人工湖，各个入场通道均设在水底。剧院里设有剧院、剧场、音乐厅等，上演国内外大型演出。

Info
地址：西城区长安街2号
网址：www.chncpa.org

2. 中山公园
位于故宫南面，原是明清两代的社稷坛，与太庙（今劳动人民文化宫）同为沿袭周代以来"左祖右社"的礼制而建。公园占地23万平方米，园内设有孙中山先生铜像，在河上可划船，冬天冰封期则可滑冰，还有怀旧的碰碰车。园中的中山音乐堂会不时举行大型音乐演出。

Info
地址：东城区中华路4号
开放时间：06:00-20:00
入场费：￥3
网址：www.zhongshan-park.cn

3. 北海公园
北海公园位于故宫的西北面、景山公园西侧，与中海、南海合称"三海"。明清时期为帝王御苑，面积约71万平方米，园内亭台别致，游廊曲折，每逢夏季更是赏荷胜地。此外，园中主打满汉全席的仿膳饭庄，亦非常受游客欢迎。

Info
地址：西城区文津街
开放时间：09:30-16:00
入场费：￥20

提醒你

两层高的天安门城楼宽57.14米，屋顶由60根大红木柱支撑，两层正檐之间挂有中华人民共和国国徽，城门上还挂着毛泽东主席的画像，雄伟壮观

Tips

由于前门大街一带规定不准停车，因此坐出租车不能直达天安门入口，要绕个圈反而更不方便。建议搭乘地铁1号线，到"天安门东"站或"天安门西"站下车，出站后步行约5分钟即到。

梁敏钊摄

中国政治中心
天安门广场 `01`

　　天安门坐落在北京的正中心，是明清皇城的正门，原名"承天门"，至清朝改名为"天安门"，取"受命于天，安邦治民"之意。明清皇帝颁布重要诏令、大婚、殿试公布三甲等重大仪式都在此处。1949年，毛泽东主席宣布中华人民共和国正式成立的开国大典，也在此举行。

　　天安门所在的天安门广场，面积达44万平方米，最多可容纳100万人，是世界上最大的城市广场。广场占地内矗立着人民英雄纪念碑和毛主席纪念堂，还有人民大会堂、中国革命博物馆、中国历史博物馆、正阳门和前门箭楼。

MAP：P.079 B3-B4

不少游客到天安门都会买国旗

广场各处均有军人把守，保安严密

天安门前西侧是游客的热门留影点，可清晰拍到天安门全貌

天安门晚上亮起璀璨灯光

广场上的军人也是游客的拍摄对象

天安门城楼内外各有一对华表，相传寓意皇帝须外出体察民情，但不要留恋花花世界

Info

地址： 东城区天安门广场
电话： 天安门010-6309-5745
　　　　天安门广场010-6524-3322
开放时间： 08:30-17:00（16:30停止售票）
入场费： 成人￥15、学生￥5
网址： www.tiananmen.org.cn
*售票处位于天安门后空地上
前往方法：
1.乘地铁1号线到"天安门东"站或"天安门西"站下车，出站后走约5分钟即到广场北侧
2.乘2、5、17、20、22、120、126路公交车到"前门"站，走约5分钟即到广场南侧

天安门、故宫

王府井

东四

南锣鼓巷

安定门

必读！升旗礼攻略

天安门广场的升旗仪式是游人的必看节目。升旗仪式每天在广场北侧举行，时间按照当天日出时间而定，整个过程2分7秒，每月的第一天更有军乐团演奏国歌，仪式庄严。而降旗仪式则在日落时举行。

MAP: P.079 B3

国旗护卫队由96名解放军组成，象征960万平方公里的中国领土。旗队从天安门出发，经过金水桥走到旗杆，一共138步

1. 升旗时间每天不同

升旗仪式从日出那一刻开始，因此每天举行的时间都不同，夏季最早04:30开始，冬季最晚07:30开始，游客可先上天安门的官方网页查阅每天升降旗时间。

网页会列出全年的升降旗仪式时间，但为防根据天气进行调整，建议出发前一晚再查阅

天安门官方网址：
www.tiananmen.org.cn/flag

2. 早到争取好位置

旗杆附近有围栏，观赏距离颇远，每天观赏升旗的游客又数以千计，所以很多人天未亮就已在此等候。要想争取到最佳位置，最好提早半小时到达广场，北京地铁首班车约在05:20经过天安门，因此夏天观看升旗仪式只能乘出租车前往。

因看升旗仪式的游人极多，至少提前半小时到达，才可争取到有利位置

3. 升旗后步兵走过广场

MAP: P.079 B4

升旗仪式结束后，别立即离开，记住留下观看第一队国旗班军人经过，此时可以近距离拍摄步兵，是极佳的摄影构图。之后围栏打开，游客可以走到升旗台前拍照。

国旗班经过围栏前的一刻是摄影的好时机

4. 日出前天气清凉

日出前广场较为清凉，即使夏天也要准备外套。

Info
地址：天安门广场北面
前往方法：人民英雄纪念碑对面

纪念堂南门和北门各有两组雕塑，以中国革命史诗和继承毛主席遗志为题

过亿人致敬
毛主席纪念堂 02

位于广场南面，毛泽东主席1976年9月9日逝世后，政府花费一年时间建成，1977年9月9日正式开放。正门金字匾额"毛主席纪念堂"由华国锋题写，堂内存放经过防腐处理、放在水晶棺内的毛泽东主席遗体。每天前往瞻仰的中外游客络绎不绝，至今共接待游客约1.4亿人次。馆内的大理石上还刻有毛主席手书的《满江红》词。

Tips I Can
1. 每逢毛泽东逝世（9月9日）和诞辰（12月26日）纪念日人极多，游人最好避免此时参观。
2. 每年3月"两会"（全国人民代表大会和政治协商会议）期间，纪念堂便会关闭维修，遇上特别会议也可能暂停开放，请留意网站公告。
3. 进入纪念堂前必须寄存随行李，寄包收费按体积计算，￥2起，寄存相机另需保险费。

Info
地址：天安门广场南面
电话：010-6513-2277 / 010-6512-0909
开放时间：08:00-12:00（9月9日及12月26日08:00-11:30、14:00-16:00）
休息：周一
入场费：免费（需凭有效证件领票）
网址：cpc.people.com.cn/GB/69112/113427
前往方法：正阳门对面

MAP: P.079 B4

人民大会堂的正面有12根大理石门柱，每根高达25米

Tips I Can

1. 每遇会议举行均暂停开放，请留意公告。
2. 除小型手袋外，其他行李均需寄存，收费按体积计算，¥2起。

大会议厅
人民大会堂 03

万人大礼堂

位于广场西侧，面积17万平方米。大会堂内分为三部分，地处正中间的是经常在电视新闻上出现的、"两会"及其他重大会议的万人大礼堂。北面为可容纳5000人的宴会厅，南面为以各省、自治区、直辖市、特别行政区名字命名的厅室，包括北京厅、广东厅等。

Info

开放时间：	12月~次年3月　09:00-14:00
	4~6月　　　　08:15-15:00
	7~8月　　　　07:30-16:00
	9~11月　　　　08:30-15:00
入场费：	成人¥30、学生¥15
前往方法：	天安门广场西侧

MAP: P.079 A4

向烈士致敬
人民英雄纪念碑 04

位于天安门广场正中央，用17000多块花岗岩和汉白玉砌成，高37.94米。碑石上的"人民英雄永垂不朽"由毛泽东亲笔题写。碑座四周镶嵌有八幅汉白玉制的巨型浮雕，用来纪念虎门销烟、五四运动、中国抗日战争等重大历史事件。

Info

地址：天安门广场中央
前往方法：毛主席纪念堂对面

MAP: P.079 B4

全球最大
中国国家博物馆 05

MAP: P.079 B4

位于天安门广场东侧，原为中国历史博物馆及中国革命博物馆，2003年两馆合并，展出中国古代及近代文物共62万件。2007年开始一度闭馆进行扩建，直至2011年3月底重新开放，面积由原来的6.5万平方米增加到19.2万平方米，成为世界上面积最大的博物馆。

Info

地址：天安门广场东面
电话：010-6511-9031 / 010-6511-9032
网址：www.chnmuseum.cn
前往方法：人民英雄纪念碑对面

博物馆正面

北京最高的城门
正阳门 06

MAP: P.079 B4

俗称"前门"，位于天安门广场南缘，前门大街北端，至今已有500多年历史，现在只存城楼与箭楼。整座城楼高42米，为北京最高的城门，登上城楼可俯瞰天安门一带景色。箭楼共有4层，连城台总高38米，也是北京所有箭楼中最高的。

箭楼设4层箭孔，每层13个

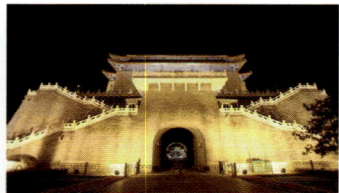
入夜后箭楼在亮光映照下更显辉煌壮观

Info

地址：天安门广场南面
开放时间：08:30-16:00
入场费：¥10
前往方法：天安门广场南面，毛主席纪念堂对面

故宫博物院是明清两朝历史文化的荟萃。四周有10米高墙围绕，南面的午门及北面的神武门，现在已经变成故宫的出入口

故宫示意图

明清两朝皇宫
故宫博物院 07

位于北京的中轴线上，原名紫禁城，明永乐十八年(1420年)建成，为明清两朝共24位皇帝的居所。故宫也是世界上规模最大、保存最完整的木结构宫殿建筑群，把传统中国的建筑技术发挥得淋漓尽致。

占地72万平方米，收藏的文物，海内外贡品、珍品无数，为中国最大的古代文化艺术博物馆。故宫之大，一整天也逛不完，以下特别介绍几个不可不看的重要景点，可根据时间作重点精华游。

MAP: P.079 A1-A2、B1-B2

内金水河

环抱故宫的内金水河，河水与紫禁城东南角外的护城河相通，全长2000多米。广场中央的五座汉白玉石桥，跨越内金水河，齐指太和门方向，正中主桥是皇帝专用的"御路桥"，桥栏杆上雕有精致的云龙柱头。

提醒你

Tips I Can

建议故宫游线路：

3小时精华游： 午门→前朝三大殿→乾清宫→内廷后三宫→御花园→神武门

半天游： 午门→前朝三大殿→西六宫→御花园→内廷后三宫→乾清门→钟表馆→珍宝馆→神武门→景山公园

一天游： 午门→前朝三大殿→西六宫→内廷后三宫→乾清门→钟表馆→珍宝馆→东六宫→御花园→神武门→景山公园

═ Info ═

地址： 东城区景山前街4号
开放时间： 4～10月旺季08:30-17:00、11月～次年3月淡季08:30-16:30
入场费： 成人旺季¥60、淡季¥40
（学生凭证¥20，1.2米以下儿童免费）
网址： www.dpm.org.cn
*闭馆前1小时停止售票。部分展区需另购入场费
前往方法： 地铁1号线"天安门西"站B出口，先到天安门，然后往北走约5分钟即到午门入口

午门

故宫的正门，平常是颁发皇帝诏书的地方，每逢重大典礼及重要节日也在此举行大型仪式。清朝时，每年农历十月初一会在午门举行历书颁发仪式。若打完仗，军队回归时，也会在此向皇帝献上战俘。

午门设有5个门洞，中央门洞为皇帝专用，只有大婚时皇后的喜轿入宫，殿试高中的状元、榜眼和探花才可以走中门

午门的三面各有12米高的城台相连，环抱方形广场，平面呈"凹"字形

提醒你

午门并非斩首处
传说中的"推出午门斩首"只是传闻，明代只在此处举行惩罚大臣的廷杖。明代斩首刑罚是在大街上举行，清代则改为在菜市口。

前朝三大殿

以太和殿、中和殿和保和殿为中心的前朝三大殿，是皇帝处理政务、举行大典之地。

2006年曾进行历时两年半的大规模修缮工程，包括修补木构组件、更换琉璃瓦、复原彩绘等

太和殿

又称"金銮殿"，为故宫中规模最大的宫殿，其面积及高度均是现存中国古代建筑物之冠。皇帝登基、万寿、大婚、册封皇后、宣布科举皇榜等均在此举行。

御路石，雕有9条蟠龙象征九五之尊。皇帝乘轿进出宫殿时，轿夫走两边石梯，轿子则从石上经过

太和殿内的皇帝宝座

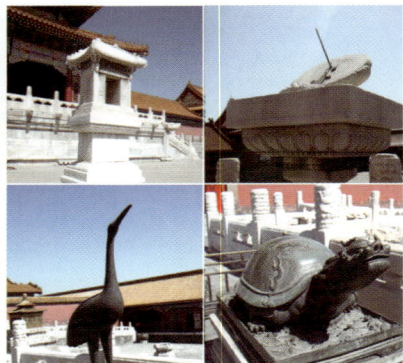

须弥座解码
太和殿的须弥座台基上陈设着日晷、嘉量、代表权力的铜鹤及代表长寿的铜龟各一对。

提醒你

中和殿

为三大殿中面积最小的，位于太和殿后，是皇帝到太和殿举行大典前，接受大臣及官员们行礼的地方。

保和殿

为前朝最后一殿，位于中和殿后，是明朝皇帝出席大典或祭祀前的更衣室，清朝顺治及康熙皇帝曾将之用作寝宫，之后改为科举殿试的考场。

内廷后三宫

　　三大殿后方称为"内廷"，以称为后三宫的乾清宫、交泰殿、坤宁宫为中心，是皇帝日常起居所，左右各设有东六宫和西六宫，是后妃们的住所。

乾清宫

　　为内廷正殿，是皇帝的寝宫。有暖阁9间，分上、下两层，共设床27张，因此无人确知皇帝每晚就寝之处，以防刺客入侵。后来雍正移居养心殿，此处便用作举行内廷典礼和引见官员、接见外国使臣的场所。

乾清宫内的皇帝宝座，背后圆额"正大光明"由顺治皇帝御笔亲书，康熙和乾隆都曾临摹，目前的版本便由乾隆临摹。雍正设秘密立储制度后，写明皇位继承人的传位诏书便藏于此匾后

坤宁宫

　　在清朝雍正帝以前为皇后的寝宫，两旁设有暖阁。雍正后，西暖阁改为满人的信仰萨满的祭祀地，东暖阁则成为皇帝成婚的大婚喜房。

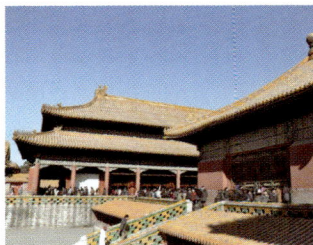

前为交泰殿，屋顶采用黄琉璃瓦四角攒尖镏金宝顶；后为坤宁宫，为故宫最具满族住宅风格的宫殿

交泰殿

　　位于乾清宫与坤宁宫之间，是皇后在重大节日或寿辰元旦等庆典中接受朝贺的地方。殿内存放清朝皇帝行使权力的25颗印玺，统称"二十五宝"。现今殿内仍存有放置印玺的盒子，而印玺则移至乾清宫东侧的"清代典章文物陈列室"展出。

殿中央宝座上有康熙帝御书的"无为"牌匾

御花园

　　位于坤宁宫后方，是皇宫的庭园。园内共有殿宇楼阁20多座，四周长满青翠的松树，点缀着假山怪石、花坛盆景、藤萝翠竹，形成四季常青的园林景观。

堆秀山由太湖石叠砌而成

御花园内设有茶居，供应咖啡、茶和小点心

乾清门前有御路石，两旁设有铜狮

1924年，末代皇帝溥仪被驱逐出宫，正是经此门离去

乾清门

　　位于前朝与内廷的交界处，康熙帝除了到畅春园和避暑山庄的时间外，几乎每天都在此"御门听政"。

神武门

　　为故宫北门，名为"玄武门"，清朝时因避康熙皇帝玄烨名讳改为神武门。门楼内设钟鼓，与鼓楼相应，用来起更报时。神武门也是宫中人们日常出入的重要所经地，皇帝皇后走中央正门，官吏、侍卫、太监等便由两侧的门洞出入。

欣赏故宫文物

以下宫殿已改做文物博物馆，前往参观可以了解更多明清历史，在景山公园更可拍摄故宫全景。

钟表馆

位于奉先殿，陈列着英国、法国、瑞士等国赠送的机械表，以及清朝造办处、苏州和广州制造的钟表，共182件展品。

法国于19世纪末制造的洋人变戏法钟

光绪年间在广州制造的扇扇机械人表

紫檀木雕楼式自鸣钟，由清宫造办处于乾隆年间制造，高5米

奉先殿原是皇帝于节日及庆典祭祀祖先，以及举行上徽号、册封、巡猎等典礼之用，现划为钟表馆

Info
地址：奉先殿
入场费：￥10
*每天10:00和14:00有钟表演示
前往方法：乾清门西面，售票处在诚肃门

珍宝馆

位于皇极殿西庑、养心殿、乐寿堂及颐和轩，展出400多件宫廷珍宝，包括金丝凤冠、象牙玉雕、宝石珍珠，各类稀世珍宝举世无双，极具观赏价值。

青玉十二生肖是珍宝馆里最多人围观的宝物，为兽首人身坐像，身着交领长衫，形态各异。每个生肖玉石底部均打磨平整，可做印玺

貂皮嵌珠皇后冬朝冠，清朝皇太后和皇后所用的冠戴

Info
地址：皇极殿西庑、养心殿、乐寿堂、颐和轩
入场费：￥10
前往方法：故宫东北角，售票处在锡庆门和贞顺门

景山公园

位于故宫北边，元朝时曾为皇城内的御园，属于皇宫一部分。之后历代在故宫修建时，由宫殿渣土和挖掘护城河所得的泥土逐渐加高，越堆越高最终变成小山，至清朝更改名为景山，在此可俯瞰故宫北门全景。

万春亭，从景山公园门口步行到山顶约半小时，上山路途较轻松

崇祯自缢处，明末李自成起义攻入北京，崇祯皇帝逃至景山山下的一株老槐树下，以腰带自尽。老槐树已被砍掉，现今在原址重新移栽了一棵新的古槐树

在此可俯瞰故宫北门全景，吸引了极多摄影发烧友

Info
地址：故宫北门
开放时间：12月~次年3月　06:30-20:00
　　　　　4~5月及9~10月 06:00-21:00
　　　　　6~8月　　　　06:00-22:00
入场费：￥2（有展览期间￥5）
前往方法：故宫北面，神武门对面

原为正金银行，是东交民巷的地标，现为中融集团

怀旧摄影热点
东、西交民巷

东交民巷和西交民巷全长6.5公里，是北京最长的一条胡同，明清期间称为"东西江米巷"。晚清期间，分别被划为使馆区及银行街，因此巷内具西方古典风格的建筑星罗棋布。如今大多建筑已改为博物馆或私人住宅，只有部分对外开放。然而其西洋建筑风格及怀旧气息仍吸引众多游人到此拍摄，成为怀旧摄影热点。

Info
地址：东城区东交民巷、西交民巷
前往方法：分别位于天安门东面和西面
1. 地铁2号线"前门"站A出口，沿广场东侧路往北走约5分钟即到东交民巷
2. 地铁2号线"前门"站C出口，沿广场西侧路往北走约5分钟即到西交民巷

天安门、故宫　王府井　东四　南锣鼓巷　安定门

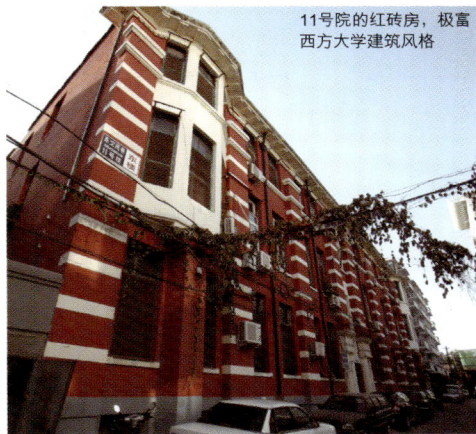

11号院的红砖房，极富西方大学建筑风格

使领馆街
东交民巷 8a

东交民巷全长约3公里。1900年后，东交民巷曾设有法国、日本、美国、德国、俄国、比利时等多国的使馆。

MAP: P.079 B4

圣弥厄尔教堂，位于东交民巷甲13号。建于清朝光绪二十七年（1901年），典型哥特式建筑，长形尖塔象征更接近天国

日本公使馆旧址，位于东交民巷23号

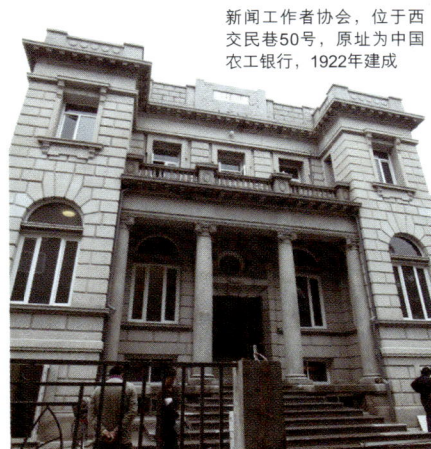

新闻工作者协会，位于西交民巷50号，原址为中国农工银行，1922年建成

中国第一金融街
西交民巷 8b

MAP: P.079 A4

东起天安门广场，西至北新华街，共有146个门。在清末民初时期，曾开过数十家银行，是晚清以来到20世纪后期的金融中心，亦是中国史上第一条金融街。

大陆银行，位于西交民巷17号，1926年年初竣工，是旧中国私营银行"北四行"之一，西方古典建筑风格浓厚

前保商银行，位于西交民巷22号，1922年建成，原为清朝天津商人积欠外国银行债务而成立，故名为"保商"，现为中国钱币博物馆，开放参观

老北京故事

王府井

交通

1.地铁1号线"王府井"站。
2.地铁5号线"灯市口"站。

很多外地人即使从未到过北京，也都知道王府井，因为其历史悠久，自明朝开始已发展成繁盛的商业街。街上都是百年老字号、大型商场和北京地道饭馆，游人如织，热闹得不得了。大街上琳琅满目的商品、栩栩如生的雕塑、叫卖声不绝的小吃街，使这条老街充满活力。

王府井周边示意图

地图标注：

A B C（上方列标）
1 2 3（左侧行标）

北河沿大街
北皇城根南街
东皇城根南街
南河沿大街

16 灯市口西街
18
17 国际艺苑 皇冠假日饭店
灯市口大街
柏树胡同
天伦王朝酒店
甘雨胡同
14 东来顺
01 莫泰268商务 自助酒店
诺富特和平宾馆Novotel
台湾饭店
09 乐天银泰百货
东安门大街
希尔顿酒店
王府井
王府井西街
13 王府井大街
呷哺呷哺
东来顺
10
王府井半岛酒店
煤渣胡同
大阮府胡同
校尉胡同
11
大甜水井胡同
07
12
06
05 08
KFC
03 王府井食品商场
04 东来顺
02
15
协和医院（东院区）
东单北大街
外交部街
西总布胡同
本司胡同
内务部街
红墙花园
史家胡同
史家商务会馆
灯市口站
7天连锁酒店
北京丽晶酒店
金宝街
金鱼胡同
19 励骏酒店
东堂子胡同
香港会议赛马会
地铁5号线

霞公府街
东方君悦大酒店
东方新天地
贵宾楼饭店 莱佛士北京饭店
王府井站
东长安街
地铁1号线
东单站

N

---

09 东华门夜市
营业时间：17:30-21:50

10 新东安市场
营业时间：09:00-22:00
场内推介：
LEGO Shop、东来顺

11 北京啤酒
营业时间：白天~深夜

12 北京烤鸭
营业时间：07:00-23:00

13 外文书店
电话：010-6512-6903
营业时间：09:30-21:30

14 王府井天主堂（东堂）
开放时间：外部24小时

15 王府井书店
电话：010-6528-0932
营业时间：10:00-21:00

16 老舍纪念馆
电话：010-6559-9218
开放时间：09:00-16:30
休息：周一（法定假期除外）

17 涵芬楼书店
电话：010-6525-8899
营业时间：09:00-2C:00

18 悦宾饭馆
电话：010-8511-7853 /
010-6524-5322
营业时间：11:00-14:00，
17:00-21:00

19 Molly Malone's
电话：010-6522-7258
营业时间：周日至周三11:00-次日
01:00；
周四至周六11:00-次日
02:00

---

01 王府井大街
开放时间：24小时

02 王府井小吃街
营业时间：09:00-22:00

03 王府井食品商场
电话：010-6525-0458
营业时间：09:00-21:00

04 盛锡福
电话：010-6525-4752 /
010-6513-0620
营业时间：08:30-21:00

05 瑞蚨祥
电话：010-6523-2807
营业时间：09:00-21:00

06 中国照相馆
电话：010-6512-0623
营业时间：09:00-21:00

07 全聚德
电话：010-6525-3310
营业时间：09:00-21:00

08 狗不理包子
电话：010-6525-7314
营业时间：09:00-21:00

街上有大量以古时生活为题的铜像，是游人拍照留念的热点

古代商业街
王府井大街
01

南起东长安街，北至中国美术馆，有700年历史，早在明代已有商业区活动。街上有大型商场和酒店，也有众多餐饮设施以及百年老字号，还有两条集合过百款京城地道美食的小吃街，是京城最旺地段之一。

MAP: P.089 B1-B3

在新东安市场前有个加了铜盖的古井，是在20世纪90年代被发现的，王府井因此井而命名，不少游客都慕名前来一看

北京市百货大楼，曾被誉为"新中国第一店"，当时是北京商场的标志

已有百年历史的东安市场，现由新鸿基集团改造为新东安市场

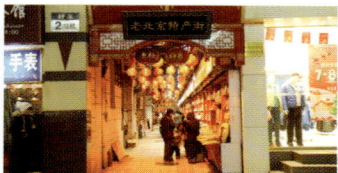

东方新天地由香港商人李嘉诚投资，集商场、酒店、公寓、写字楼于一身

王府井大街上有很多特产店

新式商场乐天银泰百货，主打韩国名牌

大街上有东来顺、全聚德、盛锡福等多间百年老字号

Info

前往方法：地铁1号线"王府井"站A出口

王府井小吃街人流不断，
气氛热闹

大部分小吃只要几元

小吃街的名吃：炸蚂蚱、炸蝎子、炸蚕
蛹，测试游人胆量，其实没什么味道，口
感脆脆的

街上很多店铺都设有露天茶座，不少游人
走累了就在此歇脚

非常著名
王府井小吃街 02

    位于王府井大街好友世界商场南侧，街上有店铺、摊位百余个，专门经营北京及各地风味小吃，还有旅游纪念品、工艺品等，叫卖之声不绝于耳。更有不少旧式摊位，手工艺人展现几近失传的传统民间工艺绝活儿。

MAP: P.089 A2

街内还搭有戏台，有戏曲杂耍、京腔京韵表演

各种纪念品琳琅满目

现场手工塑像制作，只需20分钟。收费：单人
￥188、双人￥380

小吃街内有老北京风情街，摆卖各种旅游
纪念品

Info

地址：东城区王府井小吃街
营业时间：09:00 - 22:00
前往方法：好友世界商场南侧拐角处

独立包装的老北京小吃有数十种，价格按重量计算，客人自助挑选心水

各式干果是佐茶小吃

老北京糕点也应有尽有

一次买尽全北京

王府井食品商场 03

专卖北京各类土特产，从零食到酱菜，从各式糕点到真空烤鸭，汇集多种老北京的特色食品，包括多个老字号的货品，一次便能买全北京土特产，非常方便。

MAP: P.089 B2

老字号吴裕泰的茶叶，虽然大街上也有分店，但不少游客为方便就在此顺便购买

在这里可以一次买全各式食品特产

北京小吃如冰糖葫芦、驴打滚、麻团、糕点等，售价￥26.5~28.5 / 500克

Info
地址：东城区王府井大街186号
电话：010 - 6525 - 0458
营业时间：09:00 - 21:00
前往方法：中国照相馆旁

著名帽子

盛锡福 04

始创于1911年，其帽子以用料考究、手工制作、做工精细、品质优良而著称于世。毛主席、周总理、江泽民主席等历代国家领导人，以及多国政府元首、明星红人都曾在盛锡福定制过帽子。

MAP: P.089 B2

镇店之宝海龙土耳其帽
售价￥70000

据说葛优也曾在此定制帽子演出之用

Info
地址：东城区王府井大街196号
电话：010 - 6525 - 4752 / 010 - 6513-0620
营业时间：08:30 - 21:00
网址：www.shengxifu.com.cn
前往方法：KFC旁

八大祥之首

瑞蚨祥 05

MAP: P.089 B2

创立于1893年，以经营绸缎洋货为主，是昔日京城前门、大栅栏一带专卖绸布的"前门八大祥"的首席店。旧日歌谣"头顶马聚元，身穿瑞蚨祥，脚踏内联升"正是其全盛期的最佳写照。

在清末民国初年，瑞蚨祥已成为北京最大的绸布店

主要经营皮货、绫罗绸缎等，价格公道

Info
地址：东城区王府井大街190号
电话：010 - 6523 - 2807
营业时间：09:00 - 21:00
前往方法：KFC旁

中国照相馆拍下很多北京人的记忆

北京人的集体回忆
中国照相馆 06

橱窗里摆放着中国照相馆为毛泽东、刘少奇和周恩来拍摄或修复的照片

1956年从上海移师至北京，曾为多位国家领导人拍摄或修复照片，包括毛泽东、刘少奇、周恩来等。很多北京人都特意到此拍下人生的难忘一刻，从满月照、结婚照到全家福，印有"中国照相"4个字的照片几乎成了北京人家里珍藏的传家宝。

MAP: P.089 B2

墙上排满名人明星到此拍摄的照片，包括少年时的李连杰

店内还卖老北京品牌长城相机（左￥999、右￥10001）

店铺提供老照片修复服务，现在已采用电脑修理技术

中国照相馆的抹镜头用的麂皮布质量好，价钱实惠，很多摄影迷也来选购。￥25

Info
地址：东城区王府井大街180号
电话：010 - 6512 - 0623
营业时间：09:00 - 21:00
前往方法：位于街角，老北京特产街对面

首创挂炉烤鸭
全聚德 07

始建于1864年，以北京烤鸭最为闻名。首创挂炉烤鸭，出炉的烤鸭皮质酥脆，肉质鲜嫩，飘逸着果木的清香。昔日，周恩来总理便曾多次把全聚德的全鸭席选为国宴。王府井店是历史最悠久的直营店之一。

MAP: P.089 B2

王府井店楼高3层，装修仿京城王府

全聚德卖真空烤鸭，很多人买来做礼物带回家

Info
地址：东城区王府井帅府园胡同9号
电话：010 - 6525 - 3310
营业时间：09:00 - 21:00
网址：www.quanjude.com.cn
消费：约￥150/位
前往方法：中国照相馆拐角处，狗不理对面

天津名吃
狗不理包子 08

MAP: P.089 B2

创立于1858年，是中华老字号之一。包子以3:7的比例将肥瘦鲜猪肉混合，加入排骨汤和肚汤，再添加香油、酱油、姜末、葱末等制作成馅料，色香味形俱佳，连慈禧太后也爱吃，因而名扬天下。

狗不理包子王府井店是北京的总店

店门外的店小二铜像是游人拍的热点

提醒你

"狗不理"名字由来
创始人高贵友的乳名叫"狗子"，当时店铺生意极旺，老板忙得顾不上跟顾客说话，因此顾客都戏称他为"狗子卖包子，不理人"，因而得名"狗不理"。

Info
地址：东城区王府井帅府园胡同26号
电话：010 - 6525 - 7314
营业时间：09:00 - 21:00
消费：约￥100/位
前往方法：中国照相馆转角，全聚德对面

不少当地人夜里都会到这里找点小吃

小吃大集会
东华门夜市 **09**

位于王府井大街附近，是北京最著名的小吃街之一，深得中外游客的喜爱。拥有近百个摊位，集合了全国各地数百种著名小吃，如凉粉、扒糕、莲子粥、烤肉串、烤龙虾、炸蚂蚱、炸蝎子、炸蚕蛹等，应有尽有。每到傍晚，从新东安市场到东华门大街便灯火通明、热闹非凡。

MAP: P.089 A2

短短一条街上汇集了数百款小吃

各个摊档的店员都穿上红色围裙制服，令小吃街看上去一片红

店主高声叫卖，非常热闹，他们都非常热情友善

如今的北京冰糖葫芦已发展出草莓、蜜瓜、菠萝等多种口味。¥10/串

老北京小吃

在这里可尝尽北京的地道小吃，虽然味道不如老店好，但胜在集中，可以尝尽北京风味。

爆肚 ¥10/碗

肉夹馍 ¥8/个

炒疙瘩 ¥10/碟

豌豆黄 ¥10/笼

外省小吃

除了老北京美食，街上也有来自各省的特色小吃，当中以烧烤为主。

富贵蟹 ￥30 / 只

新疆烤饼——馕 ￥5 / 张

烤生蚝 ￥10 / 2只

烧烤 ￥8~15 / 串

麻辣烫 ￥1 / 串

小龙虾、鲜虾、动物内脏等各式串烧。￥10 / 串

菠萝饭 ￥8 / 个

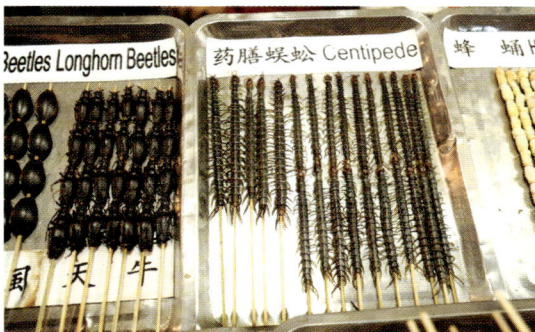
药膳蜈蚣 ￥30 / 串

炸海星 ￥20 / 串

炸蟋蟀 ￥20 / 串

炸蝎子 ￥20 / 串

挑战胆量

　　街上有很多意想不到的昆虫或海产品串，挑战游客胆量，美味与否见仁见智，但要是你有勇气一试，四周所有游客都会给你拍照，店员也会给你打气！

Info
地址：东城区王府井东安门大街
营业时间：17:30 - 21:50
前往方法：新东安市场斜对面

095

新潮购物地
新东安市场 ⑩

原为百年老商场东安市场，2005年年底，香港新鸿基地产耗资3亿元人民币将商场全面翻新，打造成新东安市场。商场面积达130万平方米，国际品牌旗舰店林立，包括Nike的中国旗舰店、Benetton的双层旗舰店等，还有各式餐饮饭馆，成为王府井的潮流地标。

MAP: P.089 B2

商场内不时摆放出设计师的雕塑，吸引游客拍照留念

Info
地址： 东城区王府井大街138号
营业时间： 09:00 - 22:00
网址： www.beijingapm.cn
前往方法： 王府井大街与金鱼胡同交界处

优衣库很受哈日年轻人喜欢

商场外观大致仍保留原来旧貌

一比一模型
乐商店

其店铺装饰和设计均很有特色。店外长椅上有一个用乐高砌成的模型，是拍照热点。

Info
地址： 新东安商场4楼
营业时间： 10:00 - 22:00

百年涮羊肉
东来顺

创始于1903年，是中华老字号。因选料精、加工细、作料全、肉细嫩而驰名全国。火锅采用特制紫铜锅。

东来顺位于新东安市场里的店是总店，最原汁原味，吸引游客慕名而来

Info
地址： 新东安市场5楼
电话： 010 - 6528 - 0932
营业时间： 10:00 - 21:00
网址： www.donglaishun.com
消费： 约￥150 / 位

手工切的鲜羊肉 ￥68

当地人称北京啤酒为"北京白牌"

玻璃原木小酒屋，富有欧陆情调

北京啤酒，味道甘醇
而不苦涩。¥10/杯

在王府井大街上喝啤酒
北京啤酒 11

　　始创于1941年的北京啤酒，是北京历史最悠久的啤酒品牌，曾被选为国宴用酒。这间啤酒屋位于王府井大街上，是一家独立原木小屋，在此可边喝啤酒边观看繁忙的王府井大街。

MAP: P.089 B2

Info
地址：东城区王府井大街上
消费：约¥10/位
前往方法：北京市百货大楼对面

烤鸭百货
北京烤鸭 12

　　真空北京烤鸭专卖店，包括全聚德、金聚福、聚缘德等多个品牌的不同品种，价格¥52~200，选择多元化，也卖老北京小吃礼品包，买特产很方便。

MAP: P.089 B2

Info
地址：东城区王府井帅府园胡同28号
营业时间：07:00-23:00
前往方法：狗不理旁

英文藏书阁
外文书店 13

　　专营外文书刊，英文书藏量之多在北京也是数一数二的，从小说、文学、旅游、烹饪到学术书籍，可供选择的极多。最重要的是部分外文书价格比较便宜，不少游客都来寻宝。

MAP: P.089 A2

Info
地址：东城区王府井大街235号
电话：010-6512-6903
营业时间：09:30-21:30
网址：www.bpiec.com.cn
前往方法：王府井百货旁

清代天主教堂
王府井天主堂(东堂) 14

MAP: P.089 B1

王府井天主堂,俗称"东堂",本名"圣若瑟堂"。建于清顺治十二年(1655年),是耶稣会士在北京城区继宣武门天主堂(南堂)后兴建的第二所教堂。现存的教堂建筑是一座3层罗马式建筑,在建筑细部的处理上,融入中国传统建筑元素,体现中西合璧的建筑风格特色。

2000年伴随着王府井大街的改造,北京市政府特意出资在教堂前兴建了一座广场

教堂建筑为罗马风格,坐东朝西,整体坐落在青石基座上,楼顶立有十字架3座,中间一座钟楼较高大,两侧的钟楼和穹顶均相对较小

Info
地址: 东城区王府井大街74号
前往方法: 靠近灯市口大街

10层大书店
王府井书店 15

MAP: P.089 B3

北京老字号书店,曾关门6年进行重修,2000年才重新开业。现有面积比原来大3倍,书店分10层,除各类书籍外,还有音像和文具部。在此可以静心看书,远离王府井大街上的喧嚣。

Info
地址: 东城区王府井大街218号
电话: 010 - 6528 - 0932
营业时间: 10:00 - 21:00
网址: www.wfjsd.com
前往方法: 东来顺对面,麦当劳斜对面

大文豪故居
老舍纪念馆 16

纪念馆原是老舍先生的故居,收藏有大量老舍先生的图书、手稿、字画、木质家具及其他生活用品,共数千件,展现老舍先生的童年和创作历程。

Info
地址: 东城区丰富胡同19号
电话: 010 - 6559 - 9218
开放时间: 09:00 - 16:30
休息: 周一(法定假期除外)
入场费: ￥10
网址: www.bjlsjng.com
前往方法: 地铁1号线"王府井"站A出口,走约10分钟即到

MAP: P.089 A1

前东方图书馆
涵芬楼书店 17

创设于1904年,原为中国商务印书馆编译所的图书室,至1924年图书藏量已达几十万卷,亚洲称首,遂更名为东方图书馆,并对公众开放,可惜于1932年遭到日机轰炸。如今这里以书店的形象重新开放,面积约1500平方米,书籍种类丰富。

Info
地址: 东城区王府井大街36号
电话: 010 - 6525 - 8899
营业时间: 09:00 - 20:00
前往方法: 王府井大街上,国际艺苑皇冠假日饭店旁

MAP: P.089 B1

五丝筒，配料有饼、大葱和酱油，吃法像北京烤鸭，非常美味。￥30

锅塌豆腐盒，滑溜的豆腐夹着猪肉，味道绝佳。￥19

中国首家个体户

悦宾饭馆 [18]

MAP: P.100 A2

中国首家个体户餐厅，提供北京地道家常风味。1980年开业时的流动资金只有36元人民币，饭馆地方不大，昔日只有4张桌子，现在已发展成有20多张桌子的餐馆了，待客相当亲切。

门前写着"中国个体第一家"的招牌

熘肥肠，别被菜名吓怕，这菜式一点都不油腻，肠内没有肥膏，香浓味美。￥29

店面不大，老板娘非常友善

饭馆隐藏在翠花胡同里，注意胡同内另有一家名字类似的"悦仙美食"，但其实靠近翠园招待所的才是"悦宾"

Info

地址： 东城区翠花胡同43号
电话： 010-8511-7853 / 010-6524-5322
营业时间： 11:00-14:00、17:00-21:00
休息： 周一（法定假期除外）
消费： 约￥50/位
前往方法： 地铁5号线"灯市口"站A出口，走约10分钟即到

爱尔兰酒吧

Molly Malone's [19]

由爱尔兰著名设计公司JDDG打造的酒吧，结合爱尔兰维多利亚贵族及小城社区风格设计。酒吧包括大型啤酒平台、吧台、VIP雪茄房及图书馆，流露出传统的爱尔兰酒吧风格，晚上还有现场音乐和爱尔兰舞蹈表演。

MAP: P.089 C2

酒吧内所有的木质家具均以爱尔兰的精品木材打造

Info

地址： 东城区金宝街90号励骏酒店1楼
电话： 010-6522-7258
营业时间： 周日至周三11:00-次日01:00；周四至周六11:00-次日02:00
网址： www.mollymalonebeijing.com
消费： 约￥70/位
前往方法： 地铁5号线"灯市口"站C出口，走约10分钟即到，在北京丽晶酒店正对面

维多利亚风格的啤酒花园

宁静的文化老胡同

东四

交通 地铁5号线"东四"站。

邻近王府井及故宫，东四一带有新文化运动发源地北大红楼、展示中国近代艺术的中国美术馆等文化景点，附近还有众多老字号及特色饭馆。

若厌倦了王府井大街的喧嚣，不妨走到东四，随意逛逛"东四头条"至"东四十四条"的老胡同，看看美术馆，尝一尝周边的地道美食，感受北京的地道宁静生活。

奥运前首条改造的胡同——东四四条

以"东四头条"到"东四十四条"命名的十多条胡同，纵横交错，尽显北京胡同的特色。当中的东四四条，为奥运前北京开始改造的第一条老胡同，路面铺设翻新，宽阔平整，但仍留有老北京情怀。走进东四四条，居民照旧在胡同里安静地生活，店坊邻里散步唠嗑，老爷子们在太阳下下棋。近年陆续有餐馆在此开业，店面不大，却亲切而富有特色，为胡同增添生气，也不减人情味。

提醒你

东四周边示意图

01	北大红楼
	电话: 010-6402-4929
	开放时间: 08:30-16:30
	休息: 周一
	入场费: ¥5

02	中国美术馆
	电话: 010-8401-1838
	营业时间:
	09:00-17:00（16:00停止入馆）
	入场费: ¥20

03	钱粮美树馆
	电话: 010-6404-6297
	营业时间: 11:00-22:30
	休息: 周一

04	三联韬奋图书中心
	电话: 010-6400-1122
	营业时间: 09:00-21:00

05	刘宅食府
	电话: 010-6400-5912
	营业时间: 11:00-22:00
	网址: www.bjliuzhaishifu.com

06	八九道菜
	电话: 010-6404-5882
	营业时间: 10:30-22:00

07	炭花
	电话: 010-8401-1838
	营业时间:
	11:30-14:00、17:30 -次日00:00

09	白魁老号饭庄
	电话: 010-6406-0667/
	136-0111-2483
	营业时间:
	10:30-14:00、16:30-20:30

10	隆福寺小吃店
	电话: 010-6406-0667
	营业时间: 06:00-20:30

（隆福寺街）

11	馄饨侯
	电话: 010-6404-0632
	营业时间: 09:00-21:00

12	丰年灌肠
	电话: 010-6400-1122
	营业时间: 09:00-21:00

13	晋B2008刀削面
	电话: 010-6400-2174
	营业时间: 09:00-20:30

14	左邻右舍褡裢火烧
	电话: 010-8404-2321
	营业时间: 11:00-21:30

北大红楼因用红砖建成而命名，外形呈"工"字形，楼高4层

新文化运动的策源地
北大红楼 `01`

北京大学红楼旧址，2002年开放为新文化运动纪念馆。建于1918年，为北京大学图书馆和文科教室，组成北大的文学院。毛泽东、陈独秀、李大钊、鲁迅、胡适等名人先后在此任职，更是五四运动的重要策源地。

MAP: P.100 A2

五四大街街头有一座粗犷的"手举火炬"石雕，象征五四运动的精神

五四纪念碑位于五四大街上

红楼西墙处有一道青石浮雕文化墙，记录五四运动的历史。墙前的公园是老人每天闲坐、看报纸的地方

在社科院的法学研究所门边有一家法律书屋，门前放着"司法大鼎"

Info
地址：东城区五四大街29号
电话：010-6402-4929
开放时间：08:30-16:30
休息：周一
入场费：￥5
前往方法：地铁5号线"东四"站D出口，沿东四西大街及五四大街走约10分钟即到

"中国美术馆"馆额由毛主席题写

近现代艺术展览
中国美术馆 `02`

MAP: P.100 A2

主要展示中国近现代艺术家作品，收藏各类美术作品超过10万件，包括齐白石、徐悲鸿、李可染、吴冠中等著名中国艺术家的作品，兼有明末、清朝、民国初期艺术家的杰作，更不时有外国名家的作品展览。

Info
地址：东城区五四大街1号
电话：010-8401-1838
营业时间：09:00-17:00（16:00停止入馆）
入场费：￥20
网址：www.namoc.org
前往方法：地铁5号线"东四"站A出口，走约15分钟

现代风格简约自然，阳光透过屋顶白布洒进来，构成唯美的光影。店铺定期在此举办展览

传统四合院古色古香，有不少明清家具摆设

Cappuccino，店主对咖啡非常着迷，经常举行咖啡爱好班

夏日在此享受冰凉饮品，看着街外胡同景色，真是心旷神怡

现代与传统
钱粮美树馆 `03`

原是没有名字的咖啡店，只叫"32 café"。后来因为主人喜欢植物，院子附近又有多棵大树，因而取名"钱粮美树馆"。咖啡馆内设有现代简约空间及传统四合院两部分，不时举行展览及文化沙龙，艺术气息浓厚。

MAP: P.100 B2

大门保留传统四合院的样貌

Info
地址：东城区钱粮胡同32号
电话：010-6404-6297
营业时间：11:00-22:30
休息：周一
消费：约￥40/位
前往方法：地铁5号线"东四"站B出口，沿东四北大街往北走约15分钟，到钱粮胡同再走约3分钟即到

品质书店
三联韬奋图书中心 `04`

北京文化人必去的书店。这里没有大型书店的喧嚣，店内放着轻柔的音乐，从地下到1楼的楼梯，都坐满静静看书的人，构成独特的风景。书店藏书品位独到，可以找到很多一般书店里没有的偏门书籍。

MAP: P.100 A2

位于"生活•读书•新知三联书店"出版社大楼，共3层，书店位于1楼

Info
地址：东城区美术馆东街22号
电话：010-6400-1122
营业时间：09:00-21:00
前往方法：地铁5号线"东四"站A出口，走约15分钟

营业时间
上午 11:00 - 晚 22:00

油焗清虾，虾肉新鲜爽口，酱汁香浓开胃。
¥ 48

刘宅茄子卷，以传统京菜烹调方法做茄子，入口像炸鲜奶，外皮香脆内里软绵绵。¥ 32

果木烤鸭，肉质鲜滑多汁，外皮带有清淡的果木香。
¥ 88 /半只

杂菌素烩，地道家常美味，清淡可口。¥ 28

祖传老北京家常菜 05
刘宅食府

MAP: P.100 A2

　　清末民初，跟大名鼎鼎的谭家菜齐名，刘家菜卖的是老北京家常风味，而谭家菜则主打鲍参翅肚。因为刘家菜不及谭家菜名贵因而不受重视，餐馆一度关门，食谱流失。直至1998年，刘家后人刘江云矢志重振声威，在自家四合院重办刘家私房菜，重推正宗地道北京家常菜，很多北京人都爱到这里寻回昔日的味道。

门前尽是北京传统壁画

餐馆的四合院就是昔日的蒋家大院

餐台下设有篮子让客人放包包，细心周到

旧式四合院格局，让人一走进去就感受到老北京人家的生活气息

刘宅食府位于三联韬奋图书中心对面的胡同深处，汽车开不进去，从胡同口步行2分钟即到

Info

地址：东城区美术馆东街蒋家大院胡同8号
电话：010-5400-5912
营业时间：11:00-22:00
网址：www.bjliuzhaishifu.com
消费：约¥100/位
*需要订位

前往方法：地铁5号线"东四"站A出口，走约15分钟，三联韬奋图书中心对面的胡同内

五朵金花，用多种云南野生菜及菌菇，配上肉末、肉片、鸡蛋等五朵花，清新独特。￥68

在阳光下抿一口云南清茶，嘴里充满云南的温暖情怀

店内装修崇尚自然，有很多云南特色摆设

香茅烤排骨，酥香可口，配合淡淡香茅，完全不觉油腻。￥48

店铺门口洋溢着古朴气息

正宗云南风味 06
八九道菜

MAP: P.100 B2

主打不含味精、无添加剂的云南菜，口味清新，食材特别从云南空运而来，力求表现出云南的原生态风味。来自云南的大厨也加入心思创出多款独家特色菜，保留云南特色之余更别具一格。

Info
地址：东城区东四四条甲83号
电话：010-6404-5882
营业时间：10:30-22:00
消费：约￥80/位
前往方法：地铁5号线"东四"站B出口，走约10分钟

5元海鲜烧烤 07
炭花

MAP: P.100 C2

小小的烧烤店，串烧精心调味，都即点即烤！特别是各式海鲜更价廉物美，鲜味无比的烧蚝和扇贝，只卖5元一只，物超所值。其他推介包括蛤和蛏子，以及需要预订的虹鳟鱼和金鳟鱼刺身烧烤两吃。

蒜烧生蚝，虽然不算巨型，但是新鲜肥美，绝对物超所值。￥5/只

鲜花壁画更加强"炭花"的个性，给人留下深刻印象

店铺大门带有古朴气息

微辣翅，利用孜然粉调出纯北方风味，香辣易令人上瘾。￥4/个

生蚝可选素烧或蒜烧。￥5/只

Info
地址：东城区东四四条78号
电话：010-8401-1838
营业时间：11:30-14:00、17:30-次日00:00
消费：约￥30/位
前往方法：地铁5号线"东四"站B出口，走约10分钟

隆福寺原来的摊贩已迁入附近的商铺

白魁、隆福寺小吃店、馄饨侯等就在长虹影城对面

重现昔日热闹庙会 08
隆福寺街

虽然今日寺庙已清拆，但老北京市民仍以隆福寺命名附近一带。从牌坊直行后右转即可看见隆福广场的多间老字号食店

昔日，隆福寺与西城区的护国寺并称"东西两庙"，每逢农历初九、初十均有庙会举行，摊贩聚集成行成市，规模之大堪称京城第一。如今隆福寺庙已拆，变成隆福广场，但仍吸引了不少京城小吃老字号迁入，变身天天营业的庙会食街。

MAP: P.100 B2

Info
地址: 东城区隆福广场前街1号
前往方法: 地铁5号线"东四"站A出口，走约5分钟

白魁提供各式小菜，烤鸭也口碑极佳，即点即烤，因此需要等待40分钟，可电话预订烤鸭及座位

庙会名吃烧羊肉 09
白魁老号饭庄

MAP: P.100 B2

原名"东广顺"，开业于清乾隆年间，是驰名京城的清真饭店，以烧羊肉闻名二百年。羊肉经过煨、炸等六重工序烹调而成，外焦内嫩，酥香可口。其烧羊肉手工抻面更是昔日庙会名吃，引人排起长队。

Info
地址: 东城区隆福广场前街1号隆福广场
电话: 010-6406-0667 / 136-0111-2483
营业时间: 10:30-14:00，16:30-20:30
消费: 约￥50/位
前往方法: 地铁5号线"东四"站A出口，长虹影城对面

隆福寺小吃店与白魁店铺相连，在隆福寺小吃店也可下单点白魁的烧羊肉手工抻面

汇集京城清真风味 10
隆福寺小吃店

MAP: P.100 B2

与白魁相连的隆福寺小吃店于1956年开业，是京城第一家国营小吃店，卖数十款清真小吃，可一次尝尽各种小吃，其中奶油炸糕、豌豆黄、面茶更是要向大家推荐。

Info
地址: 东城区隆福广场前街1号
电话: 010-6406-0667
营业时间: 06:00-20:30
消费: 约￥20/位
前往方法: 地铁5号线"东四"站A出口，白魁老号饭庄旁

鲜肉馄饨和虾肉馄饨都是招牌菜，皮薄而滑，馅料鲜而肉汁丰富。虾肉馄饨 ￥10/10个

周总理国宴之选
馄饨侯 **11**

　　20世纪50年代已名扬京城，馄饨皮薄馅细，猪肉是七分瘦三分肥的比例配搭，深受大家喜爱。周恩来总理更曾多次请馄饨侯师傅到人民大会堂，制作馄饨宴请外宾。馄饨侯更曾创下日卖4000碗的纪录。现在在北京设有多间分店。

MAP: P.100 B2

果味藕片，香甜清新开胃。￥9

猪肉烧卖，皮较厚，但是馅料非常丰富。￥18/8个

汤是用猪的大棒骨熬6小时而成，并加入紫菜、冬菜、虾皮、蛋丝等，鲜甜味美

小笼汤包，外皮嫩滑，肉馅鲜味多汁。￥12/4个

虾丸鱼丸馄饨面，面条滑溜，虾、鱼丸则爽滑筋道。￥18

馄饨侯、丰年灌肠、白魁、隆福寺小吃店均位于同一条街上

Info
地址: 东城区隆福寺前街1号隆福广场
电话: 010-6404-0632
营业时间: 09:00-21:00
消费: 约￥20/位
前往方法: 地铁5号线"东四"站A出口，白魁老号饭庄旁

50年京味小吃
丰年灌肠 **12**

MAP: P.100 B2

　　不了解的人会以为灌肠是用动物内脏做的，但其实是用薯粉制成的，切片后炸至甘香。丰年已开业50多年，其灌肠堪称最地道，其刀功考究，将灌肠切至边薄内厚，炸起来才外脆内绵。其余推荐菜还有门钉肉饼、酸辣粉等。

Info
地址: 东城区美术馆东街22号
电话: 010-6400-1122
营业时间: 09:00 - 21:00
消费: 约￥10/位
前往方法: 地铁5号线"东四"站A出口，走约15分钟，三联韬奋图书中心对面的胡同

在收银处买票后到柜面，师傅现场即炸

灌肠，最地道的食法是浇上蒜泥汁，再配一碗小米粥。￥7

107

正宗山西口味
晋B2008刀削面 ⑬

"晋B"是山西大同市的车牌编号，来自大同的老板用自己的车牌编号为店铺命名。不少住京的山西人都慕名而来，大赞这里的刀削面口味正宗，顺溜爽滑，筋道有嚼劲，而且肉味香浓，带点辣，十足山西风味。其他配面菜如卤蛋、酥肉、豆腐干、大丸子等，都不过￥5/份，美味实惠。

MAP: P.100 A1

刀削面，大碗￥9，小碗￥7，大碗足够两人吃。店铺更免费提供爽滑白菜和面汤，两个人￥9就能吃饱

面条根根匀称，爽滑筋道

桌上有大蒜免费供应，北方人喜欢吃面时咬一瓣蒜，增添香辣，但是南方人未必受得了

位于美术馆后街中段，店铺两层加上大型招牌，很容易辨认

Info
地址：东城区美术馆后街46号
电话：010-6400-2174
营业时间：09:00-20:30
消费：约￥20/位
前往方法：地铁5号线"东四"站A出口，走约15分钟

现点现做
左邻右舍褡裢火烧 ⑭

2003年一开业即创下良好口碑，主打老北京小吃褡裢火烧。现点现做，虽然要等上20分钟，但因新鲜即制所以特别脆嫩鲜香。馅料除了传统的猪肉大葱，还有牛、羊、虾皮等十多种可供选择。 **MAP: P.100 A1**

刚一坐下店员便给每人倒上一碗棒楂粥，无限量免费供应，浓稠暖胃，深受欢迎

久酒龙圆，在北京很多饭店都会看到这种装上水龙头的酒缸。￥3/两

装修沿用简朴风格，恍如置身古代小店

芥末墩就是芥末白菜，味道比较冲，开胃醒神。￥3

猪肉大葱馅的褡裢火烧，口感似锅贴，馅里的姜丝可中和油腻感。￥5/两（1两有3根）

Info
地址：东城区美术馆后街50号
电话：010-8404-2321
营业时间：11:00-21:30
消费：约￥20/位
前往方法：地铁5号线"东四"站A出口，走约15分钟

满是特色小店的老胡同

南锣鼓巷

　　毗邻钟楼、鼓楼的南锣鼓巷，与元大都（1267年）同期建成，是北京最古老、也是中国唯一保存最完整、规模最大的元朝胡同院落区域。明清以来，这里居住过许多达官贵人、社会名流，每一条胡同都留下了历史的痕迹。

　　近年，南锣鼓巷与毗连的鼓楼东大街上开满各式各样的精品小店、餐厅、酒吧和特色青年旅舍。从大街转入胡同小巷，还有很多老字号和地道民居，老北京地道民生一览无余，成为新兴的旅游热点。

交通
1. 地铁5号线"张自忠路"站A出口，沿张自忠路往西走约15分钟即到南锣鼓巷头段。
2. 地铁5号线"北新桥"站D出口，沿交道口东大街及鼓楼东大街往西走约15分钟，即到南锣鼓巷尾段。

南锣鼓巷周边示意图

鼓楼大街站　安定门站　东公街　西公街　小经厂胡同　北锣鼓巷　草厂胡同　宝钞胡同　草厂北巷
交道口北三条　交道口北二条　交道口北头条　交道口东大街　北新桥站
鼓楼东大街　菊儿胡同　香饵胡同
市五中分校　秦唐府七号院　前鼓楼苑胡同　黑芝麻胡同　后圆恩寺胡同　前圆恩寺胡同　交道口南大街
方砖厂胡同　沙井胡同　南锣鼓巷　秦老胡同
国家话剧院　帽儿胡同小学　帽儿胡同　北兵马司胡同　东棉花胡同　江湖酒吧　妇幼保健院
地安门外大街　前海　火德真君庙　雨儿胡同　板厂胡同　侣松园
北海医院　KFC　福祥胡同　炒豆胡同
地安门内大街　地安门东大街　北河胡同　北河沿大街　美术馆后街　张自忠路　张自忠路站

N

19 钟楼
开放时间：09:00-17:00
入场费：¥15

20 鼓楼
开放时间：09:00-17:30
入场费：¥20
击鼓表演时间：
09:30、10:30、11:30、13:30、
14:30、15:30、16:30、17:15

21 内联升
电话：010-6405-3416
营业时间：10:00-21:30

22 姚记炒肝店
电话：010-8401-0571
营业时间：12:00-23:00

23 Mega Mega Vintage
电话：010-8404-5637
营业时间：15:00-22:00

24 Triple Major
电话：010-8402-0763
营业时间：13:00-20:00
休息：周一

25 Ber Shop
电话：135-0123-9123
营业时间：14:00-23:00

26 Vampire in Beijing
电话：136-9333-8067
营业时间：14:00-21:00

27 生活饰集
电话：010-8402-8831
营业时间：12:30-21:00

28 C Rock
电话：010-8405-0679
营业时间：12:00-23:00

29 昔巷
电话：010-6406-5852
12:00-15:00、18:00-22:00
休息：周一

30 山东馇面馒头店
营业时间：07:30-19:30

31 rhys
电话：159-0148-0460
营业时间：15:00-22:00

32 三元梅园
电话：010-8400-1794
营业时间：10:00-20:00

33 馅老满
电话：010-6404-6944
营业时间：11:00-21:30

34 如果
电话：010-6406-9496
营业时间：13:00-次日02:00

01 十八茶院
电话：010-6406-0918
营业时间：11:00-22:00

02 过客酒吧
电话：010-8403-8004
营业时间：09:30-次日02:00

03 过客制造
电话：010-6401-3336
营业时间：10:00-次日00:00

04 过客与食巨近咖啡
电话：010-6400-6868
营业时间：10:00-次日01:00

05 MAO MAO CHONG
电话：010-6405-5718
营业时间：17:30-次日00:00
休息：周二

06 剪王剪纸艺术

07 玻璃球游戏
电话：010-6400-8726
营业时间：10:30-21:00

08 细园私家厨房
电话：010-8402-0056
营业时间：11:00-22:00

09 中央戏剧学院
电话：010-6401-3958

10 蓬蒿剧场
电话：010-6400-6472/
010-6400-6452
营业时间：11:00-23:00

11 火柴语录
营业时间：10:00-22:00

12 创可贴8
电话：010-6407-8425
营业时间：10:00-20:00

13 文宇奶酪店
电话：010-6405-7621
营业时间：12:00至售完为止

14 喜鹊
电话：010-8402-4851
营业时间：10:00-次日02:00

15 小屋
电话：010-8404-0378
营业时间：09:00-23:00

16 69印象
电话：010-6400-3979
营业时间：12:00-23:00

17 可多
电话：010-8404-3679
营业时间：11:00-次日00:00

18 东堂酒吧
电话：010-8404-0378
营业时间：07:00-次日02:00

由艺术家黄锐设计的珠帘，把苏轼名诗贯通于院落的各个角落，展现其经典风格"穿越文字"

所有茶叶都是直接来自各原产地的精品

中、日、印式茶具一应俱全，相当专业

和风茶膳
十八茶院 **01**

　　院主黄安希子是著名的日本茶艺家，醉心于源自中国的茶文化，于是来到北京胡同开设茶院。提供中、日、印式茶品，以及天然有机的餐膳，推广茶文化及有机生活。茶院主厨曾在日本皇家饭店餐厅学习厨艺，经过日式、意式、法式料理磨炼，烹调出的各式菜肴均口碑极佳。**MAP:P.110 B3**

日式料理，食材新鲜，配搭极为精致。¥60

鳄梨沙拉，使用有机蔬菜和橄榄油，健康天然。¥42

茶渍饭，茶味清香，回味无穷。¥50

院主黄安希子曾获《妇人画报》举办的首届全日本茶道比赛第一名金奖

四合院格局的茶院，感觉更优雅

店内以红、绿、白及原木的传统色系为主调，流露古雅气息

Info

地址： 东城区板厂胡同18号
电话： 010-6406-0918
营业时间： 11:00 - 22:00
网址： www.18garden.cn
消费： 约 ¥70／位
*平日只供应茗茶，吃饭需预订
前往方法： 侣松园旁

墙上挂满小辫儿在青藏高原所拍的藏民照片，令店内充满浓厚的旅行气息。店内还提供大量旅行书籍，包括《Lonely Planet》，随手拿起一本翻看，说不定下一个旅程就此萌芽

店主小辫儿踏单车穿越西藏的留影

店内统一以红色做主调，风格鲜明

玻璃顶院子，可享受蓝天与阳光

店前有各大免费旅游杂志供客人阅读

过客羊肉串比萨饼，是小辫儿与一位美国过客饮酒后突发奇想而诞生，芝士融化在孜然羊肉上，筋道又美味。¥38/5英寸

撒幕撒就是咖喱角，小辫儿根据在尼泊尔品尝到的当地风味所做，香脆而不油腻。¥30

番茄蒜蓉面包，香脆面包配以新鲜番茄和清新香草，是过客最受欢迎的菜品 ¥26/4件

崂山矿泉水，中华老字号的有汽矿泉水，分淡味和咸味。¥15

旅人情报站
过客酒吧 02

　　店主小辫儿是背包族，曾骑单车走遍青藏高原所有公路。1999年以自助旅行为主题、在南锣鼓巷开设过客酒吧，更吸引了其他特色小店、餐厅迁来开店，令南锣鼓巷变成闻名中外的旅游热点。小辫儿是北京著名的旅行家，店内放满他旅行时拍下的照片和纪念品，还有大量旅游书籍。来自世界各地的游人，特别是背包客，来到北京都喜欢到此歇歇脚，收集旅行信息，为接下来的旅程做准备。 **MAP:P.110 B2**

过客现在于南锣鼓巷开有多间店铺，其中过客制造与过客酒吧毗邻

Info

地址：东城区南锣鼓巷108号
电话：010-8403-8004
营业时间：09:30 - 次日 02:00
网址：www.passbybar.com
消费：约¥50/位
前往方法：南锣鼓巷与板厂胡同交界处

多款T恤图案也印成贴纸出售，最受年轻人欢迎

T恤多以旅行为主题，图案富"文革"色彩

镇店之宝，过客风格骑行服（单车服），采用透气排汗质料制。¥368

小辫儿设计的李小龙明信片。¥30/套

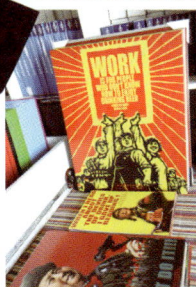

店内还卖小辫儿自己设计的笔记本、明信片和框画

最好的礼物
过客制造 03

  过客酒吧店主小辫儿是念美术出身的，曾为王家卫电影《东邪西毒》制作康城电影节的参展版本片头、电影海报和介绍小册子。店内卖他自己设计的过客T恤、笔记本等，设计极富中国特色，很多游人都买来做礼物，成为南锣鼓巷的最好回忆。

MAP:P.110 B2

过客旅行版男装短袖T恤 ¥128

T恤的公文袋包装极为精美，适合送礼

Info
- **地址：**东城区南锣鼓巷108号南房
- **电话：**010-6401-3336
- **营业时间：**10:00 - 次日 00:00
- **网址：**www.passbybar.com
- **前往方法：**过客酒吧旁

环球美食
过客与食巨近咖啡 04

MAP:P.110 B3

  过客的另一间高格调餐厅，"与食巨近"取"与时俱进"谐音。餐厅开业于2006年，装修精致，菜式以法餐为主，也供应意、俄、印度菜，符合游人想周游列国的想法。

餐厅中央设有玻璃天井，白天阳光从天井透进来，惬意悠闲

晚上柔和的灯光配合天井的月色，情调浪漫

Info
- **地址：**东城区南锣鼓巷140-3号
- **电话：**010-6400-6868
- **营业时间：**10:00 - 次日 01:00
- **网址：**www.passbybar.com
- **消费：**约¥70/位
- **前往方法：**靠近地安门东大街的巷头段

店内由Stephen亲手创作，风格独特

record collection mirror reflection I'll be dancing by myself

来自美国的bartender Sean经常自创应景饮品，为客人带来惊喜

胡同艺术酒吧
MAO MAO CHONG
MAP:P.110 C3

05

　　店主Stephen来自澳洲，与太太Stephanie一起经营这间小酒吧，以自家酿制的vodka、手工pizza，加上富有格调的装修而闻名。酒吧内摆放了很多Stephen创作的艺术作品，为店内增添前卫的艺术气息。

自家酿制的vodka，有香茅、蜂蜜、姜、南非有机茶、乌龙、肉桂等口味，饮法多变，味道独一无二

店主Stephen是艺术家，酒吧到处，包括墙上都是他的作品

原始木材天花板配合传统横梁的建筑，加上柔和灯光，让人有置身老屋中的舒适感觉

酒吧藏身于板厂胡同，远离南锣鼓巷的热闹

Info
地址：东城区板厂胡同12号
电话：010-6405-5718
营业时间：17:30 - 次 日 00:00
休息：周二
网址：www.maomaochongstore.com
消费：约￥70/位
前往方法：板厂胡同

民间工艺礼品
剪王剪纸艺术
06

　　店内的剪纸，全部出自河北民间剪王的第二、第三代传人，包括单色、彩色、套色、青花剪纸等多种不同风格与技艺的作品。还有多种民间手工艺品，例如兔爷儿、京城传统人物泥塑等，吸引游人买来当礼物。

MAP:P.110 B3

Info
地址：东城区南锣鼓巷110-3号
前往方法：靠近地安门东大街的巷头段，过客与食巨近咖啡附近

114

天安门·故宫 · 王府井 · 东四 · 南锣鼓巷 · 安定门

店内货品种类繁多，主要是从欧洲和北京本地搜罗的旧生活用品

店内所有家具都是在北京搜集回来的二手货

在欧洲二手市场淘回来的剪刀、放大镜等，都有100多年历史。￥300~1900

桌上的小木盒子，是邻居老太太转让的。￥856

来自法国二手市场的手二皮包。￥800

67-1式风镜，可调校镜片颜色深浅，骑摩托时遮光挡风用，如今在胡同里偶尔仍可看到有老爷子戴着。￥200

从前北京家家户户都有的饼干筒。￥58

一位刚来中国的法国人制作的古董火柴座。￥1680

老北京旧时杂货
玻璃球游戏 07

　　店里卖店主从欧洲各地及北京的二手市场搜寻回来的旧生活品。当中首推店主从胡同邻居处收购回来的旧式家具、摆设和饰物，是真正老北京的生活回忆，每件都蕴藏了一个故事。另有在东南亚搜集的佛像、装饰品等。

MAP:P.110 C2

印尼出产的纯可可粉（￥50），在北京很难找到

清华大学首饰设计系学生也在此寄卖作品

Info
地址：东城区东棉花胡同27号
电话：010-6400-8726
营业时间：10:30 - 21:00
网址：site.douban.com/109264
前往方法：东棉花胡同

私家虎皮蛋焖肉，虎皮蛋外皮有咬劲儿，蛋黄软绵绵，肉也美味，伴饭一流。￥26

私家豆腐烧鱼头，豆腐出奇的滑，直接溜入喉咙，鱼头肉质鲜嫩细滑，是令人难忘的家常风味。￥32

平易近人的家庭饭馆布局，老板极有音乐品位，店内不时播放爵士乐和内地乐队音乐

问老板有什么明星毕业于中戏，老板当即拿出珍藏的中戏纪念特刊，熟悉的面孔有巩俐、章子怡等

店铺窗户对着中戏正门，不时能看到学生经过

每张餐桌上都用不同国家货币做装饰

明日之星食堂
细园私家厨房 08

　　又名"暖屋"，是极具家庭气氛的温馨小店，主打淮扬菜，价格实惠。位于中央戏剧学院实验剧场对面，所以成为中戏学生的御用食堂。老板说中午学生最多，说不定邻桌的帅哥美女就是明日之星呢。

MAP:P.110 B2

Info
地址：东城区东棉花胡同40号
电话：010-8402-0056
营业时间：11:00 - 22:00
消费：约￥40/位
前往方法：中央戏剧学院实验剧场对面

影星学校
中央戏剧学院 09

　　学院成立于1950年，为中国戏剧艺术教育的最高学府，简称"中戏"。中戏闻名中外，皆因明星辈出，巩俐、章子怡、姜文、刘烨、胡军等均毕业于此。院内附设实验剧场，不时有中戏学生及中外著名剧团的演出。

MAP:P.110 B2

Info
地址：东城区东棉花胡同36-39号
电话：010-6401-3958
网址：www.zhongxi.cn
前往方法：细园私家厨房对面

蓬蒿是小剧场，可容纳100位观众

剧场常年上演外国最新剧目，将不同国家的当代戏剧带到北京

剧场还会上演实验戏剧

偶尔亦有音乐演出

民间独立黑匣子
蓬蒿剧场 **10**

北京首家民间独立小剧场，毗邻中央戏剧学院。"蓬蒿人"是普通人的意思，剧场希望吸引更多普通人走入剧场。剧目主打外国新剧目，也有本地原创戏剧、现代舞、实验音乐表演等。附设咖啡馆，是戏剧文化人的聚集地。

MAP:P.110 C2

2楼露台绿树成荫，夏日里倍感清凉

小剧场可让台上、台下近距离地交流

设有咖啡馆，不时举行文化沙龙，让观众欣赏戏剧后进行交流

Bailey's coffee，欣赏戏剧后尝一杯咖啡，让感受延续和沉淀。￥30

剧场藏身于胡同内

Info

地址：东城区东棉花胡同35号
电话：010-6400-6472/010-6400-6452
营业时间：11:00-23:00
网址：www.penghaoren.com
前往方法：东棉花胡同中段

新中国色彩
火柴语录 **11**

专卖自家设计的火柴盒，多以毛主席语录以及极富中国特色的图案为主题，让不同年代的人产生共鸣，唤起昔日回忆。价格便宜，是热门的送礼佳品。

MAP:P.110 B2

火柴盒设计极具创意和幽默感

近百款设计，总有一两款能让你会心微笑

Info

地址：东城区南锣鼓巷88号
营业时间：10:00-22:00
前往方法：靠近中央戏剧学院

墙壁以昔日北京公厕图案为主题，既幽默，又勾起人们对老北京的回忆

《Wallpaper*》推荐 ⑫
创可贴8

　　店主是定居北京近15年的英国人，还取了一个中国名字——江森海。他在一次旅行中爱上北京小吃和老胡同，自此成为"胡同串子"，更开设创可贴8，专卖自家设计、富北京地道特色的T恤，将老北京生活"贴"在T恤上。当年开业不久就吸引了知名英国设计杂志《Wallpaper*》推荐此店。

MAP:P.110 B2

在创可贴8的网页，可下载店主设计的电脑桌面，都是将"8"字融入怀旧海报中，增添幽默感

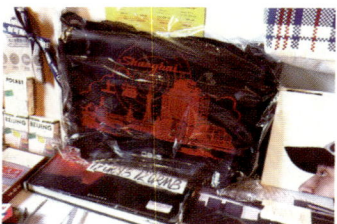

上海怀旧图案PVC Messenger Bag。￥588

襟章￥8/个

T恤的图案设计令老北京人也产生共鸣，不少当地人都惊讶店主对北京生活的透彻了解

江森海的女儿，穿着创可贴8的童装T恤

店铺虽小但名气极大，吸引过中外传媒广泛报道

Info

地址：东城区南锣鼓巷61号
电话：010-6407-8425
营业时间：10:00 - 20:00
网址：www.Plasteredtshirts.com
前往方法：南锣鼓巷中段

红豆双皮奶，奶味香浓，红豆清甜软糯。￥9

豆沙奶卷软绵绵，豆沙及奶味清新而不甜腻。￥10/2盒

限量200碗

MAP:P.110 B2

文宇奶酪店 13

店主深得宫廷御厨真传，做出来的奶酪口味正宗。奶酪以优质鲜牛奶、白糖、糯米酒等制成，制作全程要3小时。奶酪每天限售约200碗，中午开售、售完即止，一般黄昏前便售罄。店家坚持家庭式制作，不设分店，保持品质，因此一直深受当地人喜爱。

原味奶酪，有淡淡奶香，口感细滑。￥8

店面虽小但整天门庭若市，生意极旺

Info

地址: 东城区南锣鼓巷49号
电话: 010-6405-7621
营业时间: 12:00至售完为止
消费: 约￥15/位
前往方法: 南锣鼓巷尾段，在黑芝麻胡同口

原木屋顶、桌凳、鲜红色吊扇和窗扇营造出独特风格

破旧灰墙上挂满时装快照，形成新与旧的对比

灰砖门流露古旧气息

艺术气息咖啡馆

喜鹊 14

灰砖墙、红木框玻璃窗、原木横梁，加上老旧的家具、电器、铁皮玩具，这真是间充满老北京记忆的咖啡馆。两位店主毕业于中央戏剧学院，一位现仍在院内任教，一位是自由艺术工作者。老胡同文化与现代艺术气息在这里交融。

咖啡馆一隅以纯白为主，天窗的阳光令人心旷神怡。店内除咖啡，还供应蓝莓、芝士等口味的蛋糕

MAP:P.110 B2

Info

地址: 东城区南锣鼓巷101号
电话: 010-8402-4851
营业时间: 10:00-次日02:00
消费: 约￥30/位
前往方法: 南锣鼓巷中段，过客酒吧斜对面

装潢摆设别具欧陆田园风格，极受女生欢迎

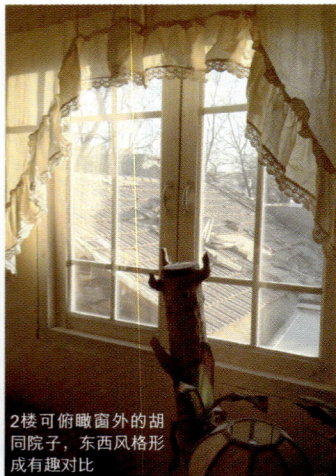

2楼可俯瞰窗外的胡同院子，东西风格形成有趣对比

梦幻西餐厅

小屋 15

　　碎花沙发、蕾丝窗帘加上洋娃娃，绝对欧陆式梦幻西餐厅风格。白天气氛温馨写意，晚上灯光柔和浪漫，环境相当舒适。自家制的比萨饼和甜品均是其镇店之作，夜晚还供应各式cocktail。

MAP:P.110 B1

放在小玻璃瓶内的Tiramisu（￥20）和即磨Cappuccino（￥23）。咖啡可选择lavazza或illy咖啡豆，即点即磨

Café Shakerato，是以炮制鸡尾酒的方式调制的冰咖啡，冰凉却不会被冰块冲淡味道。￥26

两层小屋于胡同中别具特色

Info

地址：东城区南锣鼓巷17-2号
电话：010-8404-0378
营业时间：09:00 - 23:00
网址：www.18garden.cn
消费：约￥50 / 位
前往方法：南锣鼓巷尾段，靠近鼓楼东大街

音乐咖啡店

69印象 16

　　店名"69"代表1969年，当年嬉皮士文化风行全球，象征爱与和平的胡士托音乐节便在这一年诞生。店主虽然不是1969年出生，但对当时的音乐文化却非常向往，故以此命名咖啡店。店内的唱片藏量极丰，是音乐迷交流的好地方。

MAP:P.110 B2

乍一看俨如唱片店，全是店主的珍藏

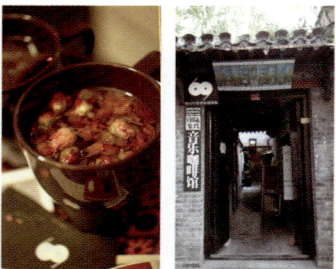

店内供应各式咖啡、清茶和小吃

69藏在胡同深处，墙上贴满有关音乐的照片

Info

地址：东城区南锣鼓巷109号
电话：010-6400-3979
营业时间：12:00 - 23:00
消费：约￥30 / 位
前往方法：南锣鼓巷中段，过客酒吧对面

提倡创意生活，提供多款图案及字母吊饰、
项链让客人DIY

单是不同款式的器皿已有过百款选择

用具多采用木材及自然色系

各种日用品以简约的
田园风格为概念

田园生活小店
可多 17

专卖极富欧陆田园气息的生活用品，
货品达一千多款，从家具、摆设、厨具、园
艺用具到衣饰、手工饰物俱全，打造崇尚
自然、发挥创意的生活。

MAP：P.110 B2

麻布包包天然环保。
￥20～100

衣饰以日系少女风格为主

Info

地址：东城区南锣鼓巷31号
电话：010-8404-3679
营业时间：11:00 - 次日00:00
网址：www.kodolife.com
前往方法：南锣鼓巷尾段，靠近鼓楼东大街

背包客最爱
东堂酒吧 18 MAP：P.110 B2

由《Lonely Planet》推荐的
东堂客栈经营，是背包客交换旅
游信息、结交
旅伴的聚集
地。早上供应
西式早餐，也
提供甜品、特
色鸡尾酒和多
种外国啤酒，
满足游人的不
同需要。

锣鼓巷里，搅拌后樱桃
味掩盖酒的苦涩，女生
最爱。￥35

迷失北京，清新的柠檬薄荷，让人从迷
失的胡同回过神来。￥35

装修简单，但舒适的沙发让游人卸下旅途的
疲惫

Info

地址：东城区南锣鼓巷85号
电话：010-8404-0378
营业时间：07:00 - 次日02:00
消费：约￥40/位
前往方法：南锣鼓巷中段

钟楼为重檐歇山顶建筑结构，高47.95米

铜钟高7.02米，最大直径3.40米，重约63吨，是现存的古钟之王

古钟之王 19
钟楼

原是元代万宁寺的中心阁，始建于至元九年（1272年），后来毁于战火。明永乐十八年（1420年）与鼓楼一起重建，并为元明清三代京城的击鼓报时处。钟楼内正中央放有一个八角形的木框架，内挂中国现存最大、最重的古代铜钟，有钟王之称。

Info

地址：东城区鼓楼东大街
开放时间：09:00-17:00
入场费：￥15
前往方法：地铁2号线"鼓楼大街"站B出口，沿旧鼓楼大街走约15分钟即到

MAP：P.110 A1

古代报时台 20
鼓楼

原名齐政楼，取七政——日、月、金、木、水、火、土之意。历史上曾经历3次毁坏及4次重建，现存的鼓楼为明永乐十八年（1420年）重建。鼓楼在清代设有一面主更鼓和24面群鼓用作报时，象征一年的二十四节气。现在仅存一面主鼓，直径1.71米，高2.22米，鼓面由整张牛皮蒙成。

MAP：P.110 A1

Info

地址：东城区鼓楼东大街
开放时间：09:00-17:30
入场费：￥20
击鼓表演时间：
09:30、10:30、11:30、13:30、14:30、15:30、16:30、17:15
前往方法：地铁2号线"鼓楼大街"站B出口，沿旧鼓楼大街徒步约15分钟即到，在钟楼南面

提醒你

晨钟暮鼓
明清时期，钟楼每天鸣钟两次，寅时（03:00）和戌时（上21:00）各一次，分别称为"亮更"和"定更"。而鼓楼则在戌时开始每个更次击鼓，直到翌日寅时，称为"晨钟暮鼓"。1924年以后，随着钟表普及，钟、鼓楼便失去报时之用。2001年岁末为庆祝新年而重新奏响钟鼓，自此每逢庆典亦会击鼓鸣钟，鼓楼每天更有击鼓表演。

总店位于大栅栏，鼓楼店则位置便利。

内联升的布鞋以"千层底"闻名，鞋底厚达30多层，不易变形，而且吸汗、柔软舒适。男款￥283

皇帝登基布鞋 21
内联升

始创于1853年，"内联升"的意思是在朝廷官运亨通，连升三级，于是吸引了城中达官贵人光顾，连末代皇帝登基时亦穿上内联升打造的龙靴。全手工制的千层底布鞋早已闻名中外，毛泽东、周恩来、邓小平、胡志明等中外领导人也曾在此定制布鞋或皮鞋。

MAP：P.110 A1

Info

地址：东城区鼓楼东大街285号
电话：010-6405-3416
营业时间：10:00-21:30
网址：www.nlsxy.com
前往方法：从鼓楼走约3分钟即到

招牌炒肝，猪肝非常软嫩，蒜味浓香。¥3/小碗

猪肉包子，外皮松软，馅料肉汁丰富。¥1/个

店员舀一勺老汤往碗里一浇，再洒点蒜泥、辣椒油、豆腐乳、韭菜花，热腾腾的一碗卤煮火烧，让人垂涎三尺

分成两个厅，整天都客似云来

MAP：P.110 A1

Tips

店铺采用自助形式，客人先在前厅买票，再到旁边窗口取食物，或到后厅厨房前付款即取食物。

享誉京城
姚记炒肝店 ㉒

　　炒肝是北京的特色风味小吃，猪肝、大肠等配以蒜等辅料，加上淀粉勾芡而成。全京城最有名的是"北姚记"和"南天兴"。"北姚记"指的正是有数十年历史的姚记炒肝。姚记的炒肝汤汁油亮绛红，肝香肠肥，味浓不腻，稀而不澥。北京人都知道吃炒肝就要去姚记，所以每天都排大队。

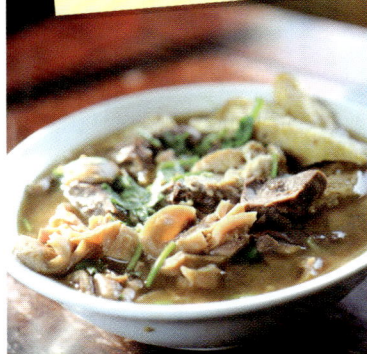

卤煮火烧，将猪肺、五花肉、小肠、豆腐和烫面放进盛有卤汤的大铁锅里煮。¥12.5/1个火烧、¥13/2个火烧、¥13.5/3个火烧

就在鼓楼旁的街角，京城有一句顺口溜为"要想吃炒肝儿，鼓楼一拐弯儿"

Info

地址：东城区鼓楼东大街331号
电话：010-8401-0571
营业时间：12:00-23:00
消费：约¥20/位
前往方法：鼓楼转弯即到

北京二手店先驱

Mega Mega Vintage 23

　　2009年开业，可算是北京二手店的先驱，备受国内潮流杂志热捧。主打20世纪六七十年代的美式二手货，都是从美国古董市集搜集回来，质量保存得很好，从外套、T恤衫、长裙到饰物、皮鞋一应俱全。特别推荐连衣裙，前卫与高贵兼备。

MAP:P.110 A1

店内花裙和手袋选择极多，国内潮流杂志也多次以此作专题报道

手袋款式多而保存良好，很少有划花破烂

红色店面有美式怀旧风格

Info

地址: 东城区鼓楼东大街241号
电话: 010-8404-5637
营业时间: 15:00-22:00
前往方法: 从鼓楼走约5分钟即到

主打传统美式二手货，橱窗的红色灯箱极具20世纪六七十年代加州复古格调

店面用色对比强烈，墙上挂满占士甸照片和美国车牌，充满怀旧气息

中药店风格

Triple Major 24

　　由几位年轻人开设的精品商店，将世界各地最前卫和偏锋的时装带入中国。店主认为原创设计是精神良药，可调理被主流设计侵蚀的创意和个人风格，因此店铺以传统中药店为概念设计。

MAP:P.110 B1

以传统中药店的形象藏身于胡同里，2楼和天台更不时举办展览

购物袋设计成古代中药包的样子

摆设均以传统中药店为概念

Info

地址: 东城区宝钞胡同81号
电话: 010-8402-0763
营业时间: 13:00-20:00
休息: 周一
网址: www.triple-major.com
前往方法: 从Mega Mega Vintage转入宝钞胡同走约3分钟

服装均是首次引入中国，包括奥地利的Fabrics Interseason、比利时的Pelican Avenue、冰岛的Mundi等。每件款式只有一至两件，全中国只此一家发售

店内由环保生活用品、园艺用具、旧式电器到自家设计应有尽有

店面的简洁设计反而更吸引路人注意

店主热情推介：微型版《圣经》

创意环保店
Ber Shop ㉕

以环保为概念的创意小店，专售各种可循环再生的生活用品，包括外国的著名设计品牌及自家设计。店主提倡绿色生活，兼卖各式设计精致的园艺用具，让客人绿化家居和办公室，打造创意的低碳生活。

MAP：P.110 B1

自家设计的吸管造型再造纸圆珠笔。¥10/3支

法国品牌Lexon防水收音机，简约的设计，是纽约现代艺术博物馆MoMA的永久收藏品。¥599

店主光光自己设计的再生纸记事本。¥30

Info

地址：东城区鼓楼东大街82号
电话：135-0123-9123
营业时间：14:00-23:00
前往方法：鼓楼东大街中段，南锣鼓巷口附近

喝一包A型血
Vampire in Beijing ㉖

店主Ruan着迷于吸血鬼文化，特别开设了这间为吸血鬼提供专用饮品的"血站"。饮品包装酷似血包，里面其实是由美国进口的果汁，不含人工色素，每天限量100包。噱头十足，刚一开店即大受欢迎，首月已卖出超过3000包。**MAP：P.110 B1**

名为"吸血鬼救命口粮"的血包，设有A、B、AB、O型和其他多种口味选择。鼓起勇气买一包试试，原来是草莓味果汁，味道清甜。¥16

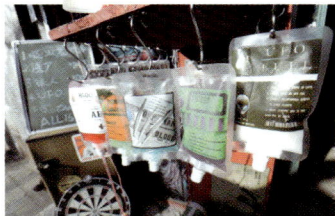

新推出以和平为概念的饮品

由于反应热烈，店主Ruan还计划开设哥德及科幻风格的大型酒吧

店铺只设一个外卖窗口，吸血鬼涂鸦招牌和吸血鬼手工雕刻玻璃窗，营造出恐怖气氛

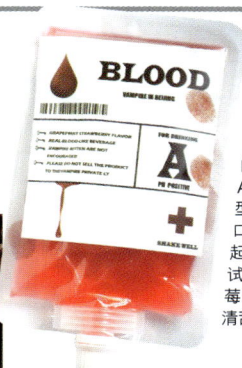

饮品名称非常科幻，（左起）"吸血鬼救命口粮"、"僵尸的血"、"狼人的血"、"撒旦毒药"和"UFO燃料"。¥16/包

Info

地址：东城区鼓楼东大街109-3号
电话：136-9333-8067
营业时间：14:00-21:00
前往方法：鼓楼东大街中段

美好生活在细节
生活饰集 **27**
MAP: P.110 C1

几位店主是生活杂货迷，喜欢收集别致的生活用品，主张"把生命浪费在美好的细节上"。店内所卖的杂货，均为生活用品、摆设、家具、衣饰，搜罗自世界各地，有老北京情怀，也有西方优雅气息，女生必定着迷。

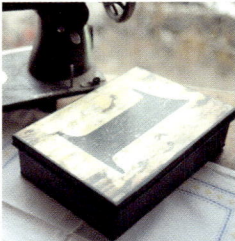
复古剪刀。￥25

美国Cavallini&Co.蝴蝶印章。￥338

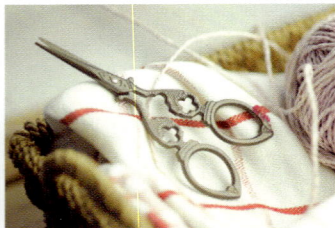
生活饰集2003年刚一开业即大受欢迎，至今在北京已有多间分店

数字图案铁皮收纳盒。￥118

怀旧牡丹保温瓶。￥55

地址： 东城区鼓楼东大街47号
电话： 010-8402-8831
营业时间： 12:30-21:00
网址： www.lpchatshop.com
前往方法： 鼓楼东大街头段，靠近小经厂胡同口

中国摇滚宝库
C Rock **28**
MAP: P.110 B1

主打中国摇滚乐队的唱片店，铺面虽小，但最新的内地摇滚音乐专辑齐全。从崭露头角的人气乐队、摇滚班霸到自费出版的独立音乐一网打尽。随时会找到十几年前的沧海遗珠，是发掘内地摇滚音乐的宝库。

店内所有唱片全是正版，层层堆叠的唱片架上放满中国摇滚音乐的精粹

国际闻名的内地摇滚乐队Carsick Cars的第二张专辑《You can listen. You can talk》。￥40

结合蒙古族传统马头琴、现代民谣与摇滚的杭盖乐队专辑《介绍杭盖》。￥65

经典摇滚乐队唐朝的大碟《梦回唐朝》珍藏版CD+DVD。￥50

店铺附近是MAO现场演出地及众多乐团的练习室，是北京音乐人的聚集地

地址： 东城区鼓楼东大街99-1号
电话： 010-8405-0679
营业时间： 12:00-23:00
前往方法： 鼓楼东大街中段

著名摇滚乐歌手何勇于1994年推出的专辑《垃圾场》。￥85

人气叛逆民谣先锋音乐人赵照的首张专辑《大经厂》。￥50

北京最火的摇滚乐队后海大鲨鱼的第二张专辑《浪潮》。￥60

餐厅装潢十足七八十年代的北京小学课室风格

老北京童年回忆 ㉙
昔巷

餐厅以童年回忆为主题，置身其中恍如时光倒流至20世纪七八十年代，铁皮玩具、双卡录音机、小人书、搪瓷杯碗、黑板课桌，处处可见单纯的北京旧日时光。提供的菜式也是北京小孩爱吃的家常菜。不少北京的70后、80后都喜欢来这里缅怀童年，游客在此则可以了解昔日的北京生活。

MAP:P.110 B1

洗手间门上画有电子游戏的图案

经典铁皮玩具，部分出售，或可请店主代为收购

客人可试穿昔日小孩必备的海军衫，戴上少年先锋队的红领巾

20世纪七八十年代北京的家庭格局

吧台仿照巴士设计

简单清淡的回忆鸡蛋羹，却是从前让小孩笑逐颜开的佳肴。￥10

昔日偶像剪报

小人书，免费任意翻

昔巷小羊排，这小羊排是改良版，但是美味依然。￥42

以前北京学校食堂的餐具就是这样摆放

店主折了很多纸盒，放在桌上让客人盛垃圾用，很有心思

Info

地址：东城区鼓楼东大街大经厂西巷3号
电话：010-6406-5852
营业时间：12:00-15:00、18:00-22:00
休息：周一
消费：约￥50/位
前往方法：在鼓楼大街中段转入大经厂西巷，再走约5分钟即到

天安门·故宫

王府井

东四

南锣鼓巷

安定门

排大队馒头店
山东饸面馒头店
MAP:P.110 B1

店铺连招牌也没有，却名气极大，其饸面馒头绝对正宗地道。馒头特点是揉面团时特别加入干面粉，因此做出来的馒头麦味香浓，比一般馒头厚实，筋道耐嚼。店铺每天早上一定排大队，任何时候都人头攒动。

店铺还提供豆包、花卷，全部只卖￥0.8~1.7

不少当地人都是慕名而来

使用特大的笼屉，饸面馒头刚出笼时热气腾腾，不一会儿即被抢购一空

Info
地址：东城区鼓楼东大街139-1号
营业时间：07:30-19:30
前往方法：鼓楼东大街中段

天天换招牌
rhys

老板是香港人，最大特色是招牌上的日期每天更新，店主还会因应天气、节日甚至心情更新招牌上的话，借此与路人沟通。店内的潮流精品、衣服和包包都是店主的收藏，曾获国内潮流杂志《1626》推介。
MAP:P.110 B1

采访当日是平安夜，因此招牌挂着"Silent Night"

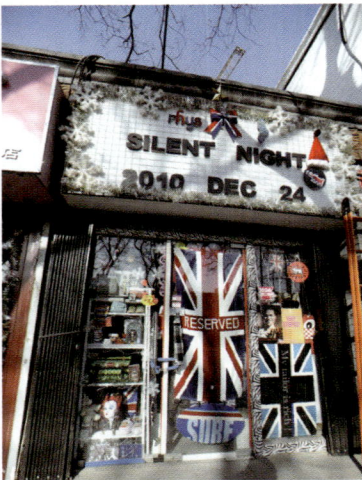

《Star Wars》×BE@RBRICK限量版。￥120

Info
地址：东城区鼓楼东大街145号
电话：159-0148-0460
营业时间：15:00-22:00
前往方法：鼓楼东大街中段，三元梅园对面

宫廷奶品专卖店
三元梅园

创立于20世纪80年代，卖源自宫廷的奶酪、双皮奶、杏仁豆腐、奶卷等奶制品，是不少北京人从小吃到大的老品牌，后来改为特许经营，现已在全北京有30多间分店，虽然部分店铺品质不佳，但鼓楼店在街坊中口碑仍算不俗。
MAP:P.110 B1

原味奶酪（前，￥10）和红豆双皮奶（后，￥10），味道清淡，奶味不重

三元梅园分店遍布京城，随处可见这样的大红招牌

Info
地址：东城区鼓楼东大街140号
电话：010-8400-1794
营业时间：10:00-20:00
网址：www.bjsymy.com
消费：约￥10/位
前往方法：鼓楼东大街中段，南锣鼓巷街口附近

宫廷饺子店
馅老满 [33]

MAP:P.110 C1

　　特色宫廷饺子专卖店，提供近90种饺子和锅贴，其中招牌老满饺子让食客赞不绝口。饺子以个大、馅满、多汁著称，馅料用24小时熬制的上汤和各种精选调料调制而成，味道鲜美，在北京有口皆碑。

豆汁（￥2）和焦圈（￥2）

灌肠，香脆而不油腻。￥5

老虎菜，鲜嫩辛辣。￥10

晚上经常爆满，但因有两层座位多，所以等一会儿就有座位

老满饺子，丰富的馅料包括猪肉、韭菜、鸡蛋，每个饺子里都有一只新鲜大虾仁。￥12/两

酸枣汁是北京人下馆子吃饭的大众饮品。￥5

▌Info

地址: 东城区安定门内大街252号
电话: 010-6404-6944
营业时间: 11:00-21:30
网址: www.xianlaoman.com
消费: 约￥30/位
前往方法: 从鼓楼东大街转到安定门内大街走约5分钟即到

无限想象
如果 [34]

MAP:P.110 B1

　　酒吧的酒品名称都很有意思：如果在一起、如果离别、想象如果、如果只是、如果没有如果，真是充满了想象空间。酒吧环境也极具空间感，占地3层，从地下室、鼓室、打碟台到桌球室、露天阳台一应俱全。大半地板和天花板为玻璃设计，是北锣鼓巷的人气酒吧。

"如果没有如果"￥40

酒吧不时有DJ现场打碟，气氛极佳

名为"如果"的鸡尾酒。￥40

▌Info

地址: 东城区北锣鼓巷67号
电话: 010-6406-9496
营业时间: 13:00-次日02:00
消费: 约￥40/位
前往方法: 从鼓楼东大街中段转到北锣鼓巷走约10分钟即到

天安门、故宫

王府井

东四

南锣鼓巷

安定门

古朴+创意

安定门

安定门原是明清时期北京城墙的北门，寓意"安定"、"丰裕"，昔日皇帝到地坛祈祷丰年也必经此门。

虽然现在安定门已拆除，但附近仍有雍和宫、地坛、孔庙和国子监博物馆等历史名胜，周遭的平房民居亦极力保存旧京街巷风貌，处处洋溢着古朴的文化气息。

与此同时，附近还有展现80后创意的五道营胡同，以及充满戏剧艺术气息的方家胡同46号，成为北京新兴起的餐饮购物文化热点。

交通
1.地铁2号线"安定门"站、"雍和宫"站、"东直门"站。
2.地铁5号线"北新桥"站、"雍和宫"站、"和平里北街"站。

安定门周边示意图

N

青年沟路

地坛小学

国家安全生产监督
管理总局

和平里九小

16

和平里北街

A2

A1 B

D 和平里北街站

安定门外大街

和平里医院

和平里中街

和平里东街

牡丹园

和平里西街

和平里南街

14

方泽坛

m

安定门东滨河路

安定门东滨河路

15

地铁5号线

地铁2号线

05

07 A

安定门站

A B

雍和宫站

04 02

五道营胡同

青龙胡同

08

03 06 D

01

炮局头条

安定门内大街

10 12

东直门北小街

国子监街

11

13

方家胡同

北新桥三条

华侨饭店

馅老满

市第六医院

17

稻香村

东方文化酒店

北新桥站

东直门内大街(簋街)

A B 18

裕德孚老北京涮羊肉

交道口北头条

20

交道口东大街

21

C 19

---

09 雍和宫
电话: 010 - 6404 - 4499
开放时间: 09:00 - 17:00
入场费: ￥25

10 孔庙和国子监博物馆
电话: 010 - 6404 - 3352
开放时间: 5~10月08:30 - 18:00;
11月~次年4月08:30 -
17:00

11 失物招领
电话: 010 - 6401 - 1855
营业时间: 10:30 - 19:30

12 京城百姓
营业时间: 10:00 - 22:00

13 方家胡同46号
场内推介:
参差咖啡馆、猛力猫俱乐部、璞
蒙小镇、灵雀坊、猜火车、NAPA

14 地坛
电话: 010 - 6421 - 6870
开放时间: 06:00 - 21:00 (书市、
庙会约09:00 - 17:00)

15 金鼎轩
电话: 010 - 6497 - 5218
营业时间: 24小时

16 京东大张肉饼
营业时间: 11:00 - 14:00;
17:00 - 21:00

17 簋街
营业时间: 大街24小时店铺各异

18 花家怡园
电话: 010 - 5128 - 3315 /
010 - 6405 - 1908
营业时间: 10:00 - 次日06:00

19 贵州箩箩酸汤鱼
电话: 010 - 6405 - 1717
营业时间: 10:00 - 次日06:00

20 等待戈多
电话: 010 - 6407 - 3093
营业时间: 10:00 - 次日00:00

21 Concertino
电话: 010 - 6407 - 3093
营业时间: 10:00 - 24:00

---

01 五道营胡同
开放时间: 胡同24小时

02 栋梁
电话: 010 - 8404 - 7648 /
010 - 8409 - 1028
营业时间: 15:00 - 22:00

03 SAVE AS
电话: 139 - 1039 - 4225
营业时间: 09:30 - 18:00

04 交换商店
电话: 139 - 1131 - 5545
营业时间: 5~10月13:30 - 21:30;
11月~次年4月12:00 -
20:00
休息: 周一

05 婴NATOOKE
电话: 010 - 8402 - 6925
营业时间: 10:00 - 19:00

06 能猫商店
电话: 153 - 3005 - 5770
营业时间: 11:00 - 21:00
休息: 周一

07 安于室
电话: 138 - 1004 - 6371
营业时间: 15:00 - 22:00

08 海派甜心
电话: 010 - 6404 - 5084
营业时间: 夏季11:00 - 21:00;
冬季12:00 - 21:00

创意小区
五道营胡同

01

邻近雍和宫、孔庙和国子监，据说此地因原为明朝守城兵的驻扎营地而得名。虽然不如南锣鼓巷那般热闹，但胡同里却开满创意小店及别具格调的餐厅，充满惊喜，80后创意正在此默默发芽。

MAP: P131 A3、B3

五道营胡同远离繁嚣的大街，反而容纳更多创意

从安定门内大街进入五道营胡同，会看见"五道营欢迎你"几个大字

Info

地址：东城区五道营胡同
前往方法：地铁2号线"雍和宫"站C出口；或5号线"雍和宫"站C或D出口，走约5分钟即到

本地设计联盟
栋梁

02

专卖本土设计时装，包括 Neither Nor、Sforzando、Non Season等多个别具个性的品牌，汇集本地时装界的新力量。

MAP: P131 B3

Info

地址：东城区五道营胡同26号
电话：010 - 8404 - 7648 / 010 - 8409 - 1028
营业时间：15:00 - 22:00
前往方法：五道营胡同中段

室内怀旧物件，让人仿佛置身80年代

店主为一位朋友做的成长生活记录，希望以这种方式将大家的生活备份

彭浩翔新戏取景地
SAVE AS

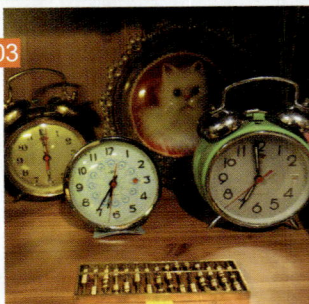
03

以记录生活为概念，卖由店主搜集回来的老北京生活用品，包括二手时钟、黑胶唱片、学生手册、打字机等，每件物件都蕴藏故事。店内的怀旧气氛还吸引了香港导演彭浩翔，其新戏《指甲刀人魔》也在此取景。

MAP: P131 B3

从旧货市场淘回来的多款旧时钟。 ￥50～80

店主认为"没有记录，就没有发生"，所以店铺取名"SAVE AS"

《指甲刀人魔》曾在这里取景，还留下很多道具指甲刀

Info

地址：东城区五道营胡同20 - 2号
电话：139 - 1039 - 4225
营业时间：09:30 - 18:00
前往方法：五道营胡同头段

132

店内货品充满惊喜，不少人专程来淘宝，必抢的是胶片相机。¥9~249

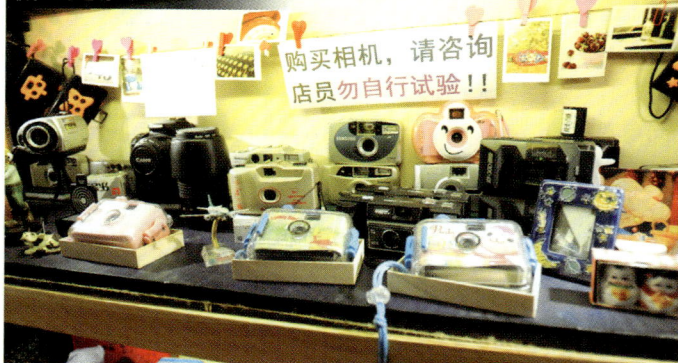

购买相机，请咨询店员勿自行试验！！

20世纪70年代生产的丰收牌铅笔、百灵牌吉他弦线。各￥9

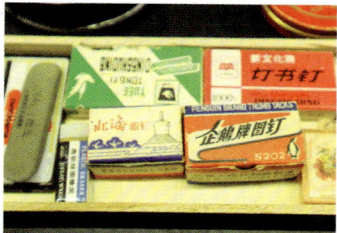

订书钉和图案橡皮擦，大多已绝版。￥2~20

以物换物
交换商店 04

MAP: P131 A3

北京首家"交换商店"，客人可以用现金购买货品，也可以用闲置物品换取点数、再换取货品，变相地以物换物。店内货品多不胜数，包括不少怀旧生活用品，随时能寻到心头好。

店铺位于五道营胡同侧的小胡同内

Info
地址：东城区五道营胡同67号西口
电话：139 - 1131 - 5545
营业时间：5~10月13:30-21:30；11月~次年4月12:00-20:00
休息：周一
前往方法：五道营胡同中段

专卖高质量的Fixed Gear零件，也可替客人组装独一无二的单车

提醒你

单车租赁服务
NATOOKE还提供单车租借服务，车款选择多，包括中国经典老牌"飞鸽牌"，特点是可以倒骑。当年美国总统老布什访京时，当时的李鹏总理也送了一台给他。
租金：专业单车￥50 / 天；飞鸽牌单车￥15 / 4小时

客人正在组装单车，看看零件组合起来的效果是否满意

Fixed Gear专卖店
耍NATOOKE 05

由定居北京6年的德国女子伊泉和意大利拍档开设的Fixed Gear专卖店，单车架及各项零件应有尽有，特点是颜色选择极多，客人可按个人喜好挑选零件组装单车。店内还卖杂耍用品，大多是从意大利进口。

MAP: P131 B3

店主伊泉是德国著名特技单车手，也深爱杂耍表演，拍档更是意大利专业杂耍演员

两位店主分别来自德国和意大利，因此店外挂起中、德、意三国国旗

Info
地址：东城区五道营胡同甲19 - 1号
电话：010 - 8402 - 6925
营业时间：10:00 - 19:00
网址：www.natooke.com
前往方法：五道营胡同头段

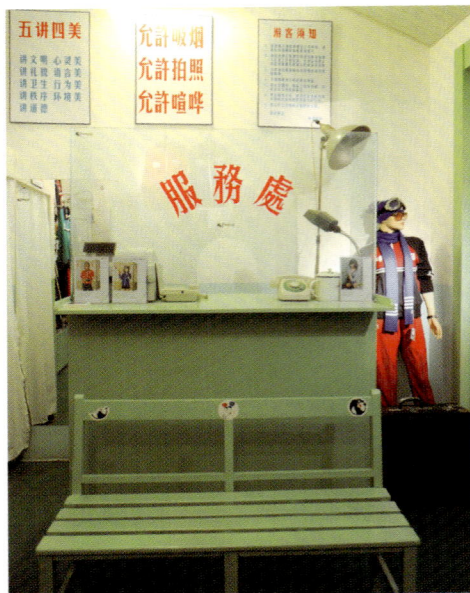

五讲四美
语文明 心灵美
讲礼貌 语言美
讲卫生 行为美
讲秩序 环境美
讲道德

允许吸烟
允许拍照
允許喧哗

游客须知

服務處

各式球衣均以20世纪七八十年代的中国流行元素为概念

收银台仿照昔日的火车售票处设计，吸引游客拍照留念

怀旧潮服 06
能猫商店
MAP: P131 B3

电影《全城恋热辣辣》中，井柏然也曾穿了这件T恤。￥189

"我爱北京"圆领T恤，专为北京店而设计。￥189

怀旧服饰也可以配衬出潮流打扮

　　设计师喜喜小学作文时把"熊猫"写错成"能猫"，将错就错把品牌命名为"能猫商店"，是怀旧风格设计的时装专卖店。以20世纪七八十年代中国人生活中常见的经典图案、符号、颜色、字体为元素，设计出新旧融合的服饰，既怀旧亦时尚。

能猫商店始创于上海，现在在北京、成都等地均有专卖店

Info
地址： 东城区五道营胡同15号
电话： 153 - 3005 - 5770
营业时间： 11:00 - 21:00
休息： 周一
网址： www.nengmaostore.com
前往方法： 五道营胡同头段

游人的手工杂货 07
安于室
MAP: P131 B3

　　店主霍霍热爱旅行，特别钟情甘南藏区、云南和曼谷等地，搜集了大批"战利品"，索性开店出售。霍霍闲时也自学制作手工饰物和皮包，每次刚做的就有客人买走，极受欢迎。

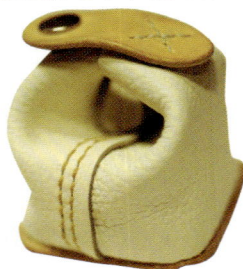

霍霍从曼谷搜购回来的铁皮机械人，只此一个。￥50

店中货品都是店主在各地旅行时搜集回来的手工制品，包括毛毯、装饰摆设、杯碗茶具、帽子等，风格以简约自然为主

霍霍自制的饰物非常受欢迎，由于全手工制作较耗时，所以时常供不应求

霍霍刚做好的牛皮零钱包，用手一针一线缝制，做工精细。￥80

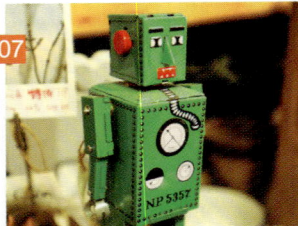

Info
地址： 东城区五道营胡同15号
电话： 138 - 1004 - 6371
营业时间： 15:00 - 22:00
前往方法： 五道营胡同头段

店员Elisa给人感觉亲切

温馨的小店布局，很多摆设都是两位店主从家中搬过来的，难怪刚一入店内就有走进少女房间的感觉

外墙画上画有各种可爱的蛋糕图案

奶油杏仁蛋糕（￥12），口味清新，配上香滑的奶茶（￥18），更完美

夏洛特蛋糕（￥18），奶油香滑，苹果派（￥15），花形加上星形图案十分精致

甜美女生蛋糕 08
海派甜心

两位醉心造蛋糕的女生Samantha和Lily打造的甜美西点店，全靠蛋糕的美味、温馨的环境及亲切服务吸引客人，开业数月已大获好评。店铺从外墙壁画、室内家具到蛋糕设计均极富心思，吸引了不少人慕名而来。 **MAP: P131 A3**

Cup cake有香蕉、香橙、朱古力等多款口味，很多学生放学后都来买做下午茶。￥8～15

Info
地址：东城区五道营胡同78号
电话：010-6404-5084
营业时间：
夏季11:00-21:00;
冬季12:00-20:00
休息：周一
消费：约￥30/位
前往方法：五道营胡同尾段

万福阁是雍和宫最大的殿，里面的白香檀木佛像更被列入《吉尼斯世界大全》

永佑殿原为雍王府内门，供奉无量寿佛、药师佛和狮吼佛

藏传佛教寺 09
雍和宫

Tips
每年农历正月二十三或二十四至二月初一，均会举行大愿祈祷法会，其中正月二十九或三十日及二月初一更会跳金刚驱魔神舞，吸引大量游人及善信参与。

MAP: P131 B3

众多殿堂内均有藏传佛像，以及大量珍贵文物

原为明朝内官的监官房，康熙年间改为雍亲王府，雍正年间再升为行宫，改名雍和宫，乾隆在此出生。及至乾隆年间更成为喇嘛庙，变成北京最大的藏传佛教寺庙。寺院占地6.6万平方米，主要由3座精致的牌坊和五进大殿组成，建筑兼具满、汉、藏、蒙古等多民族艺术风格。

Info
地址：东城区雍和宫大街12号
电话：010-6404-4499
开放时间：09:00-17:00
入场费：￥25
网址：www.yonghegong.cn
前往方法：地铁2号线"雍和宫"站C出口；或5号线"雍和宫"站B出口

国子监街上共有4座过街牌楼，东西两端各一座，国子监大门两侧各一座，是北京市唯一保存的牌楼街

成贤街是国子监街的古称，两旁开有纪念品商店

博物馆占地1万多平方米，设有《大哉孔子》展、中国古代科举展等

圣贤才子气息
孔庙和国子监博物馆 10

北京的孔庙为全中国第二大，已有700年历史，为古代官方祭祀孔子的场所。而只有一墙之隔的国子监，则是元明清三代的最高学府，培养古代人才。现在两者合二为一成为博物馆，展出中国古代教育的历史。

MAP: P131 B3

孔庙和国子监从前以"左庙右学"的形式运作，现已合并为博物馆

Info
地址：东城区国子监街15号
电话：010-6404-3352
开放时间：5～10月08:30-18:00；
11月～次年4月08:30-17:00
入场费：￥20
网址：www.kmgzj.com
*闭馆前半小时停止售票
前往方法：地铁2或5号线"雍和宫"站C出口，走15分钟即到

史家小橱，北京人家中常用来摆放食物。￥4750

念旧的家具
失物招领 11

怀旧家具店，全部自主设计，灵感或来自胡同口一张无人认领的破旧沙发，或是在街头大爷下象棋时坐的小板凳，希望人们从20世纪五六十年代的中国老家具中找回珍惜的情感，故名"失物招领"。店内也有怀旧衣服和摆设，充满老北京情怀。

MAP: P131 A4

"用心做出好品质的家具和衣服，让使用的人怀着珍惜的心情使用。"店铺介绍中如是说

北京老头椅，灵感来自胡同常见的旧椅。￥2980

这里的家具多使用实木制，风格简单朴素

Info
地址：东城区国子监街42号
电话：010-6401-1855
营业时间：10:30-19:30
前往方法：地铁2或5号线"雍和宫"站C出口，走15分钟即到

兔爷儿来历

传说很久很久以前，北京城突发瘟疫，无人能治。于是嫦娥便派玉兔为百姓治病，玉兔化身凡人，每次治病都以不同形象示人，有时像贵族大爷，有时像市井百姓，最终消除瘟疫。

百姓为感谢它，便用泥塑造玉兔出现过的各种形象，每逢农历八月十五供奉，还亲切地称其为"兔儿爷"。据说现在的中秋月饼的圆饼状，正是参照玉兔为人看病时所制的药膏的形状。

提醒你

尚未加工上色的兔儿爷更可爱

店内也有各种食品和生活用品，为附近居民提供生活所需

兔儿爷专卖店 12
京城百姓

兔儿爷泥塑，骑黑老虎的兔儿爷代表平安，骑黄老虎的代表富贵。¥20

传说兔儿爷曾消除北京的瘟疫，可以保佑家宅平安，因此深得北京人喜爱。这里是北京著名的兔儿爷制作坊，专门制作兔儿爷的泥塑。除了兔儿爷，京城百姓还提供各种北京传统泥塑，造型千姿百态，很多游客都特意买来当礼物。

MAP: P131 B3

各式泥塑琳琅满目，除了兔儿爷，还有虎儿爷

Info

地址：东城区国子监街甲44号
前往方法：地铁2或5号线"雍和宫"站C出口，走15分钟即到

区内地标46号剧场，曾被著名建筑杂志《Architype Review》评选为全球最注目的表演艺术中心之一

北京现代舞团的排练室就在旁边，是46号剧场的常驻表演团体

艺术创意小社区 13
方家胡同46号

MAP: P131 A4

毗邻国子监、孔庙、雍和宫等古建筑，汲取元明清三代古都的文化气韵。46号这个院子原是中国机床厂，2008年改为小艺术区，聚集了不同艺术领域的各种团体，有小剧场、电影文化沙龙会、设计工作室、特色餐厅和酒吧等，形成文化艺术人聚集的小社区。

据说毛泽东的儿子毛岸英和老舍先生都曾在方家胡同居住过

Info

地址：东城区方家胡同46号
前往方法：地铁2或5号线"雍和宫"站C出口，沿雍和宫大街向南走10分钟，转到方家胡同再走3分钟即到

曼特宁咖啡（左，￥15）和美式冰咖啡（右，￥22），入口香浓。另有罗马式咖啡，是加入柠檬汁的Espresso

旧书换咖啡
参差咖啡馆

以"参差多态，乃幸福本源"为意念的咖啡店，店主泡泡酷爱王小波，因此开店让喜欢看书、渴望诗意生活的人能聚在一起。最特别的是客人可以两本旧书换一杯咖啡，但是要让店主看看旧书是合适，例如教科书就不行。

店内挂满字画，而且藏书丰富，从养生到诗词都有，成为艺术人交流讨论的集中地，沙发上的客人正是日本舞蹈家

冬季的周一至周四，吧台会划分成自修室，让附近学生有一个安静的自修天地。吧台每个位置都有插头，方便客人使用手提电脑

上层设有露天茶座，可俯瞰胡同里生活

Info
地址：东城区方家胡同46号F座
电话：010 - 8400 - 2673
营业时间：周日至周五11:00 - 22:00；
　　　　　　周六11:00 - 次日00:00
消费：约￥25/位
前往方法：方家胡同46号内，46号剧场旁

小小的舞台，让观众可近距离感受Live music

装修以红色为主调，挂满波普艺术风格的油画，沙发舒适，富有情调

俄罗斯啤酒Balitika，这里的酒水都很便宜

酒吧2楼设有露天茶座

酒吧在院子外的胡同也有门口，非常容易找

现场乐队新势力
热力猫俱乐部

每晚都有摇滚、爵士、雷鬼、民谣、拉丁等不同音乐类型的现场演出，不时还有新生代乐队表演。每周四晚设有"Open Mic"，够胆量的客人可上台与乐队一起飙歌。

Info
地址：东城区方家胡同46号G座
电话：010 - 6400 - 7868
营业时间：13:00 - 24:00
网址：www.douban.com/group/hotcat
消费：约￥30/位
前往方法：走进方家胡同46号后右转，在埃蒙小镇旁

云南佤族风情
埃蒙小镇

云南佤族原创歌手艾芒开的餐馆，经营地道云南菜，黑三剁、香茅草烤鱼、米线都是地道云南风味。佤族又称"太阳下的舞蹈民族"，因此店内装修以红、黄色为主，图案极富少数民族风情，晚上在此喝酒谈天特别有情调。

店面的狩猎图案，有佤族特性

走廊转角放有佤族木偶，每周五、六晚不时有云南少数民族乐器表演

Info
地址：东城区方家胡同46号G座
电话：010 - 6400 - 1725
营业时间：11:00 - 23:30
网址：www.aimo.com.cn
消费：约￥60/位
前往方法：走进方家胡同46号后右转，在热力猫俱乐部旁

成龙的唐装师
灵犀坊

不少女性都希望拥有一件度身定制的旗袍，灵犀坊提供传统中式服装定制服务，在传统之中结合现代元素。店主兼设计师徐冬毕业于北京服装学院，在中国传统服装界极有名气，不少国际交流活动都邀请她为服装设计师，早前她更为成龙设计服装，品质毋庸置疑。

黑色手绣牡丹旗袍，京绣图案极富韵味。
￥3800

灵犀坊坚持最少80%手工制作，所以制作都最少要几天

Info
地址：东城区方家胡同46号E-107
电话：010 - 6404 - 3083 /
135 - 8199 - 5169
营业时间：11:30 - 19:00
网址：www.chinalingxi.com.cn
前往方法：走进方家胡同46号内直走，46号剧场旁

名导会客室
猜火车

"猜火车"是经典Cult片《Transpotting》的内地译名，餐厅以电影为主题，不时举行大型放映会，播放本地及外国的独立电影，导演更会到场与观众讨论交流，吴宇森、田壮壮、陆川等著名导演都曾在此开设座谈会。

餐厅面积达400平方米，可举行容纳数百人的放映会

就餐区外形像白盒子，提供特色贵州菜，不时有音乐演出

Info
地址：东城区方家胡同46号C1楼
电话：010 - 6406 - 0658
营业时间：11:00 - 次日02:00
网址：site.douban.com/caihuoche
消费：约￥70/位
前往方法：方家胡同46号内，大门左边

80后《奋斗》餐吧
NAPA

国内热播电视剧《奋斗》中男主角将旧厂房改装成和朋友聊天、喝酒的基地，并取名"心碎乌托邦"，感染了无数年轻人，NAPA餐厅原始的砖墙、舒适的沙发、桌球和足球机，随意率性的Loft风格，正是《奋斗》的写照。菜式也相当有创意，就如几位80后店主所说，这里就是让一班朋友吃喝玩乐的地方。

一走进方家胡同46号院子即被这幅壁画吸引，沿壁画左边小巷走到大厦的另一面，便是NAPA正门

橙黄色的外墙令餐厅在厂房中别具一格

Info
地址：东城区方家胡同46号E-101
电话：010-6404-4886
营业时间：10:30-21:00
消费：约￥50/位
前往方法：方家胡同46号内，从黄色壁画旁小巷走到大厦的另一面便是

地坛平面地基为正方形，与圆形的天坛相对，象征"天圆地方"之说

庙会中设有各种地道小吃摊档，吸引中外游客

Bobby摄

春节庙会热点 14
地坛

MAP: P131 A2、B2

　　建于明嘉靖九年（1530年），占地约40公顷，是明清两朝皇帝每年夏至祭祀土地神的地方，一共有14位皇帝连续381年在此祭地。地坛主要建筑为方泽坛，是古代祭祀场所，周边围绕着许多古树，不少已超过300岁，成为地坛公园的特别景致。最吸引人的是每年春节举办的大型庙会，游园人数一天达数万人，极具新年气氛。

Info

地址：东城区安定门外大街地坛公园
电话：010 - 6421 - 6870
开放时间：06:00 - 21:00
（书市、庙会约09:00 - 17:00）
入场费：￥2（书市期间￥5、庙会期间￥10）
网址：www.dtpark.com
前往方法：地铁2或5号线"雍和宫"站C出口，往北过桥即到

庙会期间，地坛公园的大树上均挂满红灯笼

Bobby摄

北京5大春节庙会

　　庙会是北方春节举行的传统市集，源自远古时代的宗庙社稷制度。至今以北京的庙会传统保留得最好，每年除了地坛公园的春节文化庙会，各大寺庙的庙会均有不同活动举行，各有特色。

　　*每年庙会具体日期会有更改，详情请留意公告。

1.地坛春节文化庙会

始办于1985年，为期8天的会期里会举行大规模仿清祭地表演、民间花会、老北京叫卖剧等，各式小吃、工艺品、民俗游戏摊位林立，与哈尔滨冰灯节等同属中国四大群众文化活动。

地址：东城区安定门外大街地坛公园
电话：010 - 6421 - 6870
日期：农历年三十至正月初七
网址：www.dtpark.com

2.东岳庙庙会

北京历史最悠久的庙会，众善信在大年初一的凌晨子时到此烧香祈福。庙会期间也设寓意"祈福迎祥、带福还家"的福牌，让善信挂在庙内神路两侧以表达祈福心愿。

地址：朝阳区朝阳门外大街141号东岳庙
电话：010 - 6551 - 0151 / 010 - 6551 - 4148
日期：农历正月初一至初七
网址：www.dym.com.cn

庞怀铭摄

3.白云观节日摸石猴

白云观曾举行庙会20年，近年暂停举办，但其从明朝流传至现在的"摸石猴"活动仍继续在春节举行，据说摸石猴可祛病和避邪。

地址：西城区白云观街9号白云观
电话：010 - 6344 - 3666
日期：农历年三十至正月十九

4.大观园红楼庙会

大观园是依据《红楼梦》建造的古典文化园林，每年春节均有元妃省亲、双玉相会等多个以《红楼梦》情节为主题的表演。

地址：西城区南菜园街12号大观园
电话：010 - 6344 - 3666
日期：农历年三十至正月初五
网址：www.bjdgy.com

5.科技庙会

在商场步行街举行的新型庙会，每年的活动内容均有不同，以创意市集为主。

地址：海淀区中关村广场购物中心
日期：农历正月初一至初五

24小时点心
金鼎轩

15

MAP: P131 B3

　　24小时营业,点心全日供应,22:00 - 次日05:00更有特价,是北京超有人气的夜宵餐馆。菜式从点心,到小炒、甜点、烧味、海鲜俱全。此外,也供应山东菜、鲁菜、川菜及淮扬菜。

烧卖,新鲜筋道。¥12.8

蛋挞,酥皮松脆,蛋味浓郁

叉烧包,外皮有弹性,馅料足

Info
地址: 东城区和里里西街77号
电话: 010 - 6497 - 5218
营业时间: 24小时
网址: www.jindingxuan.com.cn
消费: 约¥80/位
前往方法: 地铁2或5号线"雍和宫"C出口,往北过桥即到,靠近地坛南门

地坛店楼高4层,是吃夜宵的好去处。照片中的是西城区的方庄店

皮蛋瘦肉粥,煲到开米花的广东粥煮法,入口绵滑。¥9.8

正宗香河肉饼
京东大张肉饼

16

京东肉饼,皮薄而不油腻,牛羊肉软嫩,配榨菜及小米粥同吃可开胃消腻。¥25/斤、¥10/块

　　主打香河肉饼,全京城口碑最佳,以皮薄肉厚见称。位于民居小区,门面不大,装修简朴,是附近一带街坊经常帮衬的家常菜店。

MAP: P131 C1

位于和平里东街公交车7、11号车站附近,在馄饨侯旁

Info
地址: 朝阳区和平里东街十四区3号1楼
营业时间: 11:00-14:00,17:00-21:00
消费: 约¥15/位
前往方法: 地铁5号线"和平里北街"站B出口,沿和平里东街往东走15分钟,转到和平里东街再走约3分钟即到

提醒你

乾隆皇帝都赞好——香河肉饼
香河肉饼又称"京东肉饼"。香河位于北京东南面与河北省交界处,肉饼据说起源于明朝迁移至香河的哈姓回民家庭。因为游牧民族饮食多肉少麦,故以此比例制作肉饼。传说乾隆皇帝微服私访途经此地,尝过京东肉饼后大为赞赏,因此肉饼名扬京城。

店内分两个小厅,穿过中间小巷,可以看到师傅用大锅做肉饼的过程

天安门·故宫

王府井

东四

南锣鼓巷

安定门

京城夜宵胜地
簋街 17

街上大红灯笼高挂，店铺招牌多是红光闪闪的霓虹灯，每到晚上便一片通红

MAP: P.131 B4、C4

全长约1400米，东起二环路东直门立交桥西端；西至交道口东大街东端，街上有150多家店铺，大部分是通宵营业，有川菜、重庆烤鱼、麻辣小龙虾、火锅等，成为北京夜游人夜宵的胜地。

簋街又称"鬼街"？

相传在清朝年间，东直门城外是一望无际的坟场，东直门则专门用作往北京城内运送木材，或往城外运送死人。门内贩卖杂物菜果的小贩半夜开市，黎明即散。小贩用煤油灯取光，远处看来灯光朦胧，加上周围有很多棺材铺，令人毛骨悚然，人们便称之为"鬼市"。

"鬼市"消失后，附近一带开过各种各样的店，但最后都关门大吉，连唯一的国营百货也以结业收场，只有开饭馆的生意兴隆。饭馆白天几乎没人光顾，到了晚上却门庭若市，当地老人们都说晚上鬼要进城吃饭，故"鬼街"之名便传遍京城。后来因为"鬼"字不吉利，便以同音的"簋"字代替。

提醒你

Info
地址：东城区东直门内大街至交道口东大街一带
网址：www.chizaiguijie.com
前往方法：地铁5号线"北新桥"站B或C出口即到

发哥、星爷捧场
花家怡园 18

MAP: P.131 B4

花家怡园有多家分店，这家四合院分店最有传统特色

主打结合川、鲁、粤、京风味的创新北京菜，招牌菜包括酒久韭䴔煎鸭、卷花寿司、翡翠玉饱、怡园霸王鸡等，连周星驰、周润发、已故的梅艳芳等明星都曾捧场。店面一共占5个相连的四合院，每天19:00 - 21:00更有民乐演奏、龙须面制作、功夫茶艺表演等。

Info
地址：东城区东直门内大街235号
电话：010 - 5128 - 3315 / 010 - 6405 - 1908
营业时间：10:00-次日06:00
网址：www.huajiacai.com
消费：约¥150/位
前往方法：靠近地铁"北新桥"站

鱼可选鲇鱼、黑鱼、草鱼或乌江鱼（时价）

麻辣千层豆腐，豆腐嫩滑，味道香辣浓郁

火锅用酸汤做汤底非常有滋味，汤料则以米豆腐、折耳根最受欢迎

野生番茄汤底
贵州箩箩酸汤鱼 19

MAP: P.131 C4

主打贵州酸汤鱼，在簋街的人气极高。汤底以野生番茄、蜂蜜发酵的米酸，以及党参、枸杞、红枣、豆芽等多种材料制成，味道酸甜浓郁，鱼肉鲜嫩，大受欢迎。

Info
地址：东城区东直门内大街186号
电话：010 - 6405 - 1717
营业时间：10:00 - 次日06:00
消费：约¥150/位
前往方法：靠近东直门南小街

灯光昏暗，弥漫着浓厚的戏剧和电影感

灯罩上的有趣图案，出自店主及客人的手笔

店主和朋友合办的文化艺术月刊《等待戈多》

舞台咖啡室
等待戈多 20

MAP: P.131 B4

以经典戏剧《等待戈多》命名，装修以黑色为主调，从墙壁、书架到沙发，配合灯光，极具舞台效果。店内偶尔会有电影播放，书架上的书则是店主珍藏。供应咖啡、啤酒、三明治等，其中最有特色的是自创的等待戈多咖啡和等待戈多牛奶，加了榛果糖浆，甜蜜香浓。

店内也卖种种生活用品及电子产品，从香薰、火柴到音乐播放器、耳机等均有

等待戈多和人民文学出版社相连

Info
地址：东城区交道口东大街4-24号
电话：010 - 6407 - 3093
营业时间：10:00 - 次日00:00
消费：约¥50/位
前往方法：地铁5号线"北新桥"站D出口，沿交道口东大街往东走约3分钟即到

面积极小，只有一条走廊，但名气却极大

Concertino与等待戈多相连

战机书签。¥56

笔记本专卖店
Concertino 21

MAP: P.131 B4

由等待戈多店主和朋友共同开设的笔记本专卖店，开业6年来口碑极佳。店内的笔记本、书签、日历等全部自己设计，当中以手工牛皮笔记本及手机套最受欢迎，使用美国及意大利高级牛皮，质地柔软，很多游客都买来当礼物。

2011年记事本，有皮面及纸封面可选择

意大利牛皮手机套。¥185

手工牛皮笔记本，用顶级美国牛皮及再生纸制作。¥260/本

Info
地址：东城区交道口东大街4-24号
电话：010 - 6407 - 3093
营业时间：10:00 - 24:00
前往方法：地铁5号线"北新桥"站D出口，沿交道口东大街往东走3分钟即到

143

青砖古瓦与繁华金街

西城区

　　北京是历史文化名城，每条胡同皆蕴藏百年历史。现今的北京不少地方都已拆迁，但西城区的多处被幸运地列为保护区，得以保留青砖古瓦的四合院风貌。在什刹海、西直门等胡同间，仍可体验老北京的淳朴民风。

　　西城区还有另一面，西单、金融街一带购物商场、银行、酒店林立，成为繁华的购物地与金融区，与青砖古瓦的那一面形成强烈对比。

交通 地铁1、2和4号线。

西城部分地区示意图

百年湖海风光
什刹海

交通
1. 地铁2号线"鼓楼大街"站或"积水潭"站。
2. 地铁4号线"平安里"站。

位于北京北海公园北面，由前海、后海、西海及沿岸名胜古迹组成。昔日许多王府和名人故居都在什刹海旁，包括恭亲王府、宋庆龄故居、郭沫若故居、梅兰芳纪念馆等，每条胡同都满载历史。

什刹海也是北京的古老商业区，沿岸有大量老字号，数十年来默默传承北京的风味与情怀。而后海酒吧街更是著名的旅游地，夜里热闹无比，五光十色的后海夜景更是迷人。

01 荷花市场

02 恭王府
电话：010-8328-8149
开放时间：夏季08:00-17:00；
冬季08:30-16:30

03 郭沫若故居
开放时间：09:00-16:30
（16:00停止售票）
休息：周一

04 宋庆龄故居
电话：010-6404-4205
开放时间：09:00-17:00
休息：周一及周三

05 梅府家宴
电话：010-6612-6845/
010-6612-6847
营业时间：12:00-14:00、
17:30-22:00

06 梅兰芳纪念馆
电话：010-6618-3598
开放时间：09:00-16:00
（15:30停止售票）

07 护国寺小吃
电话：010-6618-1705
营业时间：05:30-21:00

08 王胖子驴肉火烧
营业时间：10:00-22:30

09 爆肚张
电话：010-6405-7412
营业时间：11:00-20:00

10 隆兴盛名优小吃
电话：010-6404-2554
营业时间：06:00-21:00

11 烤肉季
电话：010-6404-2554
营业时间：06:00-23:00

12 Café de SOFA
电话：010-6203-2905
营业时间：11:00-次日00:00
休息：周一

什刹海周边示意图

N

地铁2号线　北二环

积水潭站　鼓楼大街站

西海

积水潭

积水潭医院

西海南沿

板桥二条
板桥头条
新街口北大街

德胜门内大街

关岳庙

大石桥胡同　雷锋小学

小石桥胡同　玉条胡同

7天连锁酒店　旧鼓楼大街　国旺胡同

张旺胡同

豆腐池胡同

后海

市十三中

后海公园

后海北沿

雅儿胡同小学分校

钟楼

广化寺

鼓楼

新街口东街
罗儿胡同
四环胡同

东明胡同

平房胡同

大石虎胡同

后海南沿

大石碑胡同

银锭桥

后海5号

北官房胡同

南门涮肉

大翔凤胡同

柳荫小学

柳荫街

前海

正觉胡同
航空胡同
前公用胡同

护国寺小学

护国寺西巷

德胜门内大街

弘善胡同

刘海胡同

尚勤胡同

延年胡同

松树街

毡子房胡同

市十三中

原辅仁大学

南官房胡同

前海北沿

地安门外大街

前海东沿

国家话剧院

北海医院

KFC

护国寺医院

庆王府

定阜街

前海西街

前海南沿

白米斜街

护国寺街
护仓胡同

群力胡同

平安里站

兴华胡同

什刹海福禄

前海西街

星巴克

地安门西大街

北海北门

地安门内大街

育德胡同

天乐医院

西四北八条

莲花旅舍

西四北七条

太平仓胡同

广桥医院

市四中

黄城根小学

西黄城根北街

西什库大街

爱民街

市艺术与体育总管校

市四中(东校区)

北海

北海公园

恭俭胡同

古代市集
荷花市场 01

位于什刹海荷花池畔西岸，岸边垂柳依河，景致宜人。清末民初时原是京城久负盛名的市集，每年端午过后夏季荷花盛开时开市，因而得名。现在的荷花市场已变成仿古建筑的酒吧区，还有古玩字画、手工艺品、京味小吃、杂耍说书等各种摊贩，热闹一如往昔。

MAP:P.147 D4

前海西街口矗立着一座高高的仿古牌楼，"荷花市场"名匾出自著名书法家启功先生之手

附近酒吧装修时尚，多设有露天座位，晚上可在此欣赏什刹海夜色

荷花市场前有一处广场，常有附近居民在地上练习书法、踢毽子、跳民族舞，是老百姓闲时饭后休憩的地方

Info
地址：西城区前海南沿
前往方法：前海南沿，星巴克旁

半部清朝史
恭王府 02

MAP:P.147 C3

又名"萃锦园"，是全中国保存得最完整的清朝王府，也是清朝规模最大的府邸，花园风格中西合璧，豪华精致。这里曾是贪官和珅的府邸，后于咸丰年间赐予恭亲王奕䜣。恭亲王的孙子溥伟、溥儒曾将恭王府和花园抵押给天主教会，王府又曾先后成为多所近代大学的校舍。后政府投资两亿元进行修缮，终在2008年对外开放，历史地理学家侯仁之评道："一座恭王府，半部清朝史。"

恭王府分为王府和花园两部分，花园风格中西合璧，西洋门因西式雕花建筑而得名

园内还有诗画舫、流杯亭、邀月台等建筑，从中可窥探昔日王爷的生活

恭亲王——爱新觉罗·奕䜣
清恭亲王爱新觉罗·奕䜣是道光帝的第六子。道光帝选继位人时，曾在四子奕詝和六子奕䜣之间犹豫不决，但最终写下遗诏传位于奕詝，封奕䜣为亲王。咸丰即位后加上"恭"字，封为"恭亲王"。

提醒你

恭王府是清朝规模最大的王府，面积近7万平方米

Info
地址：西城区前海西街17号
电话：010-8328-8149
开放时间：夏季08:00-17:00、冬季08:30-16:30
入场费：普通票￥40、导游+大戏楼听曲￥70
网址：www.pgm.org.cn
前往方法：从银锭桥走约10分钟即到

文坛名人故居
郭沫若故居 03

郭沫若是中国新诗的奠基人物之一，在近代文坛举足轻重，在新中国成立后也曾任政府多个职务。故居曾是和珅府邸的一座花园，后成为恭王府的马号，亦曾先后成为蒙古驻华使馆和宋庆龄的住所。宋庆龄迁往后海北沿后，郭沫若始迁入，在此度过了人生最后的15年。

MAP:P.147 C3

故居占地7000平方米，展示郭沫若先生的文史学成就

Info
地址：西城区前海西街18号
开放时间：09:00-16:30（16:00停止售票）
休息：周一
入场费：￥5
前往方法：荷花市场西面

幽静的园内湖水环绕，绿树成荫，洋溢着古雅庭院气息

宋庆龄1963年迁入，一直住到逝世前（1981年）

孙中山夫人故居
宋庆龄故居 04

典型的中国式庭院，原是清末醇亲王载沣的摄政王府，末代皇帝溥仪正是在这里出生。20世纪60年代改建后，成为孙中山夫人宋庆龄的居所，她在这里工作、学习和生活了近20年。 **MAP:P.147 B1**

亭台楼阁、游廊纵横交错，在此观赏园景十分惬意

楼前的两个展览大厅，分别为原客厅和饭厅

Info

地址：西城区后海北沿46号
电话：010-6404-4205
开放时间：09:00-17:00
休息：周一及周三
入场费：￥20
网址：www.sql.org.cn
前往方法：在后海北沿

什刹海胡同游

什刹海胡同游是北京旅游的标志性活动，胡同游方法有许多，各有优点，最受欢迎的是乘坐三轮车，车夫会兼任导游沿途解说；也可以乘游览车或骑单车，穿梭胡同，近距离感受古朴气息。夏天，更可以乘坐橹船，从水路环湖欣赏什刹海风光。

1.三轮车
车夫载着你钻过大小胡同，沿途景点逐一解说，游客进入景点参观时车夫会在门口等候

在后海沿岸游览，车程40～90分钟。收费约￥60/位

三轮车的双人座位舒适，天气冷时，车夫更会为乘客盖上毛毡保暖

2.单车
在什刹海沿岸有多个单车租借点，绕湖一圈约需1小时，租车要付押金。收费￥10～30/小时

3.游览车
游览胡同内多个重要景点的小型游览车，可当做串联各个景点的交通工具，收费视距离远近而定。收费￥6～60/位

4.橹船
夏天，可乘坐橹船从水路环湖，穿过银锭桥，途经宋庆龄故居、广化寺和恭王府花园。码头位于荷花市场旁，09:00-次日00:00开放。橹船分琴帅（￥100/小时）、红篷船（￥200/小时）和豪华船（￥400/小时）多种

梅兰芳介绍

一代京剧大师，代表作有京剧《霸王别姬》、昆曲《游园惊梦》等。20世纪30年代赴美国多个城市进行32天的巡回演出，并获南加州大学授予的文学荣誉博士学位。抗日战争期间，大师拒绝为日军演出而蓄须，停唱8年，只靠变卖字画和奖杯维生，直至1945年才重新登台，拥有高尚的品德人格。

提醒你

饭后，管家会带客人参观梅府，晚上用餐更有老先生介绍庭院门廊里每幅照片和摆设的历史和故事

京剧大师的养生菜
梅府家宴

京剧大师梅兰芳先生的府邸，儿子梅葆玖将之改为菜馆，传承大师的饮食文化和艺术品位。昔日大师为保养声线、皮肤及身段，很注重养生，饮食以淮扬菜为主，讲究清淡雅致。现任厨师是当年梅府家厨王寿山的第四代弟子，传承菜式共600道。梅府只供应套餐，菜单由厨师按季节时令设计，每项细节均尽显心思，从格调、菜式到服务均近乎完美。

MAP：P.147 C3

Tips

05.

套餐收费
套餐菜式由厨师按季节时令设计，有多档价格供选择，收费按每位计算，最少两位起，不包茶水，￥300~2000/位。笔者采访当天点的是最便宜的￥300/位，已有多款菜式、汤，连炒饭、糖水、生果盘一共11道菜，分量多到根本吃不完。
*需电话预约。

梅府分梅、兰、竹、菊四厅，最小的竹厅供2~4位用餐，图为多人用的饭厅

每席菜单均出自老画家手笔，写在红色宣纸或纸扇上，给客人留念

四合院内挂了很多大师的剧照和剪报，让更多人了解大师的艺术成就

梅兰芳在《贵妃醉酒》里的戏服

所有餐具都印有佛印手印图案

这里曾是清朝一位贝勒爷的后花园，古色古香，飘逸恬静

五彩河虾仁，色泽晶莹剔透，爽滑筋道，味道
清淡鲜甜

浇汁鲈鱼，肉厚而鲜嫩滑溜，鱼汁鲜甜

杭椒牛柳，牛肉松软可口，毫不油腻

木耳排骨汤，清润滋补

烤麸，香甜有弹性，味道正宗

冰糖银耳，银耳滑溜通透，清甜滋润

上汤芦笋，只以芦笋心入
肴，格外新鲜脆嫩

Info

地址：西城区大翔凤胡同24号
电话：010-6612-6845 / 010-6612-6847
营业时间：12:00-14:00、17:30-22:00
网址：www.meifujiayan.com
前往方法：恭王府附近

京剧大师故居
梅兰芳纪念馆　06

　　要进一步了解京剧大师梅兰芳，梅府附近还有纪
念馆，原为清末庆亲王王府的一部分，梅兰芳在这幽静
的四合院内度过晚年。陈列室按大师生前的陈设恢复原
貌，展出3万多件藏品，包括大师的剧本、照片、信件
等。录像放映室轮流放映大师生前拍摄的舞台艺术片、
梅兰芳传记片及新闻
纪录片。 MAP:P.147 B3

Info

地址：西城区护国寺街9号
电话：010-6618-3598
开放时间：09:00-16:00（15:30停止售票）
入场费：￥10
网址：www.meilanfang.com.cn
前往方法：位于庆王府附近

从早到晚都挤满阿姨和等吃面茶的老爷子，因座位不多，附近百姓通常买回家吃，一买就是一大袋

百姓小吃总汇
护国寺小吃 07

京城地道小吃总汇，百分之百百姓小吃店，每天清晨天未亮，店里便人头攒动了。这里汇集有80多款老北京清真小吃，种类繁多，十元八元能吃一餐，而且风味正宗。附近居民每天在此买早餐、吃茶点，风雨不改，最能体现北京人的日常生活。

MAP:P.147 A3

食品种类极多，单是糕点就有十几款

人气极旺，小吃这边售完那边又刚出炉，新鲜即制

I Can Tips

点餐流程
采用自助形式，先在柜台排队点餐及付款，再自己取餐点用托盘拿回座位。人多时最好与朋友分头行动，分别等位和排队点餐。

提醒你

护国寺街
街道因护国寺而得名，护国寺始建于元朝，现仅存金刚殿及部分建筑。护国寺街以传统小吃闻名，街道于2010年修缮完毕，恢复成古色古香面貌，但游客不多，当地居民仍每天在此买早点，是民风朴素的老北京小吃街。

素炒疙瘩，疙瘩是北京的地道面食，外形呈粒状，有嚼劲儿。￥9

什刹海

西直门

西单

烧饼夹肉，香脆芝麻烧饼夹着酱牛肉和香菜，十足北京版的汉堡包。￥4

枣糕，枣是北京特产，在北京饮食之中不可或缺。枣糕外层稍硬，内里松软，带有清甜的枣香。￥7

糖花卷，麻酱味道非常香浓，层层松软，值得一吃。￥1

驴打滚，糯米红豆糕，外层是黄豆粉，甜而不腻。￥2

面茶，用面粉、麻仁煮成，口感像麻仁糊，甜而带麻香。￥2

奶油炸糕，用奶油、鸡蛋、面粉等制成，外面撒上白糖。￥2

焦圈，非常香脆，与面茶或豆汁是最佳配搭。￥2

护国寺小吃有多间分店，位于护国寺街的是总店

Info

地址：西城区护国寺街93号
电话：010-6618-1705
营业时间：05:30-21:00
消费：约￥15/位
前往方法：地铁4号线"平安里"站B出口，走约2分钟即到

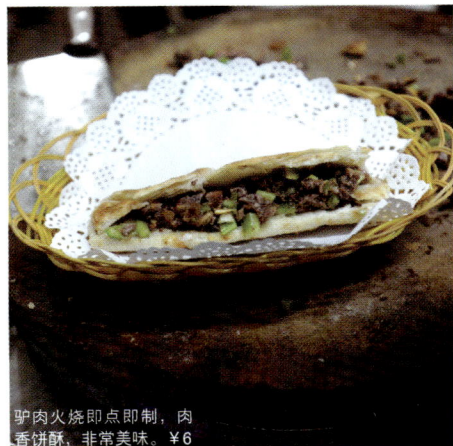

肉香饼酥

王胖子驴肉火烧

08

MAP:P.147 A4

"天上龙肉，地上驴肉"，北京人对驴肉情有独钟，认为驴肉比牛、羊肉更富蛋白质，但脂肪和胆固醇却更低。其中以王胖子的驴肉火烧口碑最佳，饼先用驴油烙过，再入炉烤焦，最后夹上浇过肉汁的驴肉及青椒。

王胖子驴肉火烧有多间分店，这家店装修比较新

Info

地址：西城区护国寺街113号
营业时间：10:00-22:30
消费：约￥10/位
前往方法：在护国寺小吃附近

驴肉火烧即点即制，肉香饼酥，非常美味。￥6

爆牛百叶（￥18），用十几种作料调制的汤爆熟而成，黑白分明，爽脆筋道。蘸上用芝麻酱、醋、香菜、葱花等祖传秘方调配的小料同吃，更加美味。（小料￥4）

银锭桥

爆肚张附近的银锭桥，是什刹海地标之一，这座连接前海和后海的单孔石拱桥，因形似银锭元宝而得名。银锭桥是燕京小八景之一，从前站在桥上可遥望西山，称为"银锭观山"。

原桥始建于明代，1984年重建。由于桥基常年浸泡在水中，且常有车辆负荷过重，导致桥体出现裂缝，2008年7月被列为危桥，进行修缮，如今修缮完毕。

提醒你

第四代传人张子安每天都在店里打点，从厨房到店面均亲力亲为

百年祖传
爆肚张 ⑨ MAP:P.147 D3

　　始创于1883年，爆肚百年来做得一丝不苟，食客络绎不绝，日卖爆肚100斤。以家庭作坊形式经营，坚持不开分店保持品质，现在第四代传人张子安每天仍在店铺里打点。

　　爆肚分为芫爆、油爆、汤爆，爆肚张采用的是汤爆。使用新鲜牛羊肚，羊肚分肚仁、肚领、肚散丹、肚葫芦、肚蘑菇、肚板等；牛肚分牛百叶、肚仁、肚领。每个部位爆熟的时间不同，要掌握得好才能做到爽口脆嫩，蘸上作料更香浓美味。

爆牛肚仁，肚仁是牛肚中最鲜嫩爽口的部分。￥28

数年前重新装修，仍保持传统小店简朴风格，墙上挂满名人题字

顺承王的后人爱新觉罗·金诚先生亲笔所书的题词及留影

果子干（前，￥6）和玫瑰枣（后，￥6），由老板70多岁的母亲制作，清甜滋润，玫瑰枣入口即化

小碗牛肉，牛肉非常入味，有嚼劲。￥18

羊霜肠，羊血肠与羊骨熬成的汤。因冬天羊肠外的油脂密布得像雪花，故称"羊霜肠"，只限每年11月～次年3月供应。膻味很重，外地人未必能接受。￥12/斤

爆肚张原址在西侧20米，是前铺后居方式，那时旧店铺以及院子均时常爆满。2008年因城区改造而搬迁至现址

Info

地址： 西城区前海东沿17号
电话： 010-6405-7412
营业时间： 11:00-20:00
消费： 约￥30/位
前往方法： 靠近银锭桥

日卖7000个的烧饼王
隆兴盛名优小吃 MAP:P.147 D2 **10**

位于胡同深处的清真小店，其麻酱烧饼有口皆碑，不时排大队，可日卖7000个！最重要的是￥0.8一个，非常实惠。此外，香浓入味的酱牛肉、用料十足的羊杂汤和爽口筋道的爆肚均大受欢迎。

有时会在店外街旁设小桌

新鲜出炉的麻酱烧饼，香浓的芝麻铺满酥脆的外层，是笔者在北京吃过最美味的烧饼。隔天吃仍然香得无法形容。￥0.8

烧饼层次极多，层层松软，每层都渗透着芝麻香味

店员正在煮的清真酱牛肉色泽油亮，切片单吃（￥20/碟）或是夹烧饼（￥4/个）都十分好吃

从这里行至胡同深处即到隆兴盛

Info
地址: 西城区鸦儿胡同19号
电话: 010-6404-2554
营业时间: 06:00-21:00
消费: 约￥10/位
前往方法: 靠近银锭桥

中华老字号
烤肉季 MAP:P.147 D3 **11**

创建于1848年，始于通州回民季德彩在荷花市场摆的摊位，故称"烤肉季"，以风味独特的烤羊肉享誉京城。后来设店经营，老舍、郭沫若、梅兰芳、末代皇帝溥仪胞弟溥杰等名人均曾是常客。店内还提供清真小菜和京味小吃。

烤肉季位于名列燕京八景之一"银锭观山"的银锭桥旁，可欣赏什刹海景色，因此著名学者费孝通以此为烤肉季题词

店外设有外卖部售卖豌豆黄、艾窝窝等特色小吃

店铺分设三层，地方宽敞

麻豆腐是京城特色小吃，绿豆制品，用羊油、黄酱、豆芽、雪菜、羊肉炒成，再浇上红辣椒油，羊膻味重，带点辛辣。￥18

烤羊肉，选用内蒙古天然草场的绵羊，精选羊上脑（肩膀之下包裹脊骨的两条肌肉）及后腿肉，用枣木烤制，令烤肉散发松香。羊肉片薄而鲜嫩，加入大葱与香菜，美味香口，夹在芝麻烧饼里吃更佳。￥76

Info
地址: 西城区前海东沿14号
电话: 010-6404-2554
营业时间: 06:00-23:00
网址: www.bjkaorouji.com
消费: 约￥60/位
前往方法: 银锭桥旁

白色为主的装修带田园风格，让人放松

奶酪乌龙茶（￥26），幼滑的奶泡香浓，与浓郁的乌龙茶非常配合，清新消滞，另有绿茶、红茶口味。焦糖布丁（￥18），香甜滑溜

白胡子奶酪茶
Café de SOFA
12 **MAP:P.147 D3**

店主夫妇是台湾人，所做的台式料理十分正宗。推荐奶酪茶，奶酪与茶味的比例配搭恰到好处，大口大口喝不用饮管，泡沫会挂在嘴上像白胡子。另外，鲁肉饭和松饼也是人气热卖品。

2楼贯彻纯白色装修风格

店内放有很多介绍台湾的书

位于银锭桥对着的胡同内，楼高2层，天台上还有露天茶座

店主的小狗弹珠喜欢跟客人玩和拍照，但是不会过分热情

楼下贴满客人喝奶酪茶时，泡沫挂粘在嘴上像白胡子般的照片

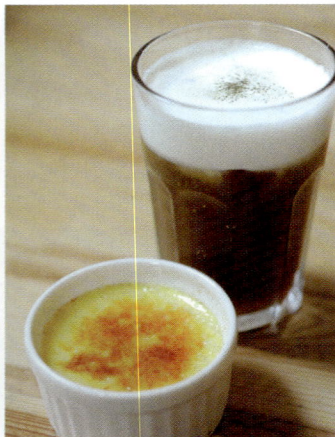

Info
地址：西城区银锭桥胡同12号
电话：010-6203-2905
营业时间：11:00 - 次日00:00
休息：周一
消费：约￥50/位
前往方法：靠近银锭桥

后海唱片宝库
Rockland
13 **MAP:P.147 D3**

又名"摇篮"，已开业7年，是后海的元祖级唱片行，在北京摇滚界广为人知。店内藏碟量极丰，主要是外国摇滚乐队大碟和二手外国音乐专辑，可找到不少沧海遗珠。

位于南官房胡同转角处

店主很乐意为客人推荐音乐，更当场播放唱片让我们试听

Info
地址：西城区南官房胡同2号
电话：010-6657-1926
营业时间：11:00 - 次日00:00
休息：周一
消费：约￥50/位
前往方法：靠近银锭桥

人气酒吧
后海5号

MAP:P.147 D3

后海是著名的酒吧街,后海5号是当中最具人气的酒吧之一。四合院采用玻璃顶设计,环境舒适富情调,不时有乐队及歌手表演。鸡尾酒亦调得相当不俗,深受客人欢迎。

后海夜宴,带酸甜樱桃味,女生最爱。¥65

酒吧设有舞台,不时有乐队及歌手表演流行曲

临街的座位最受欢迎,可欣赏后海夜色

招牌饮品神奇5号,一服务员在客人面前当场调配及点火。酒精颇重,薄荷味清新。¥65

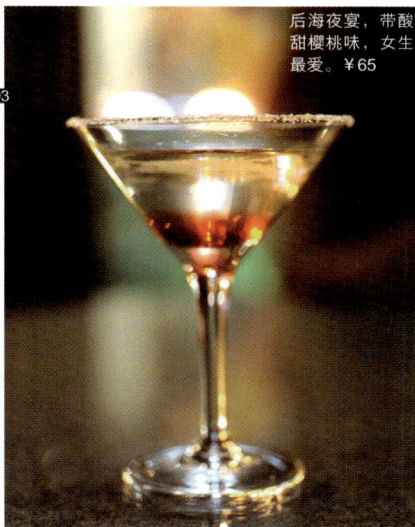

Info
地址:西城区后海北沿5号
电话:010-6406-1900
营业时间:10:00 - 次日07:00
网址:www.5how.cn
消费:约¥70/位
前往方法:靠近银锭桥

宁静小酒吧
7月7日晴

MAP:P.147 C2

以台剧《7月7日晴》命名的酒吧,吸引了不少游客慕名而来。白天幽雅舒适,在天台上可饱览后海风光,晚上不似附近酒吧般嘈杂。如果厌倦后海的喧嚣,躲进这里起码可以得到片刻安宁。

77-Love(¥68)和长岛冰茶(¥68),酒精不浓,入口轻松

店外和天台均设有露天茶座,粉红及紫色的沙发营造浪漫气氛

7月7日晴在对岸也设有分店

透过落地玻璃窗从室内可观赏窗外风光

Info
地址:西城区后海北沿12号
电话:010-8400-2941
营业时间:13:00 - 次日 02:00
网址:www.77love.com
消费:约¥70/位
前往方法:靠近银锭桥

九门小吃集合的老字号

小吃集中地
九门小吃

MAP:P.147 B1

坐落在近3000平方米的四合院中,由"老北京传统小吃延续发展协会"开办,会集小肠陈、爆肚冯、奶酪魏、月盛斋、馅饼周、德顺斋、羊头马等多家百年老字号,提供共300多种北方小吃,种类繁多。

里面是食街形式,颇为冷清

Info
地址:西城区孝友胡同1号
电话:010-6402-6868 / 010-6402-5858
营业时间:夏季10:00 - 22:00、冬季10:00 - 21:00
消费:约¥20/位
前往方法:从银锭桥沿"后海北沿"往西北方向走约20分钟,到孝友胡同后再走约1分钟即到

油条牛肉，油条意想不到的脆，蘸满香浓的肉汁，与软嫩的牛肉配搭得非常好。￥38

来一壶暖黄酒

吃绍兴菜当然要配黄酒，这里用传统锡壶盛载，因为重复加热壶身变形，倒反而更显特色

烫酒壶有暖酒作用，更可按个人喜好加入话梅。先在大壶中倒入热水，放小酒樽进去，再把杯倒转盖上，过一会儿酒就会变暖

门前放着鲁迅像，店内亦藏有鲁迅儿子周海婴亲送的鲁迅全集

鲁迅文化菜
孔乙己酒店 ⑰

　　主打绍兴菜，老板是浙江绍兴人，毕业于北大中文系，受鲁迅作品《孔乙己》启发，便以此命名酒家。酒家建筑古色古香，先进入月亮门，走过一片竹林才能进入内堂。菜品精致，除了客人必点的茴香豆和黄酒，蒸鱼也做得极富江南风味。

MAP:P.147 B2

油炸臭豆腐，笔者未进门已闻到臭豆腐的味道，外层炸得酥脆非常。￥38

店内挂着不少关于孔乙己的字画

大门古色古香

装修古朴，江南蜡染的印花桌布，配上窗格、字画、屏风，流露明清时期绍兴酒楼的气息

茴香豆是把蚕豆用水泡上一天，再加上桂皮、八角、茴香、黄酒和老抽煮成的，软嫩而香。￥12

Info

地址： 西城区德胜门内大街东明胡同甲2号
电话： 010-6618-4915／010-6618-4917
营业时间： 10:30-14:00、16:30-22:00
网址： www.kyjjl.com
消费： 约￥50/位
前往方法： 位于后海西北沿，后海公园附近

Tips

消费：不设单点，只设套餐，需预订。每个套餐18至22道菜不等，菜式按季节时令而定，每位￥300~2000。

*厉家菜极受欢迎，经常爆满，最少应提前两天订购。

翡翠豆腐，用毛豆和豆腐做成，入口嫩滑，带有蔬荽清新

宫廷御膳私房菜
厉家菜 18

厉家菜闻名中外，金庸、美国前总统克林顿、微软前CEO盖茨都曾是座上客。现在在上海、东京、澳洲也有分店。

由正白旗后裔厉善麟创办，厉老先生的爷爷厉子嘉原是清朝的内务府大臣，管过御膳房，厉先生从小已尽得真传。后来，宫廷菜菜谱流落民间，厉家记下了180种。厉家菜特色是选料精、不加味精、鸡精，味道天然。烹制过程复杂，分量很小，但精致，厉家人忙一整天才能做出一桌。

MAP:P.147 B2

青松鲜贝，鲜贝沿用宫廷的软炸里脊方法炮制，外脆内爽。青松是将切丝的油菜叶先腌后炸而成，爽脆清新

烧北京鸭，做法与烤鸭不同，皮肉连吃，鸭酥肉嫩

清蒸哈士蟆，哈士蟆即是雪蛤，加入鸡蛋清蒸，滑溜滋润，女生最爱

盖茨与厉老的友谊

厉老先生曾就读于外国人开办的辅仁大学，他因为爱吃，想了解食材本质，因此选修化学专业。当时辅仁大学教授多是外国人，用英语授课，因此厉老学得一口流利英语。

微软前CEO盖茨坐着三轮车来的时候，厉老先生用流利的英语和他交谈。盖茨说："你是数学教授，我连大学二年级都没毕业。"厉老谦虚道："你比我强，你有实际经验。"盖茨回到美国后，特意寄来光碟《21世纪的数学》做纪念。

厉老先生曾就读辅仁大学，旧址就在什刹海附近

提醒你

虎皮肘子，肉质层次分明，淋上酱油拌饭吃特别香。米饭选用东北五常米，是古代进贡给皇帝的米

椒盐鳕鱼，外层香脆，肉质鲜嫩滑溜，全不觉油腻

四合院保存老北京民居风格，感觉像在朋友家吃饭

没有招牌，只在小院门口挂个"羊房11号"的小灯箱

Info

地址：西城区羊房胡同11号
电话：010-6618-0107
营业时间：11:00-13:00、17:00-20:00
前往方法：位于后海西沿，从银锭桥沿"后海南沿"往西北走，到羊房胡同再走约2分钟即到

什刹海

西直门

西单

古风商业街
烟袋斜街 19

位于什刹海与鼓楼之间，清末主要经营旱烟袋、水烟袋等烟具，还有装裱字画和古玩玉器店。在2007年修缮后已发展为商业街，有不少特色小店进驻，但古旧的建筑中仍流露昔日风情。

MAP:P.147 D3

仿秦俑雕塑，但被打扮得如此悲惨

烟袋斜街位于银锭桥与鼓楼之间，逛完鼓楼可经此路去往什刹海

烟袋斜街由来
据说清代居住在北城的旗人大都嗜好抽旱烟或水烟。由于烟袋的需求与日俱增，所以斜街上便开起了一家又一家的烟具店。而细长的烟袋斜街本身外形就犹如一只烟袋，继而得名。

提醒你

街上最具特色的建筑，原是蕴宝斋吕姓古玩店，现在变成麟童阁烟斗和服饰店等

斜街上有一些卖怀旧杂货的店铺

Info
地址：西城区烟袋斜街
前往方法：从银锭桥走约1分钟即到

兴穆手工在南锣鼓巷及上海均有分店，烟袋斜街店是总店

店内卖笔记本、牛皮钱包、麻布包包等，看上去很"牛"

明信片，兴穆的新产品，以店主拍摄的北京特色照片为主题，沿用牛皮纸风格。¥5/张

最牛的笔记本
兴穆手工 20

2006年开业，店主是几个热爱手工制作的年轻人。专卖手工笔记本，清一色采用牛皮纸，主打牛皮封面，经营以中国传统图案为主题的手绘花色、水墨画、花布等上百种款式，受《城市周刊》、《理财周刊》等内地传媒热捧。

MAP:P.147 D3

牛皮笔记本的订装方式别具一格，先穿孔，再用牛皮绳穿上，纯手工制作。¥30～260/本

Info
地址：西城区烟袋斜街2号
电话：010-8402-1831
营业时间：11:00－22:00
网址：www.craftxm.com
前往方法：烟袋斜街头段

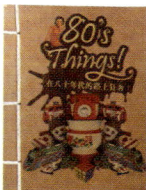

提供一百多款自家设计的笔记本，几乎每个顾客都不会空手离开

古籍笔记本
一朵一果 **21**

原创设计怀旧笔记本的专卖店，都是怀旧线装书设计，四书五经、武林秘籍、"文革"色彩、中国古镇、北京人童年玩意儿等各种主题应有尽有。很多笔记本连内页都有与主题相应的图案或照片，设计极富心思，且印刷精美，令人眼前一亮，禁不住掏钱购买。

MAP:P.147 D3

"在80年代路上狂奔"笔记本。￥10

《天龙八部》笔记本，内页印有《天龙八部》中的武功介绍，以及主要角色画像，金庸小说迷必扫。￥25

以毛主席思想为主题的笔记本。￥15

一朵一果在南锣鼓巷也有分店

▌Info
地址：西城区烟袋斜街40号
营业时间：10:00 - 23:00
前往方法：烟袋斜街中段

自家烘焙
咖啡沙龙 **22** **MAP:P.147 D3**

2006年开业，自家烘焙咖啡豆，非常专业，牙买加蓝山一号、埃塞俄比亚耶加雪菲、哥伦比亚特级咖啡等，坊间不易尝到的咖啡这里都有供应。店内还卖咖啡豆及各种咖啡机，也不时举办咖啡烘焙班，成为咖啡迷的聚集地。

埃塞俄比亚-莉姆（Limu-2），咖啡味道醇厚，带有独特的葡萄酒味。￥35

店内放着咖啡烘焙机，自家烘焙咖啡豆

店内卖各种咖啡豆，从￥66/千克的埃塞俄比亚摩卡，到￥750/千克的牙买加蓝山一号均有

从古色古香的烟袋斜街走进极富欧陆情怀的咖啡店，仿佛时空交错

小小店铺大有来头，曾主办全国咖啡店联盟，全国超过40个城市均有咖啡店参加

▌Info
地址：西城区烟袋斜街1号
电话：010-8402-6544
营业时间：11:00 - 20:00
网址：www.coffeesalon.com
消费：约￥50/位
前往方法：烟袋斜街靠近鼓楼段

胡同马来西亚菜
Café Sambal 23

　　位于胡同的老院子里，店主是来自马来西亚的设计师，把院子的古旧特色保留下来，配合露天开阔的环境，令人自然放松心情，好好享受胡同里的时光。主打马来西亚菜，食材从马来西亚当地新鲜空运，咖喱及各式东南亚美食都做得很地道。

MAP:P.147 D2

杧果卷，清新开胃。￥35

室内装修融合古朴及现代简约风格，水果摆放充满自然气息

家具充满东南亚风情

中庭仍保留破旧的灰墙，配合古旧木台椅，仿佛把时间凝固住，人坐在阳光下别有一番情调

奶油虾，远远已闻到咖喱香，香辣惹味，虾肉爽口，鸡蛋丝尽吸精华

Info

地址：西城区旧鼓楼大街豆腐池胡同43号
电话：010-6400-4875
营业时间：11:00 - 次日00:00
消费：约￥80 / 位
*需订位
前往方法：地铁2号线"鼓楼大街"站B出口，沿旧鼓楼大街往南走约10分钟，再转到豆腐池胡同即到

《纽约时报》推荐
床吧 24

　　曾获《纽约时报》推荐，是以床为主题的酒吧，灯光昏暗，分大小8个区域，全是床、炕和沙发，舒适惬意。附有跳舞房，周末会请来不同DJ打碟，音乐偏向Hip Hop与电子乐。喝上一杯Mojito，然后躺卧床上或起来跳舞都悉听尊便。

MAP:P.147 D2

舒适的床、昏暗的灯光，怎叫人不懒惰起来呢

不想躺在床上的话，坐在露天四合院里也气氛极佳

多个区域极具私人空间，最适合与朋友把酒谈心

Info

地址：西城区旧鼓楼大街张旺胡同17号
电话：010-8400-1554
营业时间：15:00 - 次日02:30
消费：约￥80 / 位
前往方法：地铁2号线"鼓楼大街"站B出口，沿旧鼓楼大街往南走约8分钟，再转到张旺胡同即到

什刹海

西直门

西单

最真实的北京民风

西直门

交通 地铁2、4和13号线"西直门"站。

北京内城的九大古城门之一，也是除正阳门以外规模最大的城门，自元朝起已是京畿的重要通行关口。

如今城楼已不在，西直门只留下地名。区内全是传统四合院民居，游客较少，可窥探北京最真实的胡同民生。

走进胡同，茫然不知所向时，就有老爷子问一句"找谁呀？"就像街坊邻里一样，感觉像已融入北京生活。

什刹海

西直门

西单

西直门周边示意图

(地图标注)

地铁13号线
文慧园路
文慧园西路
金百万
H 迈克之家
H 和园国际青年旅舍
冰窖口胡同
N

北京北站
西直门北大街
高粱桥斜街
德胜门西大街
地铁2号线
滨河路
新街口外大街
新街口北大街
西海
积水潭站

04
KFC
地铁4号线
A1
A2
西直门站
西直门内大街
北草厂胡同
新街口东街
新街口站
赵登禹路
新街口南大街

西直门南大街
西直门南小街
大觉胡同
宝产胡同
平安里站

车公庄站
平安里西大街
西四北八条
H 莲花旅舍
西四北五条
西四北三条
西黄城根北大街

车公庄大街
阜成门北大街
百万庄大街
赵登禹路

宫门口二条
安平巷
02
05
西四站

阜成门站
阜成门内大街
H 广济邻
01
03
西安门大街

阜成门外大街
南礼士路
阜成门南大街
金融大街
太平桥大街
西单北大街
西单

"北京北站"往八达岭长城

"北京北站"原称西直门火车站，始建于1905年，在2009年经过修缮扩建后，如今面积是过去的5倍。在"北京北站"可乘坐和谐号列车到八达岭长城，列车为"北京北至延庆"Y字头线路，每天对开2～3班，车程约1.5小时，票价为￥23（空调）、￥19（普通）。和谐号快捷舒适，是前往八达岭长城的热门方法。

提醒你

01 妙应寺白塔
电话：010-6616-0211
开放时间：09:00－16:00

02 鲁迅博物馆
电话：010-6616-4080
开放时间：09:00－16:00
休息：周一

03 庆丰包子铺
电话：010-6618-1638
营业时间：06:30－21:00

04 郭林家常菜
电话：010-6834-5043／
010-6835-3633
营业时间：11:30－21:00

05 华天延吉餐厅
电话：010-6615-3293
营业时间：10:00－21:00

白塔前有一座新铸的大钟和阿尼哥塑像

中国最大喇嘛塔
妙应寺白塔 **01**

又称"白塔寺"，是元朝的皇家寺院，寺内白塔也是中国现存年代最早、规模最大的喇嘛塔。白塔寺有转塔的习俗，每年农历六月初四释迦牟尼初转法轮日，以及农历十月二十五（白塔建成日），妙应寺的喇嘛便会绕白塔一周，诵经奏乐，场面热闹。至今仍有很多善信到白塔寺虔诚地绕塔祈福。

1978年维修白塔时，发现塔内埋藏着乾隆十八年（1753年）存留下来的100多件珍贵文物，包括僧冠、僧服、佛经、佛像等，现在在寺内展出

白塔匠师阿尼哥
白塔始建于元朝，忽必烈于1271年下令建造，由尼泊尔匠师阿尼哥主持，经历8年的设计和施工，直到1279年才建成白塔，随即迎请佛舍利入藏塔中。
尼泊尔人民尊称阿尼哥为民族英雄，现在白塔前也放有阿尼哥的塑像。2010年上海世博会的尼泊尔馆，也以"阿尼哥中心"来命名。

提醒你

MAP: P164 B4

Info
地址： 西城区阜成门内大街171号
电话： 010-6616-0211
营业时间： 09:00－16:00
入场费： ￥20
前往方法： 地铁2号线"阜成门"站B出口，沿阜成门内大街往东走约10分钟即到

鲁迅的书房，他在此居住期间共写作及翻译了200多篇文章

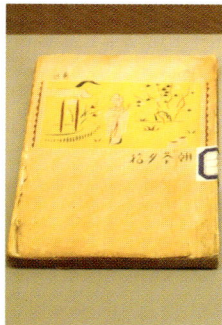
馆藏多本鲁迅书籍的外文译本

位于博物馆内的鲁迅故居，是他1924~1926年间的居所

四合院是鲁迅于1923年购买的，并亲自设计改建成居所

花园中放有鲁迅的雕像

认识文化巨人 02
鲁迅博物馆

　　鲁迅，20世纪中国最重要的作家、新文化运动的领导人，其批判社会的文章极具影响力。博物馆由鲁迅故居扩建而成，藏品过万件，包括鲁迅著作及译作的文稿、诗稿、书信手稿、日记手稿与手迹，还有鲁迅的逾万册藏书、其收藏的汉代石刻画像、六朝造像及历代碑帖拓片6000多张及其他遗物，在此可了解一代文化巨人的成就。

MAP: P164 B4

馆藏大量鲁迅作品版本，包括《朝花夕拾》的1928年初版

馆藏鲁迅的遗物如长衫、眼镜、木刻刀等

博物馆建筑结合现代与传统风格，藏有大量鲁迅的手稿

鲁迅博物馆1956年正式开馆

Info
地址：西城区阜成门内大街宫门口二条19号
电话：010-6616-4080
开放时间：09:00 - 16:00
休息：周一
入场费：免费
网址：www.luxunmuseum.com.cn
前往方法：地铁2号线"阜成门"站B出口，徒步约3分钟至阜成门北大街，再往北走约3分钟即到

什刹海

西直门

西单

庆丰的包子有多款口味，按两卖，一两有3个。¥3/两

土炮包子
庆丰包子铺 ⁰³

MAP: P164 B4

　　说起有名的北方包子，天津有狗不理，北京就是庆丰。庆丰至今已有60多年历史，陪伴几代北京人成长。起初只是一家普通的小饭馆，包子以薄皮大馅、松软有劲、馅料汁多爽口、味道鲜美见称，自1956年起索性只卖包子，做得更细心，深受北京人欢迎，每天从早到晚都排大队。

招牌包子大解构
1. 包子的猪肉选用嫩滑而有弹性的后臀尖，肥瘦比例为4:6，用木棒槌敲打成馅状，因此肉质极富弹性。
2. 馅料用上等老抽、金狮酱油、古币香油、全兴料酒和葱姜米等调味，香而不腻。
3. 每个包子均为18褶，连外形也非常讲究。
4. 包子以温火蒸15～20分钟，外皮松软，馅料新鲜多汁，很多北京人每次至少吃5两。

提醒你

鲜虾菜心包子，每个都有整只虾仁，爽口新鲜。¥3/两

猪肉三鲜包子，庆丰最驰名的传统口味，三鲜即是猪肉、虾仁和冬菇。¥3/两

开放式厨房，可看到师傅做包子。从馅料配搭分量、打馅手法、包子量重、上屉时间等都非常讲究

很多当地人上班前都买外卖包子当早餐，因此早上排队特别长，座位反而空着

北京人习惯吃包子配凉菜和一碗玉米糁粥（¥1）。玉米糁粥纤维丰富，清淡健康

店内提供酱肘花、焖酥鱼、麻豆腐、松花蛋、海带丝等各种凉菜。¥3～12/碟

采用自助形式，顾客先到收银台付款购票，再到柜位排队取包子，最后自助拿餐具和醋、酱油等调味料

庆丰包子铺近年以连锁方式经营，在京城有过百家分店。白塔寺店游客较少，多是附近居民帮衬，在此可体会到地道的街坊邻里感觉

提醒你

新华书店——慈禧大寿转角楼

庆丰包子铺所在的阜成门内大街的另一头街角，有一座古色古香的新华书店，原是1894年为慈禧太后六十大寿而建的转角楼。当年慈禧原定的寿庆计划是从皇宫起驾，经西四路口到颐和园庆祝。大臣于是沿途搭建彩殿牌楼等粉饰街道，转角楼便由此而来。然而大寿前夕日本舰队在黄海挑起甲午战争，庆典因而搁置，最后慈禧更在宁寿宫中黯然度过60岁生日。现在的转角楼变成新华书店，内部大致保存原貌。

Info
地址：西城区阜成门内大街135号
电话：010-6618-1638
营业时间：06:30-21:00
消费：约¥20/位
前往方法：
1. 地铁2号线"阜成门"站B出口，沿阜成门内大街往东走约15分钟即到
2. 地铁4号线"西四"站A出口，沿阜成门内大街往西走约10分钟即到

香酥库尔勒羊腿，西北风味菜，外皮香脆，腿肉层层起丝，香酥味美，佐酒一流。￥58

桂花山药，清甜滋润，而且山药热量低，是女生最爱的甜品。￥20

芥末鸭掌是正宗的北京菜，芥末不算辣，鸭掌爽脆。￥22

西直门店是开业十多年的老店，口味地道，每到饭点都要等位

郭林家常菜最初是一家不足100平方米的小店，经营至今已拥有30多家分店

京城餐饮50强
郭林家常菜
04

MAP: P164 A2

始创于1993年，从北方家常菜到江南菜、广东小炒等各地家常菜均一应俱全。而且专门请当地大厨负责，北方师傅做北方菜，广东师傅做广东菜，因此每道菜都能做出地道风味。最重要的是收费便宜，极受当地人欢迎，更曾入选为京城餐饮影响力品牌50强。

蹄花肉皮冻，北方凉菜，用猪皮、牛蹄筋制成，开胃筋道。￥18

Info
地址：西城区西直门外大街德宝新园乙15号
电话：010-6834-5043 / 010-6835-3633
营业时间：11:30 - 21:00
网址：www.gljcc.cn
消费：约￥60/位
前往方法：地铁2号线"积水潭"站A出口，沿西直门外大街往西走约15分钟即到

北京首家朝鲜冷面
华天延吉餐厅
05

北京第一家朝鲜冷面餐馆，由一位朝鲜族人于1943年创办。冷面以10℃的凉牛肉汤冲泡，荞麦面筋道爽滑，汤头鲜甜清新。北京人最爱在炎夏到此来一碗冷面，暑气全消。

MAP: P164 C4

延吉餐厅有多间分店，西四店为总店，楼高两层

提醒你

老字号变集团式经营
现今越来越多老字号以集团式经营，很多都被纳入大集团旗下，因此很多老字号名称前都加上"华天"或"聚德华天"等集团名。集团式经营利弊参半，好的是可让美食广泛推广，不致失传，但始终不及家庭作坊亲切。而聚德华天算是管理不俗的饮食集团之一，旗下品牌分店素质都有一定水准，包括延吉餐厅、烤肉宛、烤肉季、厚德福、合义斋等。

豪华冷面，材料丰富，酸、辣、甜多种口味混合，非常开胃。￥28

Info
地址：西城区西四北大街181号
电话：010-6615-3293
营业时间：10:00 - 21:00
消费：约￥40/位
前往方法：地铁4号线"西四"站A出口，沿西四北大街往北走约10分钟即到

购物狂热
西单

　　走出西单地铁站，商场霓虹璀璨，路上车来车往，街上人头攒动，满是悉心打扮的年轻人，东奔西赶血拼，到处弥漫强烈的购物狂热。

　　西单各式购物商场集中，有汇集国际品牌的大悦城、中友百货、首都时代广场、君太百货；也有主打年轻人小店的新一代商城、77街；还有传统老字号商场西单购物中心、西单商场等，不论白领、年轻一代、一家大小都可在此找到中意商品。

交通　地铁1或4号线"西单"站。

金融街

二龙路中学

大木仓北一巷

华远北街

灵境胡同站

KFC

东槐里胡同

市外事学校
（中心址）

罗家胡同

太仆寺街

N

二龙路西街

大木仓胡同

地铁4号线

03

高义伯胡同

北顺大附属实验中学

华远街

04 01

西单北大街

堂子胡同

力学胡同

小口袋胡同

二龙路

皮库胡同

华远西街

皮库胡同

西单明珠

横二条

兴隆街

北安里

南安里

中京畿道

西单小学

民丰胡同

君太百货

KFC

小石虎胡同

武功卫胡同

05

钟声胡同

太平桥大街

中行总行 S

F1

西单文化广场

西单东二条

A

B

C

KFC

复兴门内大街

F2

A

西单站

06

西长安街

地铁1号线

J2

E

冷麟阁路

西单手帕胡同

华能大厦

民生总行 S

B

D

西单周边示意图

首都时代广场 S

国家电力监督
管理委员会

文昌胡同

光大总行 S

J1

东铁匠胡同

油坊胡同

贤孝里

南新平胡同

文华胡同

鲁迅中学

教育街

宣武门内大街

市三十一中

北京第二实验小学

北京第二实验小学
（王府分部）

新文化街

新文化街

西绒线胡同

西单周边示意图

提醒你

西单内外

2. 金融街

西单西北面是北京著名的金融商业区——金融街，街上摩天大楼林立，众多金融机构、银行的总部均设在此，被誉为"北京的华尔街"。金融街一带也有很多大型购物商场和酒店，例如金融街购物中心、洲际酒店、丽思卡尔顿酒店Ritz-Carlton、北京金融街威斯汀酒店等，是北京最繁华的现代商业区。

1. 闻名全国的"西单女孩"
西单出了一位闻名全国的女孩——"西单女孩"。
女孩原名任月丽，来自河北农村，家境贫穷，16岁到北京闯荡，在西单地下隧道弹吉他卖唱为生。2008年被网友拍下并翻唱的《天使的翅膀》片段并放上网，悦耳的歌声打动万千网友，吸引了传媒广泛报道。2010年，任月丽终于推出个人专辑，随即在全国大受欢迎。2011年更获中央电视台邀请上春节联欢晚会表演，成为西单的传奇。

广受港人欢迎的洲际酒店亦坐落于金融街

金融街购物中心是区内最大型的购物商场，位于金城坊街2号

金融街购物中心占地极广，名店林立

01 **新一代商城**
电话：010-6603-5566
营业时间：10:00 - 21:00

02 **大悦城**
电话：010-6651-7777
营业时间：10:00 - 22:00

03 **西单商场**
电话：010-6656-5588
营业时间：09:00 - 21:00

04 **西单购物中心**
电话：010-6602-5016
营业时间：10:00 - 22:00

05 **中友百货**
电话：010-6601-8899
营业时间：10:00 - 22:00

06 **北京图书大厦**
电话：010-6607-8477
营业时间：09:00 - 21:00

商场内的金库KTV楼高3层，
￥42~75／位即可唱通宵

晚上，商场聚集了众多年轻人

女学生放学必逛 01
新一代商城

名副其实的新一代商场，主攻学生年轻人市场，内有很多小型特色店，是北京女学生放学后的必逛之地。对游客来说，最吸引人的是金库KTV和人气火锅连锁店呷哺呷哺。

MAP: P.169 C2

Info
地址：西城区西单北大街130号
电话：010-6603-5566
营业时间：10:00 - 21:00
网址：www.x1d9.com
前往方法：地铁1号线"西单"站F1出口，沿西单北大街走约8分钟，转到堂子胡同即到

独家品牌最多 02
大悦城

MAP: P.169 C2

集合购物、娱乐、饮食的大型商场，里面有40多个全北京独有品牌，包括日本无印良品的北京首家店，还有ZARA、Uniqlo、Nike等多个著名品牌。商场内设有全世界跨度最长的飞天电梯，及北方最大的数码影院——首都电影院。

Info
地址：西城区西单北大街131号
电话：010-6651-7777
营业时间：10:00 - 22:00
网址：www.xidanjoycity.com
前往方法：地铁1号线"西单"站F1出口，沿西单北大街走约5分钟即到

西单一哥 03
西单商场

MAP: P.169 C1

已有70多年历史的老牌大商场，由厚德、福寿、益德、临时、惠德、福德6个商场组成，统称为"西单商场"。西单商场在北京人心中占有重要地位，不少人仍会专程到此买羊绒衫和羽绒服。

Info
地址：西城区西单北大街120号
电话：010-6656-5588
营业时间：09:00 - 21:00
网址：www.xdsc.cn
前往方法：西单购物中心附近

商场内的电脑专卖场及手机专卖区吸引了很多本地年轻人

商场汇集国货与电子产品，包罗万象

家庭国货
西单购物中心 04

邻近西单商场及西单赛特商城，已开业20多年，楼高7层，是北京知名的电脑专卖场，很多北京家庭都会到此淘宝。

MAP: P.169 C1

Info

地址：西城区西单北大街132号
电话：010-6602-5016
营业时间：10:00 - 22:00
网址：www.xdgwzx.com
前往方法：地铁1号线"西单"站F1出口，沿西单北大街走约10分钟即到

白领最爱
中友百货 05

MAP: P.169 C2

主攻白领市场，面积达4万平方米，有Lancome、Estee Lauder、Clinique等多个国际顶级化妆品和服装品牌连锁店，曾创下单月、单柜600万元的销售奇迹，几乎可以说是北京销售之冠。

Info

地址：西城区西单北大街176号华南大厦
电话：010-6601-8899
营业时间：10:00 - 22:00
网址：zhongyou.cn/zhongyou/zxcx
前往方法：地铁1号线"西单"站F1出口，走约5分钟即到

最旺的书店
北京图书大厦 06

5层高的大型书店，经营图书、影碟唱片和电子出版物。每天平均有5万多人次到店，幸而书店面积达1.6万平方米，不至于太拥挤，但在周末仍要有心理准备买书要排队。

MAP: P.169 D3

Info

地址：西城区西长安街17号
电话：010-6607-8477
营业时间：09:00 - 21:00
网址：www.bjbb.com
前往方法：地铁1号线"西单"站B出口

天天新发现

朝阳区

　　北京市面积最大的区，会聚商业、购物与娱乐各种设施，是京城最繁华、最现代化的地区代表。区内各国大使馆、外资企业林立，大型商业项目更数之不尽，三里屯、工人体育场、建国门一带特色餐厅、酒吧、夜店众多。

　　在朝阳区，每天都有新奇事，一幢幢设计超乎想象的前卫建筑拔地而起，随之而来的是各式购物、餐饮、娱乐新去处，每次到朝阳区总有新玩乐。

交通 地铁1、2、5、8或10号线。

A　　　B　　　C　　　D

N

1

2

3

4

5

6

奥运场馆

和平西桥站　北三环东路　光熙门站
和平里西街　北三环东路
和平里东街　地铁13号线
地铁10号线
机场高速公路
北京首都国际机场
酒仙桥路
798艺术区
三元桥站
酒仙桥路
黄云路
酒仙桥南路

和平里北街站　和平里北街　柳芳站　柳芳北街
机场快轨
东风南路

地坛
新源街　颜婆街
亮马桥路

雍和宫站　安定门东大街
东三环北路
亮马桥站　River Club　蓝色港湾
麦子店街
喜来登酒店

雍和宫
东直门北小街
东直门长途汽车站
新源南路
全国农业展览馆
朝阳公园
东风南路

北新桥站
东直门内大街
东中街
农业展览馆站
三里屯
东四环中路
亮马河

东直门南小街
东四十条桥
鼎鼎巷　三里屯Village
农展馆南路
芥西黄俱乐部
朝阳公园南路
塔家园路

东四十条　东四十条站
春秀路　工体北路
团结湖站
团结湖路
十里堡路
红领巾公园

张自忠路站
朝阳门北小街
工体西路　工人体育场　工体东路
大黄
团结湖公园
甜水园街
东四环中路

东四站
朝阳门北大街
工体南路
朝阳北路

朝阳门内大街　朝阳门站　朝阳门外大街
呼家楼站
朝阳北路
建国门

东四南大街
建国门北大街
金台西路
金台路
西大望路

打市口站
朝阳门南小街
雅宝路
日坛北路
日坛路　日坛
东大桥站
金台夕照站
中央电视台（新址）
朝阳路
东单北大街
光华路
世贸天阶
光华路

东单站　建国门内大街　建国门站　建国门外大街
国贸大厦
万达索菲特大饭店
新光天地
四惠站

古观象台
桔子水晶酒店
永安里站
国贸站
大望路站
京通快速路
建外SOHO
SOHO现代城
四惠长途汽车站
地铁1号线

崇文门内大街
地铁2号线
北京站
建外SOHO
通惠河北路
八王坟长途客运站

北京站
北京站　通惠河北路　通惠河
北京东站

崇文门站
崇文门外大街
百子湾路

西花市大街　东花市大街
白桥大街
东三环中路
今日美术馆

磁器口站　广渠门内大街　广渠门外大街
东三环
双井站
广渠路
广渠路

天坛
法华寺街
幸福大街
夕照寺街
东二环
光明路
双井站
广渠门外大街

天坛东门站　体育馆路
光明路
潘家园
劲松北路　南磐房路
东四环中路

天坛东路
地铁5号线
龙潭路
劲松站
劲松站
华威路
松榆北路
西大望路
化工路

龙潭西湖公园　龙潭公园
潘家园路

北京游乐园
华威南路
潘家园旧货市场
松榆南路
双龙路

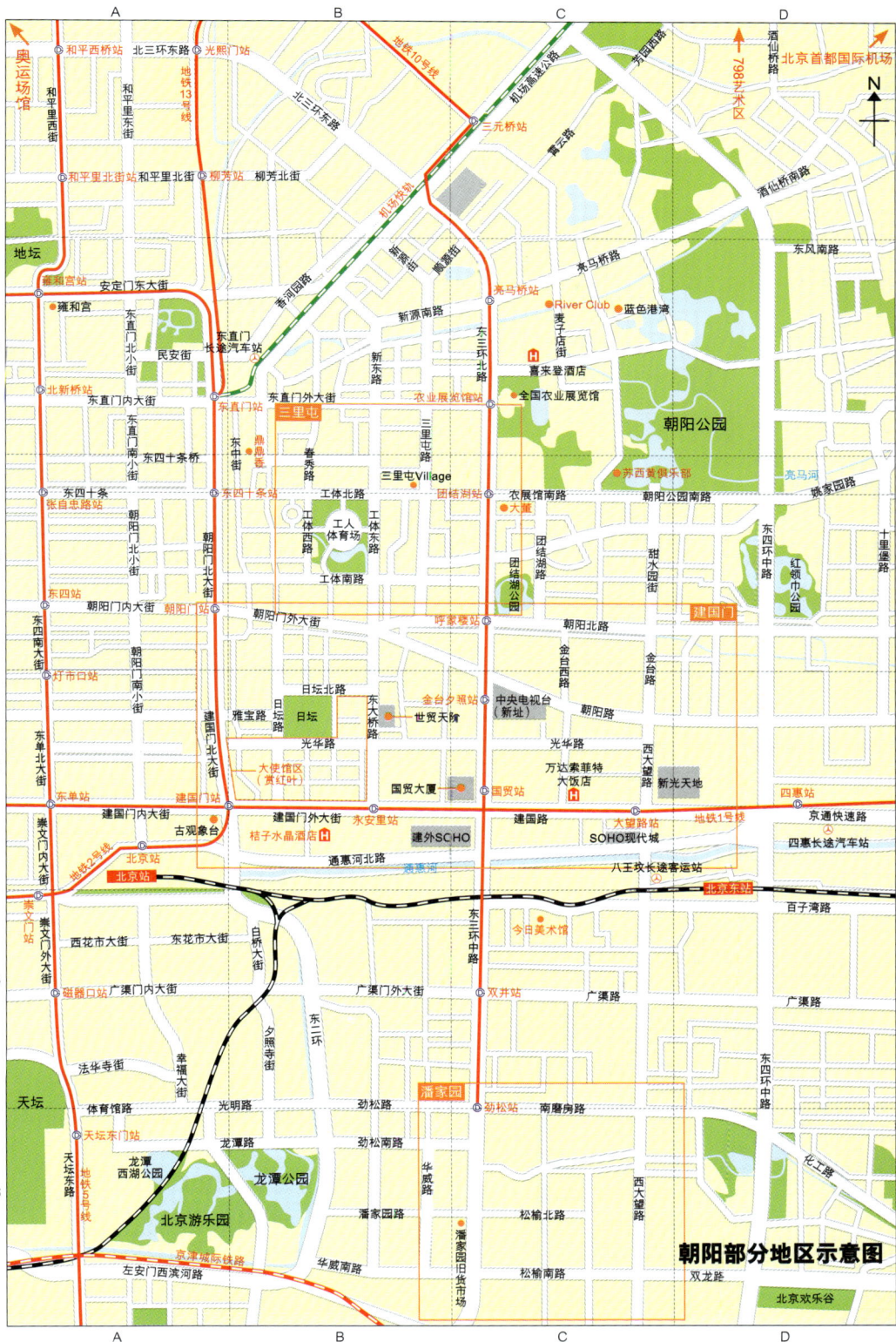

京津城际铁路
左安门西滨河路
朝阳部分地区示意图
北京欢乐谷

全京城最潮

三里屯、工人体育场

交通 地铁10号线"团结湖"站。

三里屯新地标"三里屯Village"、新酒吧街"同里"、新版那里"那里花园"等，一切都是最新的，集合购物、文化、酒吧与餐饮设施，成为北京的潮流集中地。

而工人体育场一带更是名人明星聚集点，附近的花园庭院式私密餐厅，装潢和音乐均属一流的夜场酒吧，备受王菲、那英、舒淇、刘嘉玲等明星热捧，是京城中最潮、最火的娱乐点。

元大都酒吧街停业
位于元大都遗址公园的酒吧街曾经红极一时，然而前段时间生意每况愈下，最近已全部停业，部分改为饭馆，成为北京酒吧界的历史。

提醒你

01 三里屯Village
电话：010-6417-6110
营业时间：10:00-22:00
场内推介：
Wonder milk、气味图书馆、CHIN、Panino Teca、原创界、鱼眼儿、Element Fresh

02 那里花园
场内推介：
American Apparel、Let's Seafood、Let's Burger、D-SATA、Pantry Magic、Crepanini、Apothecary、Agua

03 丹堤小馆
电话：010-6415-8539
营业时间：16:00-22:00

04 Le Petit Gourmand
电话：010-6417-6095
营业时间：10:00-次日01:00

05 Nicolas Favard
电话：010-6413-0818
营业时间：11:00-20:00

06 三里屯酒吧街
开放时间：24小时

07 3.3 Mall
电话：010-6417-3333
营业时间：11:00-20:00

08 三里屯SOHO
电话：010-5900-8787
营业时间：11:00-20:00

09 Q Bar
电话：010-6595-9239
营业时间：18:00-次日02:00

10 Beer Mania
电话：010-6585-0786
营业时间：18:00-深夜

11 1949-The Hidden City
电话：010-6501-1949
场内推介：
全鸭季、Taverna+、面吧、井吧、Toro Bar、Gallery 49

12 工人体育场
开放时间：外部随时参观

13 Park COCO
电话：010-6553-3586
营业时间：12:00-次日04:00

Map labels

东直门站

N

三里屯一村一巷

幸福二村一巷

幸福三村五巷

三里屯东四街

27

三里屯东三街

农业展览馆站

春秀路

新东路

幸福三村四巷

三里屯中街

05

07 瑜舍

01

摩洛哥大使馆

三里屯路

02

区实验小学

中行

三里屯一中

三里屯一中

04

03

三里屯小学

武警北京总队医院

华通新饭店

幸福二村三巷

06

工行

民生 工行 工行

KFC

工体北路

12

城市宾馆

太平洋百货

兆龙饭店

大董

东四十条站

工人体育馆

巨龙射箭馆

足球训练场

工体东路

16

08

联大机电学校

11

同仁长虹医院

工体西路

17

18

工人体育场

A.hotel

智胜宾馆

枫叶家园招待所

白家庄小学
（北学区）

东三环北路

23

24

工行

吉市口八条

Hotel G（极栈）

工体100

26

22

19

20

中行

10

中行

白家庄路

白家庄小学

市八十中

地铁10号线

14 13

25 21

富国海底世界

工体游泳场

中纺里卫生站

朝外北路

15

体育场中学

朝阳医院

09

白家庄小学
（南校区）

朝阳区中医院

工体南路

体育场路小学

工体东路

东大桥斜街

中信

农行

建行

KFC

三里屯、工人体育场周边示意图

Restaurant listings

14 紫云轩
电话: 010-6552-8310
营业时间:
Lunch 11:30-14:30、Tea 14:30-18:00、Dinner 18:30-23:00

15 FACE
电话: 010-6551-6788
营业时间:
12:30-14:30、17:30-22:30
场内推介: Hazara、Lan Na Thai、Jia

16 大渔铁板烧
电话: 010-8587-1180
营业时间: 11:00-22:30

17 茶马古道
电话: 010-8580-4286
营业时间: 10:00-次日00:00

18 许仙楼
电话: 010-6551-8812
营业时间: 09:00-23:00

19 茉莉
电话: 010-6553-8608
营业时间:
周一至周五11:00-22:30;
周六、日11:00-次日00:00

20 I.O. Spa
电话: 010-6553-1666
营业时间: 10:00-次日02:00

21 三个贵州人
电话: 010-6551-8517
营业时间: 24小时

22 有璟阁
电话: 010-6551-1636
营业时间: 11:00-23:00

23 Cargo
电话: 010-6551-6878
营业时间: 20:00-深夜

24 唐会
电话: 010-6552-8888
营业时间: 20:30-深夜

25 Coco Banana
电话: 010-8599-9999
营业时间: 21:00-次日04:00

26 唐廊
电话: 010-6501-1166
营业时间: 10:30-22:30

27 River Club
电话: 010- 6508-0667
营业时间: 10:30-22:30

提醒你

苏西黄俱乐部

京城时尚夜店的元祖，以电影《苏丝黄》为题设计，鸦片床、架子窗框、中式梨形大灯，古色古香。店里会聚多位名DJ，又经常举行主题派对，吸引了众多中国明星、香港和欧洲的时装设计师等时尚名人前来捧场，多次获得"漂亮人群最多的酒吧"之殊荣，爱俱乐部的人士绝对不能错过。

MAP:P.173 C3

Info

地址: 朝阳区朝阳公园路西门甲1号
电话: 010-6500-3377
营业时间: 20:00 - 深夜
网址: www.suziewong.com.cn
前往方法: 地铁10号线"团结湖"站C出口，转乘出租车，约¥12，朝阳公园西一门旁

不同颜色的几何造型玻璃幕墙建筑，成为三里屯的新地标

酒店瑜舍就在北区和南区之间，是北京最受欢迎的Hip Hotel之一

苹果旗舰店产品齐全，开业当天更引来众人通宵排队购买限量版纪念T恤

三里屯Village晚上灯光璀璨，似一个个发光的宝盒

潮流新地标
三里屯Village 01

集文化、艺术、休闲和购物于一身的开放式大型娱乐购物潮区，凭着大胆的外形设计成为朝阳区的新地标。建筑由日本建筑师隈研吾设计，灵感源自老北京的胡同和四合院，以19幢不同颜色玻璃外墙的建筑物组成。分为南北两区，云集agnes b.、Emporio Armani、Rolex、Uniqlo、Versace等众多国际品牌的旗舰店。因为发展商是香港的太古地产，所以也吸纳了大量香港品牌，其中I.T Beijing Markert更集合I.T旗下众多国际名牌，包括Comme des Garcons旗舰店、mercibeaucoup，以及2010年新开的BAPE STORE等。**MAP：P.175 C1-C2、D1-D2**

北京Nike概念店面积达735平方米，提供Nike ID服务，客人可自选鞋款、颜色，定制独一无二的波鞋

I.T Beijing Markert里集齐I.T旗下众多国际大品牌，包括Comme des Garcons、mercibeaucoup、BAPE STORE等

Info
地址：朝阳区三里屯19号
电话：010-6417-6110
营业时间：10:00 - 22:00
网址：www.sanlitunvillage.com
前往方法：地铁10号线"团结湖"站A出口，沿工人体育场北路走约10分钟即到

牧场酸奶雪糕
Wonder milk

又名"万得妙"，自家的华夏牧场距离北京只有1小时车程。酸奶雪糕每天都是新鲜制造，不含防腐剂，味道特别天然新鲜。布丁、优格豆腐和豆豆爽等口味均大受欢迎，是源自北京的纯正奶酪风味。

优格绵绵，正如其名，乳酪软绵绵，酸奶味香浓。￥15

乍一看还以为Wondermilk是外国进口雪糕店，原来是本地农场生产

Info
地址：三里屯Village南区S3-13 1楼
电话：010-6417-2588
营业时间：10:30 - 22:30
网址：www.wondermilk.cn
消费：约￥15/位
前往方法：Apple Shop右侧转角处

香水格子柜
气味图书馆

1994年在纽约开业，打造出200款来自周遭生活气味的香水，借此唤醒埋藏在人们内心深处的记忆。当中有很多意想不到的气味，如雨后花园、清新洗衣房、防晒霜等，曾被有香水奥斯卡之称的FiFi Awards评为美国最佳男士及女士香水。

香水的陈设很有心思

以格子柜形式展示各种香水，像个图书卡的柜子，里面能找到久违的气味

早前与歌手田原合作推出的限量版——雪。￥285

6个香水系列包括自然、生活、蔬菜、酒、美味和植物，较受欢迎的气味包括雪、雨、姜汁汽水、洗衣间、Gin&Tonic（全汤力香水）及桃，￥285/支

Info
地址：三里屯Village南区SLG29地下
电话：010-6417-6110
营业时间：10:00 - 22:00
网址：www.demetercn.com
前往方法：位于商场地下的柜位，"陈幸福"对面

创意荒岛图书馆
CHIN

专卖创意小物品，都出自本地设计师手笔，从衣服首饰到文具摆设，再由西式小品到本土文化均一网打尽。CHIN更参与了内地的推广阅读计划"荒岛图书馆"，店内一隅设有小型图书馆，让人可以在城市中找到阅读空间。

店内衣服出自多位设计师，风格多元化

藏书由小说名著到文化杂志均有，设有台凳让人静心阅读

单车吊饰，带小信封，最适合送礼物。￥16

老北京特色襟章。￥10

店主与本地设计师合作，搜罗各式原创小物，原本只做展览，因反应极佳所以最近开始出售

店铺位于南区1楼转角处

Info
地址：三里屯Village南区S2-26 1楼
电话：010-5826-3701
营业时间：11:00 - 22:00
前往方法：靠近酒吧街，Jimmy Black旁楼梯上到1楼即到

正宗意式风味
Panino Teca

意式Panino（类似热狗汉堡）专卖店，全部面包及甜品均由自己烘焙，巴马火腿、沙乐美肠、芝士等食材全从意大利进口，营造出正宗的意式传统风味。Panino选择众多，有Nostri Panini、Ciabatta、Bruschette等超过50多款，而且分量大，足够二人分享，强烈推荐。

装修简洁舒适，是逛街后小憩的好地方

店铺位于商场外围，面对酒吧街，夏天还设有露天茶座

Bistecchina（￥44），法式长面包外脆内软，薄牛肉软嫩而肉味浓郁，和美味芥末酱很搭，加上清新蔬菜沙律及现炸薯条，让人非常满足

Cuccagna（￥32），自制意式面包Ciabatta香脆清淡，配上烟熏火腿、芝麻叶青酱、新鲜蘑菇，以及溶在各种配料之中的香软芝士，滋味十足

━ Info ━
地址：三里屯Village南区S2-11 1楼
电话：010-6416-1416
营业时间：08:30 - 次日00:00
消费：约￥40/位
前往方法：三里屯Village南区的最北面外围

装满具未来感，既是设计展，亦是产品陈列

店铺面积达1000平方米，定期加入新设计师的作品

北京本地设计
原创界

由"北京原创设计推广协会"经营，目的是推广本地创作打入设计市场，1000平方米的展览厅里陈列了近200位本地设计师的原创作品。从家具、装饰摆设到首饰、服装，以至文具、艺术品等，作品过千件，在此可看到北京的原创新势力。

位于地下，就在扶手电梯附近

以推手为题的烛台

━ Info ━
地址：三里屯Village南区地库SLG10地下
电话：010-6415-2472
营业时间：10:00 - 22:00
网址：www.chinesedesign.org
前往方法：在橙色大厅乘手扶电梯到地下即到

LOMO咖啡店
鱼眼儿

又名"Fish Eye Café"，以LOMO为主题的装潢极为吸引人，连咖啡也大有来头。钟爱LOMO和美国咖啡文化的店主在筹备此店前，特意飞往三藩市和西雅图，花半年时间尝尽各式咖啡，最后发现三藩市的Ritual咖啡最令人着迷，于是将其引入咖啡店，全北京独有。

Ritual咖啡豆每周从三藩市空运，特别香浓正宗。店内还提供各式蛋糕甜品

吊灯用鱼眼照片拼凑而成，台上的图案表达LOMO+咖啡=Fish Eye Café的概念

墙上贴满LOMO照片，架上更放有多款LOMO相机

店面以蓝白为主色，非常抢眼

Info
- 地址：三里屯Village南区S1-18 1楼
- 电话：010-6417-2588
- 营业时间：10:00 - 22:00
- 网址：www.fisheyecafe.com
- 消费：约￥50/位
- 前往方法：Apple Shop附近，米兰站旁

露台是餐厅受欢迎的原因之一，晚上可在此欣赏三里屯一带夜色

简约前卫的室内环境，曾获奖无数

获奖无数
Element Fresh

开业以来不论食物、环境和服务均获奖无数，最近被《周末画报》评为最佳国际餐厅，并获《the beijinger》颁发的年度最佳餐厅殊荣。主打健康美食，除了大受欢迎的沙律及果汁，也提供多种创意亚洲和西式美食。

Classic Cobb，烤鸡胸、车打芝士、牛油果配上各种新鲜蔬菜。￥78

香蒜野生阿拉斯加三文鱼，配香饭

Info
- 地址：三里屯Village南区S8-31
- 电话：010-6417-1318
- 营业时间：10:00 - 23:00
- 网址：www.elementfresh.com
- 消费：约￥120/位
- 前往方法：南区8号楼，Toni & Guy旁

除了可从3.3 Mall旁进入那里，在同里旁也有条隐秘小巷

秘密的异国花园 02
那里花园

潜藏于三里屯Village的南北区交界处，是一幢4层高白色希腊风格小楼，一眨眼就会错过，名副其实的"那里"。开放式中庭格调，离开万人空巷的三里屯，未到黄昏已聚满老外在此度过欢乐时光。集合意大利、美国、印度、西班牙等各国风情餐厅，还有多间特色小店，没有一间是平凡的，像藏在三里屯中的秘密花园。

那里花园的建筑风格独特，让人感觉置身于地中海

夏天中庭设有露天茶座，在此可享受日光与夜色

MAP:P.175 D1

Info
地址：朝阳区三里屯路81号
前往方法：地铁10号线"团结湖"站A出口，沿工人体育场北路走约10分钟，在三里屯Village南区与3.3 Mall之间

北京现在有两家分店，三里屯店款式比较齐全

王菲捧场
American Apparel

明星名人热捧的美国时装品牌，据说王菲、莫文蔚都不时过来看看有没有新货。设计简单，以颜色多驰名，容易配衬不同造型，而且没有季节限制，因此一直是潮流达人至爱。店内货品价格虽然比美国贵，但粉丝朝圣仍值得逛。

就在那里花园的街角

Info
地址：那里花园1楼C101
电话：010-5208-6022
营业时间：11:00 - 16:00、18:00 - 22:00
前往方法：酒吧街对面，3.3 Mall旁

空运食材
Let's Seafood

　　香港人开的餐厅，海鲜全部空运进口，大西洋八爪鱼、法国生蚝、斯里兰卡老虎虾，挪威三文鱼等，都保持新鲜原汁原味。每款菜式分量都非常大，适合几个人一起分享。推荐各式海鲜、煎鱼柳和意粉等，均做得非常出色。

白葡萄酒海虹（￥78），青口非常鲜嫩多汁，加入香草的白酒忌廉汁香浓美味，蘸面包一流。分量大，一盘有30~40只青口，超值！

★I Can Tips
每款主菜均送自制烘焙面包，并设有自助酱料吧。若点招牌菜式更附送海鲜浓汤、柠檬香饭及煎薯。

香脆薯条，外层金黄酥脆，内里软绵，推荐配搭自制丹麦兰波奶酪酱及丹麦柠檬酱，清新美味。￥20

装潢简洁，阳光透进来感觉温暖明亮

店铺就在拐角处，深红色店门营造出欧陆的感觉

主菜送自制烘焙面包，推荐配搭自家制罗勒汁酱、干番茄酱和香蒜番茄酱

开放式厨房，空运进口的肥美海鲜非常吸引人

自助酱料吧选择极多，配搭薯条和面包一流

Info
地址：那里花园1楼D110
电话：010-5206-6038
营业时间：11:30 - 23:30
消费：约￥100/位
前往方法：从American Apparel转入那里花园即到

6寸厚手工汉堡
Let's Burger

　　Let's Seafood旁边的Let's Burger，与Let's Seafood属同一老板经营，主打特色手工汉堡，有近20款，全部精心手工制作，用料十足，很多外国人光顾。除了芝士牛肉汉堡等美式风味，还有神户鹅肝汉堡等特色配搭。同样设有自助酱料吧，另外推荐香滑奶昔和铺满厚厚芝士焗制的乳酪薯条。

Info
地址：那里花园1楼D101a
电话：010-5206-6036
营业时间：11:30 - 23:30
消费：约￥100/位
前往方法：中庭内，Let's Seafood旁

三里屯·工人体育场　建国门　潘家园　奥运场馆

天然手工包
D-SATA

　　主打原创设计的 Clutch Bag（女用无带提包），全采用天然或回收再造物料制造，从少数民族妇女手工编织的金丝草，到回收再利用的金属薄片等，并由东南亚手工作坊的妇女手工制作而成，既天然环保，又可帮助当地居民改善生计。

D-SATA的包包款式众多，设计时尚独特，全出自设计师CuR手笔

店内的首饰用天然材料

用金丝草及菲律宾天然材料T'Bolitin制，配有手挽金属链。￥550

店员推介天然材料 brown up加蛇皮包包，有粉红、紫、绿、蓝等供选择。￥1825

金丝草Clutch Bag，设计质朴。￥780

D-SATA全名是Dim Sum all the things of Asian，皆因CuR设计的包包形状酷似点心

Info

地址：那里花园1楼A116
电话：139-1091-2105
营业时间：13:00 - 21:00
网址：www.d-sata.com
前往方法：中庭内，Let's Seafood对面

各款矽胶蛋糕模造型有趣。￥169起

面积宽敞，是爱好下厨的人或烹饪入门者的寻宝地

魔法厨房
Pantry Magic

　　高级厨房用具专卖店，分店遍布欧亚，货品超过2000款，价格比其他地方低30%~40%，从碗碟、烘焙用品到朱古力火锅用具应有尽有。当中有很多贴心的烹调用具，即使厨艺一般的人都可做出美味。

矽胶隔热手套，耐用易清洁。￥105

Info

地址：那里花园1楼D108
电话：010-5208-6001
营业时间：10:00 - 21:00
网址：www.pantry-magic.com/beijing
前往方法：中庭内，Let's Seafood旁

水果可丽饼，新鲜草莓、杜果和香蕉口味，浇上甜甜的朱古力酱，滋味无与伦比。￥32

法式荞麦可丽饼
Crepanini

　　法国人开设的可丽饼店，用荞麦薄饼营造出地道的法国风味。推荐￥58的可丽饼套餐，可一次尝尽咸甜两种口味。本店还提供Panini（意大利传统三明治）、窝夫、雪糕、乳酪和蔬菜果汁。

普罗旺斯可丽饼，美味鸡肉薄片配上罗勒酱和香浓马苏里拉芝士，配搭清新。￥42

蓝白色配搭，别具地中海风情

设外卖服务，从窗户可看着身穿蓝白横条水手服的店员做可丽饼

日夜各有不同格调，洋溢地中海风情

▌Info▐
地址： 那里花园地下
电话： 010-5208-6092
营业时间： 周日至周四12:00-次日00:00；
　　　　　　周五、六12:00-次日02:00
网站： www.crepanini.net
消费： 约￥40/位
前往方法： 酒吧街对面，靠近三里屯Village北区

中药鸡尾酒
Apothecary

　　又名"酒术"，号称专卖治疗灵魂的酒。店内摆满各式试管和玻璃瓶，都是店主调制的中药浸酒和时令水果酒，其中蜜桃薄荷冰酒味道清新独特。这里的威士忌种类多，可以告诉店员自己喜欢的口味，让店员推荐或请调酒师调出贴心鸡尾酒。

店铺虽小，但气氛非常好，是把酒聊天的好地方

酒吧极受欢迎，平日也不时爆满需要等位

Dark and Old Fashion（右，￥70）和Americano（左，￥55），都加入中国药材或香料，但口味一点不奇怪，容易接受

▌Info▐
地址： 那里花园3楼
电话： 010-5208-6040
营业时间： 18:00-次日01:00
休息： 周一
消费： 约￥70/位起
前往方法： 3楼出电梯左转即到

三里屯·工人体育场　建国门　潘家园　奥运场馆

煎鲈鱼配蘑菇三吃。鲈鱼皮煎得香脆，肉质滑溜多汁

慢烤和牛小牛脸配腌李子与甜菜沙律根。牛脸肉经过12小时烤制，肉质软韧多汁

温暖的棕色和西班牙原木的纹理质感，营造出时尚的西班牙风情，让人感到舒适惬意

设有酒吧，提供70款顶级精选葡萄酒及传统西班牙开胃酒Sangri、Vermut preparado和星级鸡尾酒Ice Volcano等

墙上用酒瓶做装饰，非常独特

行政总厨Jordi Valles在巴塞隆拿长大，曾被《City Weekend》评为最佳厨师

Tips
Agua设有四道菜式的美宴，每位￥308，可一次尝尽西班牙新滋味。

星级西班牙菜
Agua

西班牙淘瑞汗和加太兰奶油。西班牙传统甜点，撒上糖粉的炸牛油面包，甜美可口

曾被北京权威杂志《City Weekend》评为"2009年度最佳餐厅"，主打当代西班牙菜，星级主厨Jordi Valles以传统西班牙美食配合当代烹调方法，为客人带来惊喜，备受中外传媒热捧。

传统南瓜汤配溏心水波蛋、香脆葱丝及意大利陈醋。南瓜汤香浓幼滑，配合葱丝香口清新。另提供自制烘焙松软面包配橄榄油

落地玻璃窗设计让阳光射进室内，添加天然的感觉

Info
地址：那里花园4楼
电话：010-5208-6188
营业时间：11:00 - 16:00、18:00 - 22:00
消费：约￥70/位起
前往方法：4楼出电梯左转即到

爵士情怀
丹堤小馆 03

位于"那里市场"，是间别有情调的酒吧。酒吧中央是摆放有钢琴的舞台，周末有现场爵士乐演出。店主是著名音乐人三宝的太太，曾为张艺谋多部电影配乐，很多音乐人都喜欢到此浅酌轻谈。酒吧也提供各种西式美食。 **MAP:P.175 D1**

丹堤梦想，像香蕉奶昔，不知不觉令人陶醉。
¥40

八点之后，薄荷牛奶味，入口清新。
¥30

平日酒吧也有桌球比赛、播放经典老电影等不同活动

"那里市场"解码
丹堤小馆所在的那里市场原称"那里"，是那里花园的前身。隐藏在小巷里，同样是地中海小屋建筑风格。虽然自那里花园开业后，不少人都移师过去，但仍有不少颇具特色的餐厅酒吧留守，深得熟客钟情。

提醒你
酒吧播放爵士音乐，配合原木与深紫色的装饰，格调舒适

Info
地址：朝阳区三里屯北街里那里市场1201号
电话：010-6415-8539
营业时间：16:00 - 22:00
消费：约¥50/位
前往方法：地铁10号线"团结湖"站A出口，沿工人体育场北路走约10分钟到三里屯Village，再沿三里屯酒吧街走到那里市场，在Alameda旁

法国品位图书馆
Le Petit Gourmand 04

藏书近万本的法国餐厅，气氛优雅，书本除了供客人阅读，会员更可借走。很多当地人喜欢带上手提电脑在此上网看书喝咖啡，品尝甜品或可丽饼，消磨一个下午。餐厅也提供多款法国美食，晚上在此品酒用膳，更富法国情调。 **MAP:P.175 C1**

餐厅也提供多款法国红酒及特色鸡尾酒

欧伯利，蛋糕的香浓朱古力外层不甜且带点可可的苦涩味，层层丰厚的蛋糕内有香脆核桃，配上附送的蜜桃口味清新。¥40

另一边全落地窗户设计，白天阳光充沛，晚上可欣赏窗外夜景

同里——三里屯新聚点
Le Petit Gourmand身处的同里，是三里屯的新酒吧街，取"胡同里面"之意。同里是4层高的小楼，内有不少特色餐厅，白天是休闲咖啡店，入夜后霓虹初现，露天酒吧布满小巷，而楼上酒吧则多设有玻璃天幕，气氛极佳。

提醒你
既是餐厅也是图书馆，藏书超过9000本，以法文小说为主。入会便可借阅书本一星期，会费¥300/年，¥150/半年，捐6本约10厘米厚的法文书也可换取半年会籍

Info
地址：朝阳区三里屯北街43号同里3楼
电话：010-6417-6095
营业时间：10:00 - 次日01:00
消费：约¥60/位
前往方法：地铁10号线"团结湖"站A出口，沿工人体育场北路走约10分钟到三里屯Village，在3.3 Mall旁边（大厦入口在餐厅MUSE旁）

《BAZAAR》推荐
05

Nicolas Favard

首饰店兼工作室，专为客人度身定制首饰。设计师Nicolas Favard出生于法国，16岁开始学习首饰设计。他的作品使用多种材质，如金、银、铂和宝石，作品形态千变万化，国际时装杂志《BAZAAR》都曾推荐，很多人都特意来定制婚戒。

MAP:P.175 C1

戒指的形态不规则，充满惊喜

Info
地址：朝阳区三里屯北路28号
电话：010-6413-0818
营业时间：11:00 - 20:00
网址：www.nicolasfavard.com
前往方法：三里屯Village北区的西北角，在"小曼谷餐厅O茶坊"旁

Nicolas会根据客人的身高、体形、脸形、年龄甚至性格，打造独一无二的配饰

店面装潢简洁，Nicolas说静中带旺的三里屯北路给他创作灵感

北京最著名
三里屯酒吧街
06

三里屯最深入民心的形象就是酒吧。三里屯酒吧街始于1995年两位留学日本归来的青年，自他们在这里开设首家酒吧后，各式酒吧纷纷进驻，至今已达数十家。每到晚上便夜光四射，各家酒吧店员走到街上招徕，音乐声响彻整条三里屯路。

MAP:P.175 D1-D2

Info
地址：朝阳区三里屯路
前往方法：地铁10号线"团结湖"站A出口，沿工人体育场北路走约10分钟即到，位于三里屯Village旁

三里屯中的三里屯
3.3 Mall
07
MAP:P.175 D1

位于三里屯33号，"3.3"寓意三里屯中的三里屯，是新兴的创意商场，商场面积达3.3万平方米，地面5层、地下3层。里面集合了不少年轻人开设的店铺，出售时装及潮流小物品。

Info
地址：朝阳区三里屯路33号
电话：010-6417-3333
营业时间：11:00 - 20:00
网址：www.3d3.cn
前往方法：三里屯酒吧街对面

人气商住社区
三里屯SOHO
08

位于工人体育场北路侧、三里屯Village对面的大型发展项目，由5个购物中心、5幢写字楼及4幢住宅组成。下沉式花园广场和旱冰场将整个区域连接起来，成为北京最具人气的商业街及休闲广场，增添三里屯的魅力。

MAP:P.175 C2

Info
地址：朝阳区工人体育场北路8号
电话：010-5900-8787
营业时间：11:00 - 20:00
前往方法：三里屯Village南区对面

橙黄色调配合广阔夜空，营造出醉人的情调

Red Flamingo，Q Bar的招牌马丁尼。¥60

露台上的马丁尼 09
Q Bar

　　开阔的露台是Q Bar的卖点，立体派装饰风格的装潢，极具特色。Q Bar 的Martini在北京酒吧之中数一数二，两位店主原是经验丰富的调酒师，对调酒要求极高，设计出多款独家的Martini。夏日在此边俯瞰三里屯景色、边喝Martini，是不少北京上班族工作过后的追求和享受。

MAP:P.175 D4

包厢前卫的装潢配合柔和灯光，令人恍如置身未来

Info
地址： 朝阳区三里屯南路逸羽酒店6楼
电话： 010-6595-9239
营业时间： 18:00 - 次日02:00
网址： www.qbarbeijing.com
消费： 约¥100 / 位
前往方法： 地铁10号线"团结湖"站D出口，沿工体北路走5分钟，再沿南三里屯路往南走15分钟即到

Q Bar的露台极有格调，是城中的人气露台酒吧

超过30款比利时啤酒 10
Beer Mania

　　店内提供超过50款来自世界各地的啤酒，其中超过30款来自比利时，很多酒款在北京其他地方都找不到。例如全球仅有7款的比利时修道士啤酒，Beer Mania就有5款，啤酒迷来此必定疯狂。

MAP:P.175 D3

比利时啤酒Leffe。¥45

© Leffe

酒吧设有投影电视，每逢直播热门球赛一定全场爆满

Info
地址： 朝阳区三里屯南路16号泰悦豪庭酒店1楼
电话： 010-6585-0786
营业时间： 18:00 - 深夜
网址： www.beermania.cn
消费： 约¥100 / 位
前往方法： 地铁10号线"团结湖"站D出口，沿工体北路走5分钟，再沿南三里屯路往南走15分钟即到

Beer Mania的啤酒选择极多，吸引了啤酒迷们慕名而来

星级餐饮地带

1949 - The Hidden City

11

1949 - The Hidden City由香港设计师浦礼明操刀，过往作品包括"上海浦东夜上海"，灵感源自北京都市品位及传统文化的转变

　　隐藏在高楼大厦之中的秘密花园。原址是1949年成立的北京机电院工厂，现在改造成聚集多间著名餐厅、酒吧、私人会所，甚至画廊的餐饮乐园。由10栋连贯包围的楼房组成，总面积达4000平方米。大部分餐厅酒吧仍保留旧有的高天花板、红砖墙、外露横梁、橡木地板等特征，与新增的庭院和花园搭配协调。里面中、西、日菜俱备，环境气氛极佳，广受传媒报道，2008年开业以来一直是北京的时尚地标。

MAP:P.175 D3、E3

Info
地址：朝阳区工体北路太平洋百货南门对面
电话：010-6501-1949
网址：www.elite-concepts.com
前往方法：地铁10号线"团结湖"站D出口走约5分钟

精选重量适中的鸭，用果木烤成，鸭肉流露果木甘香。￥198/只

星爷捧场
全鸭季

装潢古色古香，片烤鸭前服务员还会打锣以告宾客，让人恍如回到古代

　　北京最时尚的烤鸭店，用传统烤鸭的材料及香料，结合法式的烹调手法，做出香气四溢的烤鸭。不设分店，因此每晚均座无虚席，连周星驰、李泽楷、张曼玉、章子怡等都曾是座上客。

Info
电话：010-6501-8881
营业时间：11:30 - 14:30、18:00 - 22:30
消费：约￥150/位

瓦伦西亚米饭 ￥198

地中海工厂
Taverna+

　　主打地中海菜式以及多款葡萄酒，由旧工厂改造而成，楼顶特高，衬托橡木地板，结合古旧与现代化格调。用膳区旁设有开放式厨房，现场更有乐队表演。

餐厅装潢是现代与历史的结合

Info
电话：010-6501-8882
营业时间：11:00 - 22:30
消费：约￥150/位

即点即制拉面
面吧

　　拉面专卖店，有牛腩、牛杂、牛筋三款配料供选择。U形的吧台只有24个座位，所以每天中午均排队。拉面都是即点即制，在吧台可欣赏师傅现场拉面，拉出来的面条特别筋道，牛腩软软、汤头浓郁。

拉面即点即制，所以格外爽滑筋道

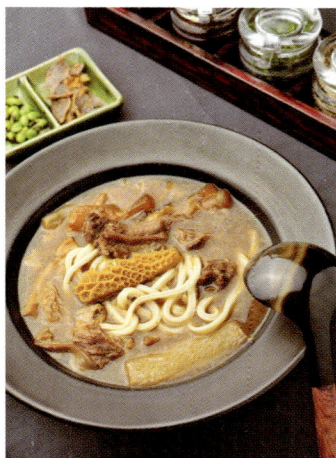

牛杂拉面，赠多款前菜和乌龙茶，超值。¥48

Info
电话：010-6501-1949
营业时间：11:00 - 22:C0
消费：约¥70 / 位

户外啤酒花园
井吧

　　由古老消防井改造而成，庭园与迷幻灯光结合的户外啤酒花园。在绿树下享受冰冻啤酒，是最贴近大自然的享受。

由消防井变身的圆形吧台

Tips I Can
注意酒吧在天气太冷的日子会暂时关闭。

Info
电话：010-6501-8883
营业时间：11:00 - 15:00、17:30 - 23:00
消费：约¥70 / 位

现代居酒屋
Toro Bar

装潢极富现代感，在此享用日本料理别有一番风味

　　在传统居酒屋形式中加添现代感，严选食材制作出风味绝佳的日本料理。落地玻璃可饱览庭中美景，配以特选清酒，和风滋味十足。

Info
电话：010- 6501-8883
营业时间：11:00 - 15:00、17:30 - 23:00
消费：约¥150 / 位

市区艺术展场
Gallery 49

　　画廊展示当代青年艺术家的作品，也是在北京市区内欣赏艺术作品的首选场所。开放的视觉艺术氛围，令人在享受美食之后，心灵亦得到满足。

充分运用室内和室外空间，展示当代青年艺术家的作品

Info
电话：010-6501-1949
开放时间：11:00 - 21:00

工体内开设了A.hotel，附近餐厅酒吧林立

工体外围地方广阔，更设有人工湖，景色优美。很多餐厅都是独栋大楼甚至附设庭院，隐秘性高，因此成为名人夜游的热点

名人餐饮夜间热点
工人体育场 12

简称"工体"，1959年落成，是北京十大建筑之一，也是当时中国规模最大的综合性体育场，已成为附近一带地标，四周几条主要道路均以其命名。

现在的北京工人体育场，已变成拥有24个看台、可容纳6万名观众的大型场馆。除举办各项体育比赛外，也是中外歌星举行演唱会的首选场地，每到冬天更变成市内最受欢迎的滑冰场。近年工体附近开了很多特色餐厅和高级夜店，是王菲、李亚鹏等名人的娱乐首选，成为北京的夜间热点。

MAP:P.175 A2-A3、B2-B3

北京首家水族馆富国海底世界就在工体附近

Info
地址：朝阳区工人体育场
前往方法：地铁10号线"团结湖"站A出口，沿工人体育场北路走约20分钟，到工人体育场西路，再往南走约15分钟，在鹿港小镇左转走约3分钟即到

玻璃天幕、落地窗户，景致开阔

神圣的日子，带有清香果汁味，入口清新。￥35

绿茶芝士蛋糕，有柔滑香浓的绿茶味，是意想不到的美味。￥28

公园茶吧
Park COCO 13

人气夜店Coco Banana的姊妹店，隐藏在绿树丛中，建筑风格开阔，全玻璃天幕，配合整幅落地窗户，感觉就像置身公园之中。店内饮品供应非常多元化，从雅致的功夫茶，到各式餐酒及鸡尾酒一应俱全，不论白天和夜晚都是极佳去处。

MAP:P.175 A3

酒吧被绿树包围，正如其名像个公园

餐厅藏酒量丰富，同时也提供功夫茶

Info
地址：朝阳区工体西路13号
电话：010-6553-3586
营业时间：12:00 - 次日04:00
消费：约￥60/位
前往方法：在工体100左转走约3分钟即到

炭色粳米,是新式粳米饭团,配上腌过的萝卜、木耳、西芹等配菜,有三种不同口味。¥68

云南乳酪柚子软壳蟹,软壳蟹炸得外层香脆,内里肉质保持鲜嫩。¥98

白梨核桃青芥末,清爽白梨配上香脆核桃及奶酪,口感非常清新。¥98

黑色长餐台,恍似艺术长廊

那一年的秋天落叶烤茄子,把巨型茄子掏空当碗,茄子蓉配上肉粒、果仁,属新式家常风味。¥138

别有洞天
紫云轩 ¹⁴

一踏进紫云轩,恍如走进一个艺术空间。从天花板、地板、树枝到高墙,甚至文雀、鸟笼都是一片静白,中央放上的黑色长台,更显室内的空间感。紫云轩主人锦儿是著名的洋琴、古筝演奏家,也擅长室内设计,店内的装潢、家具、摆设,以至餐具均由她细心挑选,充满艺术气息。

菜单分一幕、二幕、三幕,就像舞台演绎,从菜名、卖相到味道均为客人带来惊喜。食物以来自世界各地的香草调味,完全不含味精,以发挥食材的天然美味。开业10年以来,不断研创出令人赞叹的菜式,曾获《Time》评选的"中国首位星级名厨"的美誉。

MAP:P.175 A3

茶食花器茶霜淇淋,令人欲罢不能的自制雪糕,有黑芝麻、草莓、蓝莓和绿茶口味。¥98

鸟笼支架设计得特别宽,让文雀可以自由出入

店铺大门毫不起眼,内里却别有洞天

姜茶,餐厅根据季节为客人准备不同的茶,一切从品茶开始

Info

地址: 朝阳区工体西路6号
电话: 010-6552-8310
营业时间: Lunch 11:30 - 14:30、Tea 14:30 - 18:00、Dinner 18:30 - 23:00
网址: www.green-t-house.com
消费: 约¥300/位
前往方法: 在工体100旁

昏黄的灯光配以佛像、中式木椅和植物，将丝路各国的风情配搭成独特格调

丝路文化餐吧 15
FACE

由旧学校改建而成，以丝绸之路为主题，放满中、印、泰的古董和艺术品，渗透出丝路的文化气氛。楼高3层，集合了由旧课室改建而成的多间餐厅和酒吧，分为印度餐区Hazara、中菜餐区Jia、泰菜区Lan Na Thai和宾馆，每区都有主题装饰，菜式集合昔日丝路沿途各国代表，成为工体最时尚的餐饮代表。

MAP:P.175 B4

吧台上的牌匾极富中国传统色彩

晚上庭园灯光柔和，在露天茶座用餐气氛极好

Info

地址：朝阳区工体南路东草园26号
电话：010-6551-6788
营业时间：12:30 - 14:30，17:30 - 22:30
消费：约¥100/位起
前往方法：Melody KTV对面，从富国海底世界走约15分钟

柔和灯光与酒吧内散发的印度香薰，令人心情放松

将传统中式架子床改造成小型包厢，够私隐

中式院子融合丝路多国文化的元素

餐厅供应多款正宗的北印度美食

小豆蔻，印度人习惯在饭后嚼点小豆蔻瓣，以清除口气及帮助消化

北印度风味
Hazara

Hazara名字源于印度的一个部落。菜式汇集北印度各种美食，包括健康的乡村风味和精致的宫廷菜式。

泰式海鲜
Lan Na Thai

　　"Lan Na"的意思是充满谷物的田地，也是泰国北部一个地区的名字，提供地道泰国菜式，各式海鲜均是其招牌菜。

咖喱蟹，香辣美味的咖喱与鲜甜蟹肉配搭绝佳

独特色调与墙上的泰国雕刻，令环境弥漫浓厚气氛

大江南北菜
Jia

　　环境古色古香，用上中国传统仿古陶瓷制品餐具。提供来自中国大江南北的菜肴，包括粤菜、沪菜、京菜等，吃尽中华文化的精粹。

中国传统家具配以水晶灯，流露出时尚的气息

装潢恍如古代的富家大宅

集合原木屋顶与横梁的中国建筑特色

大厨烧烤酒上烧酒时烈火升腾，全场客人立刻鼓掌

¥168大厨即制自助餐 16
大渔铁板烧

　　提供¥168的日式自助铁板烧套餐，大厨在客人面前亲自烧烤烹调，套餐包括鱼、虾、蚝等各类海鲜及扒类，还有鱼生、寿司任意食，还包括两款酒水任饮，因此深受游客欢迎。

MAP:P.175 C2

烧鸡扒，烧烤时滤掉油分，毫不油腻，而且肉质鲜嫩

厚切牛扒，鲜嫩而肉汁丰富

大渔有多间分店，工体店可饱览附近一带景色

烤生蚝，虽然生蚝不算巨型，但是鲜味可口

Info

地址：朝阳区工体东路丙2号美林大厦3楼
电话：010-8587-1180
营业时间：11:00 - 22:30
消费：约¥200 / 位
前往方法：工人体育场东门对面

云南艺术风味
茶马古道 17

　　由中国当代著名画家方力钧开设的云南菜馆，备受中外杂志和旅游指南的热捧。餐厅为顾客提供云南大部分少数民族的特色美食，包括白族、纳西族、藏族、傣族等，食材大多从云南运来，可一次尝尽云南各地风味。丰富菜式配合设计独特的装潢，是令人回味的餐饮享受。

`MAP:P.175 A3`

薄荷油炸牦牛干巴，使用云南的野生菜，新鲜健康。￥58

透过落地玻璃窗，可欣赏室外写意景致

玫瑰乳扇糊辣虾，乳扇是云南的乳制品，加入玫瑰糖便散发出清甜乳香，配上辣虾有双重口味。￥68

冰柠普洱茶，加上青柠的普洱茶，清新消滞。￥26

云南正气气锅鸡，炖汤鲜甜滋补，那鸡肉更尽吸汤料的精华。￥38

露天茶座在网球场旁

工体北侧开了许仙楼、顺风123和茶马古道，都是新派地方菜餐厅

Info
地址: 朝阳区工体西路工人体育场西门院内
电话: 010-8580-4286
营业时间: 10:00 - 次日00:00
消费: 约￥150/位
前往方法: 在工人体育场西门

优雅杭州菜
许仙楼 18

Info
地址: 朝阳区工体西路工人体育场西门院内
电话: 010-6551-8812
营业时间: 09:00 - 23:00
消费: 约￥150/位
前往方法: 在工人体育场西门

　　餐厅门前波光粼粼的水池矗立着纯白色的许仙雕像，落地玻璃窗明亮透彻，每层都有伸出楼外的露台，气质清雅脱俗，吸引众多明星捧场，连李亚鹏和王菲也经常在此为电影或演唱会庆功。主打杭州菜，口味传统淡雅，招牌菜包括神仙鸡和东坡肉。

`MAP:P.175 A3`

装修精致，难怪会成为明星的饭堂

设有3层高空中酒窖，可交由服务员代取酒

餐厅装修华丽，富有格调，就连腊肠狗形的筷子托都精致过人

名人饭堂 [19]
茉莉

　　冯小刚电影《非诚勿扰》的取景地，也是名人饭堂，王菲、莫文蔚、那英、吴宇森都曾来一尝。2008年奥运期间，更接待过美国总统和奥运代表，被美国奥委会CEO称为史上最好的美国之家。餐厅提供各式中式创意菜，健康养生。采用Art décor建筑风格，屋顶是独立的空中花园，餐厅内的落地玻璃窗将湖中美景尽收眼底。　**MAP:P.175 B3**

无锡酱烤骨，酱汁美味，肉质嫩滑，入口即化。￥86

楼高3层，2、3楼层是私人派对场所，很多名人均在此开派对

临湖的建筑，让客人用膳时可欣赏湖景

绿茶麻油醉春鸡，绿茶、麻油和黄酒味道非常配合。￥68

蟹粉焖伊面，甘香蟹粉配滑溜伊面，令人非常满足。￥66

贵妃灯笼鸡，肉质嫩滑清香，色香味俱全。￥136

Info
地址: 朝阳区工体东路东门院内10号看台对面
电话: 010-6553-8608
营业时间: 周一至周五11:00-22:30；周六、日11:00-次日00:00
网址: www.beijingjasmine.com
消费: 约￥150/位
前往方法: 在工体东路，入口在中国银行对面

服务专业，设备先进，带来五星级的享受

五星级欧陆格调 [20]
I.O. Spa

　　　欧洲风格建筑，配色调柔和的古典家具，打造出纯正的欧洲品位。店内全是外籍专业理疗师，采用意大利 Essetika Spa 的多功能水疗床，也有欧美流行的水床，躺在床上就可以达到美容和放松的效果，是真正的五星级享受。　**MAP:P.175 B3**

Info
地址: 朝阳区工人体育场东门院内
电话: 010-6553-1666
营业时间: 10:00 - 次日02:00
前往方法: 在茉莉餐厅旁

艺术土家菜
三个贵州人 [21]

　　店主是3位来自贵州的艺术家，打造出充满艺术气息的餐厅。店内挂有不少艺术作品，配以各式苗族装饰摆设，交汇出富少数民族风情的民族氛围。餐厅主打贵州土家风味，贵州菜偏酸辣，味道较浓，有别于一般菜的口味。

MAP:P.175 B3

折耳根炒腊肉，爽口折耳根配香浓腊肉，十足地道风味。￥35

农家茄子，香炸茄子上布满辣椒，辛辣无比。￥38

装修华丽，墙上缀以艺术作品及苗族装饰

酸汤鱼酸而味道醇厚，鱼肉新鲜肥美

酸汤锅底（￥30）配乌江鱼，是餐厅的招牌菜，材料从贵州新鲜空运。￥78/斤

▌Info▐
地址：朝阳区工体西路8号2楼
电话：010-6551-8517
营业时间：24小时
消费：约￥100/位
前往方法：在富国海底世界旁，COCO Banana旁边电梯直达

最赏心悦目的古宅
有璟阁 [22]

　　建筑主体原是一座220年历史的徽州大宅，店主特意从江西把房子分拆运到北京，再将数百根香樟木桩重新搭建，经多位风格各异的设计师打造成现在的模样，曾被《周末画报》评为最赏心悦目的创意特色菜餐厅。餐厅菜式中西合璧，在粤菜、川菜、西餐上作大胆的创新变化。

MAP:P.175 B3

露雪茶，入口清甜滋润。￥36

6米高的横梁顶立在大厅，古色古香

托斯卡纳红酒小羊排，肉质幼嫩，红酒汁芳香浓郁。￥138

鲜草莓穿心莲沙拉，卖相极佳，蔬果新鲜润泽。￥48

湖畔的户外用餐处自然休闲，2楼则是艺术画廊

▌Info▐
地址：朝阳区工人体育场内12看台对面
电话：010-6551-1636
营业时间：11:00 - 23:00
消费：约￥100/位
前往方法：从工人体育场东门进入，左转后走约5分钟即到

气氛最棒
Cargo

23

门外的七彩荧光波点墙在工体一带夜店中最为注目，以先进灯光系统及色彩斑斓的LED幕墙做招徕，营造出极迷幻的气氛。Cargo请来外国著名DJ驻场，音乐走House路线，每逢周末必然爆场。

采访当日刚好是Cargo五周年纪念，门外放了一个大5字

MAP:P.175 A3

Info
地址：朝阳区工体西路6号
电话：010-6551-6878
营业时间：20:00 - 深夜
消费：约￥200 / 位
前往方法：在工体100内

明星聚点
唐会

24 **MAP**:P.175 A3

这是最早进驻工体西路的夜店之一，占地2200平方米，是北京最具人气的大型夜店。音乐以House（浩室）和Hip Hop为主，经常邀请国际级DJ打碟，吸引众多北京红星，包括李嘉欣、王菲、那英等捧场。

Info
地址：朝阳区工体西路6号
电话：010-6552-8888
营业时间：20:30 - 深夜
网址：www.tangh365.com
消费：约￥200 / 位
前往方法：在工体100内

国际顶级DJ驻场
Coco Banana

25 **MAP**:P.175 B3

近年大热的夜游点，是北京名人夜店Banana的姊妹店，连王菲和李亚鹏都慕名而至。Coco Banana的音乐在俱乐部界中数一数二，不时邀请世界各地的顶级DJ驻场打碟，开业party更邀请了国际殿堂级DJ Tiesto助兴。

Coco Banana的音乐在北京夜店之中评价极高

Info
地址：朝阳区工体西路8号1楼
电话：010-8599-9999
营业时间：21:00 - 次日04:00
消费：约￥200 / 位
前往方法：从富国海底世界走约10分钟

玻璃屋官府菜
唐廊

26 **MAP**:P.175 B3

隐藏在林荫密布院子中的玻璃屋，内部装修中西合璧，巨型水晶灯、环水池、红色纱窗，柔和写意。餐厅主打官府菜，菜式卖相精致，其中水晶鸭肝、芥末鸭掌和北京烤鸭都口碑极好。

Info
地址：朝阳区工人体育场南门
电话：010-6501-1166
营业时间：10:30-22:30
网址：www.cnlounge.com
消费：约￥150/位
前往方法：从富国海底世界走约5分钟

调色板甜品拼盘，甜品是这里的亮点，用7种颜色、口味不同的甜品拼成，按时令变换款式，有意式传统的，亦有加入中国特色的创作。￥120

米其林二星意菜
River Club

27 MAP:P.173 C2

餐厅总部在意大利名为Piccolo Lago，始创于1974，是意大利十大顶级餐厅之一，曾获米其林二星殊荣。第二代掌门人与星级大厨Marco Sacco于2010年在北京开设River Club，乃Sacco家族的全球第二家餐厅，引来全京城关注，刚一开业即获《Time Out北京》的2010年最佳新餐厅殊荣。

行政总厨Andrea Tranchero国际知名，曾为意大利大使馆烹调官宴

River Club是中国首家米其林大厨开设的餐厅

蒜香辣椒意大利面配虎虾，意粉香辣有嚼劲，虾肉鲜美。￥148

餐厅饰以白色横条纹及黑色对比做主题，令人眼前一亮

餐厅设在亮马河畔，可饱览河堤景色，因此命名为River Club

在玻璃幕墙上设私人酒窖让客人存酒，尊贵非常

黑鳕鱼配皮耶蒙特酱，鳕鱼嫩滑得入口即化，配合香浓酱汁及烤香蕉，独特美味令人难忘。￥168

Info

地址：朝阳区麦子店西街53号
电话：010- 6508-0667
营业时间：10:30-22:30
网址：www.riverclub-restaurant.com
消费：约￥400/位
前往方法：地铁10号线"农场展览馆"站A出口，转乘出租车，约￥10，富驿时尚酒店东侧

三里屯·工人体育场

建国门

潘家园

奥运场馆

国际商贸核心

建国门

　　建国门是北京二环路的重要枢纽，也是北京CBD（Central Business District）商圈的核心。附近一带大型商厦林立，建外SOHO、朝外SOHO、SOHO尚都、双子座大厦、国贸三期、世贸天阶、新光天地等现代化建筑数之不尽，与北京千年古都的形象截然不同。

　　在众多现代化商厦之中，有汇集国际名牌的大型商场、小资格调的餐厅、国际品牌的酒店，也有展现老北京风情的饭馆，吸引游客走进这个商业核心。

交通　地铁1、2、10号线。

建国门周边示意图

N

KFC

SOHO现代城

	01	世贸天阶	电话：010-6587-1188	营业时间：10:00-22:00	同场推介：CJW

05 建外SOHO
开放时间：外部随时参观

09 国贸三期
电话：010-6505-2288

02 花家怡园
电话：010- 5128-3326
营业时间：10:00-22:00

06 藏书馆咖啡
电话：010-5869-3396
营业时间：08:00-23:00

10 朝外SOHO
开放时间：外部随时参观

03 盛世楼饭庄
电话：010-8599-2473
营业时间：11:00-21:00

07 秀水街
营业时间：10:00-21:00

11 古观象台
电话：010-6524-2202
开放时间：09:00-16:30

04 新光天地
电话：010-6530-5888
营业时间：10:00-22:00

08 Café Flatwhite
电话：010-5169-9156
营业时间：10:00-22:00

提醒你

建国门附近地标一览

1.中央电视台（新址）

中央电视台总部大楼新址，由德国名建筑师Ole Scheeren（张曼玉男友）设计，前卫的外形被美国《时代》杂志评选为2007年世界十大建筑奇迹之一，但当地人则戏称其为"大裤衩"。
大楼原定2009年启用，但2009年初，因有人私放烟花而引发副楼大火，其后一直进行修复工程，工程预算更由最初的50亿元攀升至近200亿元。2010年年底，主楼首次开启景观灯。

Info
地址：朝阳区东三环中路32号
前往方法：地铁10号线"金台夕照"站C出口

2.SOHO现代城

SOHO现代城是SOHO中国的第一个项目，结合商店、办公室和住宅公寓。1998年正式销售时，其销售总额约40亿元人民币，并且连续两年获得北京市房地产单年项目的销售冠军，从此开创中国的SOHO神话。

Info
地址：朝阳区建国路88号
网址：www.sohochina.com
前往方法：地铁1号线"大望路"站B出口

3.双子座购物中心

位于东长安街上，由韩国企业LG公司投资4亿美元兴建，主要为办公室与购物中心。由美国著名建筑公司SOM设计，外形以韩国LG集团LOGO为蓝图，结合中国古代城墙与现代科技气息。商场分为国际品牌旗舰店区、时尚流行服饰区及高级商务会所与特色餐饮区。

Info
地址：朝阳区建国门外大街21号
电话：010-5120-8500
前往方法：地铁1号线"永安里"站C出口，走约5分钟即到

4.秀水2号

位于世贸天阶对面，商场会集港、日、韩、欧美的时尚潮流，里面的特色小店琳琅满目，精美独特的小商品让人眼花缭乱，是年轻一族的淘宝胜地。

Info
地址：朝阳区秀水街2号
营业时间：11:00 - 21:00
前往方法：地铁1号线"永安里"站B出口，沿东大桥路走约15分钟即到

三里屯、工人体育场　建国门　潘家园　奥运场馆

天天向上看
世贸天阶 01

最大特色是其长达250米的巨型LED电子天幕，商场开业时就以"全北京向上看"为标语，引来全京城注目。2007年开业，总面积22.8万平方米，由南北两翼商业廊和两座写字楼组成，商场汇集众多国际品牌店，有ZARA中国旗舰店、全国首家adidas Originals概念店等。

MAP：P.200 B1

天幕全长250米，用6个电视屏组成，总造价超过2.5亿元人民币，由曾获奥斯卡及艾美奖的舞台大师Jeremy Raliton设计，目前只有拉斯维加斯的天幕可与其相比

白天是平凡的天幕广场，两旁便是世贸天阶的商业廊和各式餐饮设施

天幕每天18:00开始放映，每半小时有不同主题的动画影片，包括八大行星、未来城市、女娲补天等，据说只要发短信到相关部门，还可用作祝福示爱

人气火锅店新沸腾鱼乡在此也有分店

Info
地址：朝阳区光华路9号东大桥路东侧
电话：010-6587-1188
营业时间：10:00 - 22:00
网址：www.theplace.cn
前往方法：地铁1号线"永安里"站B出口，沿东大桥路徒步约10~15分钟即到

爵士雪茄吧
CJW

"CJW"即是Cigar雪茄、Jazz爵士乐、Wine葡萄酒的简称。集精致西餐厅、爵士乐酒廊和极品雪茄房于一身，面积1700平方米，装修中西合璧，极富品位。《周末画报》、《the beijinger》、《Time Out》等多份权威杂志均极力推荐

西方剧院式的7座包厢既私密又可看到舞台上的乐队表演，十足贵族享受

CJW摄

餐厅设有舞台，每晚均有美国爵士乐现场表演

CJW摄

设计融东、西方，古典与现代于一体，富丽堂皇

CJW摄

Info
地址：世贸天阶L-137号
电话：010-6587-1222
营业时间：11:30 - 次日00:30
消费：约¥100/位
前往方法：位于广场天幕北侧

201

梅姐命名的招牌菜 02
花家怡园

　　虽然开业只有短短二十多年，但花家秉承宫廷菜的传统，改良四大名菜，改良民间传统菜式，创出时尚新派菜，1988年在东直门开设首家四合院餐厅，现已成为北京首屈一指的明星餐馆，其中招牌菜"怡园霸王鸡"更由已故影星梅艳芳命名。位于SOHO尚都顶层的是新店，居高临下景致一流。

MAP: P.200 B1

霸王鸡名字的由来

怡园霸王鸡由梅艳芳命名。已故影星梅艳芳在2002年曾来花家怡园用餐，花家厨师特别创作一道鸡的新菜招待，味道带少辣，麻酱够香但不会太稠，配以小吃如面条、麻花、青瓜和生菜，素和荤分量平衡。梅姐吃后大赞，连称："此鸡霸道"，从此成为花家的明星菜。

提醒你

京都胡同拌菜，味道清新。¥26

怡园养生佛跳墙，鸡蛋素汤羹，汤羹质感嫩滑，雪耳爽口。¥48

招牌菜怡园霸王鸡，鸡肉嫩滑不在话下，配上香浓麻酱以及多种配菜，吃法新鲜。¥28 / 半份

安格斯牛肉爆虾，以鲜果伴碟，精致细腻，绝对得到女士的欢心。¥30

餐厅位于SOHO尚都顶层，放眼四周尽是摩天大楼

花家怡园所在的SOHO尚都，外形像随意叠起来的积木

Info

地址：朝阳区东大桥路8号SOHO尚都5楼
电话：010-5128-3326
营业时间：10:00 - 22:00
网址：www.huajiacai.com
消费：约¥100 / 位
前往方法：地铁10号线"金台夕照"站A出口，走约15分钟即到SOHO尚都

"这边儿请了您呐"

盛世楼饭庄 03

MAP: P.200 D1

一入门便听见穿着整齐唐装的店小二满口京腔嚷着："这边儿请了您呐"，像走进古代的饭庄。除了装修气氛京味十足外，菜式亦做出传统的老北京风味，而且收费便宜，非常受本地人欢迎。可惜饭馆所在的建筑3年后就会被拆迁，所以想一尝其滋味就要趁早！

京腔"您呐"解释

"您呐"是老北京人常用的礼貌用语，没有特别的意思，例如如"吃了吗您呐"、"瞧好吧您呐"。"蹭油嘞您呐"，是请人让路时说，特别是拉车、赶路或拿着重物时常用，意思是我拿着带油的东西，请躲开免得蹭你一身。

提醒你

炸咯吱，将绿豆面炸至金黄色，外焦内软，蘸蒜汁酱油吃，非常香。¥18

羊麻豆腐，即羊油炒麻豆腐，配上辣椒，喜欢吃羊膻味的必尝。¥18

京糕梨丝，酸甜山楂京糕配清爽鸭梨丝，清甜滋润，一尝难忘。¥12

服务员都身穿古代店小二服饰，上菜时会大叫"来了"，客人离开时更会说"走好了您呐"，非常卖力

店小二经常逗玩笼内的鹩哥，鹩哥还会说"恭喜发财"。

饭庄楼高两层，因为城区重建，3年后就会被拆迁

装潢古朴，并播放相声背景音乐，一片古色古香

Info

地址：朝阳区金台里21号
电话：010-8599-2473
营业时间：11:00 - 21:00
消费：约¥40/位
前往方法：地铁1号线"大望路"站A出口，沿西大望路及金台路往北走约15分钟即到

名牌集中地

新光天地 04

MAP: P.200 D2

由台湾新光三越百货公司与北京集团联合经营，汇集Gucci、Prada、Versace等国际名牌和商户。当中最受注目的是法国顶级美食品牌Fauchon的3层餐厅与商店，出售法式甜点、鱼子酱、鹅肝、葡萄酒等，极受当地名媛欢迎。秉承台湾新光三越特色，场内还设有大型就餐区和超市。

新光天地毗邻JW万豪、Ritz-Carlton等大酒店，很多游客夜里回酒店前都会到此逛逛

Info

地址：朝阳区建国路87号华贸中心
电话：010-6530-5888
营业时间：10:00 - 22:00
网址：www.shinkong-place.com
前往方法：地铁1号线"大望路"站A出口

三里屯·工人体育场 建国门 潘家园 奥运场馆

建外SOHO行人道宽阔，一片片白色矮楼，有迷宫的感觉

现代白迷宫
MAP: P.200 B2、C2

建外SOHO
05

位于CBD核心区国贸中心的南边，由SOHO中国集团建设，日本著名建筑师山本理显设计。分为东、西两区，中间用公园分隔。商店林立，咖啡馆、火锅店、美容院、时装店等一应俱全。

建外SOHO与永安里交界处是北京华彬费尔蒙酒店

差不多每幢楼的1~3楼均是商店，种类繁多

Info
地址： 朝阳区东三环中路39号
前往方法： 地铁1号线"国贸"站C出口，走5分钟即到

书中自有

藏书馆咖啡
06

留学加拿大的店主怀念昔日学校有咖啡供应的图书馆，因此开了一家图书馆咖啡室。共3层，藏书极丰。深啡色调装潢令人不觉降低声线，不论客人来此聊天、发呆、翻杂志，还是带上电脑努力赶功课，自有宁静的小天地。

MAP: P.200 B2

书架上有不少大型学术书籍，还有中、英文书籍和杂志

藏书馆共3层，藏书极丰，犹如学院的图书馆

美式烧烤猪肋排，烧汁美味，猪肋排肉汁丰富，分量刚好。￥66

Info
地址： 建外SOHO东区9号别墅
电话： 010-5869-3396
营业时间： 08:00-23:00
消费： 约￥80/位
前往方法： 9号别墅位于建外SOHO东区西北角

主要经营品牌服装、皮具、皮鞋、行李箱，还有丝绸、珍珠、瓷器、茶叶等传统工艺品

所谓"登长城、游故宫、吃烤鸭、逛秀水"，秀水街是外国游客必到之地

秀水街主打批发价货品，在此购物一定要讨价还价

附近的东大桥路，两旁都是酒吧和咖啡室，同时也保留居民的生活

砍价战场 07
秀水街

　　原是中国最早的自由市场，建于20世纪80年代，一向以卖平价衣服饰物见称，另外还有传统工艺品。2005年重新翻新，变成地上5层、地下3层。市场共有摊位近2000个，由于邻近外国使馆区，因此秀水街的外国游客比三里屯还要多。在秀水街购物，考眼光之余，最重要也最好玩的是砍价，这里不同语言的讨价还价声不绝，要凭着"计谋"争取最低价钱。

MAP: P.200 B2

Info
地址： 朝阳区秀水东街 8 号
营业时间： 10:00 - 21:00
网址： www.xiushui.com.cn
前往方法： 地铁1号线"永安里"站A出口外

新西兰白咖啡 08
Café Flatwhite

　　以清新、健康新西兰风格见称的咖啡店，Flatwhite即白咖啡。露天茶座和懒洋洋的南澳风情，菜单上分不清是早餐还是早午餐（Brunch）的三明治，最适合游客。令人惊喜的是健康的材料和少油的做法，推荐烤猪肉配沙拉和牛油果鸡肉汉堡。

MAP: P.200 B2

店铺在秀水大厦东侧的大型广告牌下

在临街茶座可感受附近居民生活

拿铁咖啡，咖啡与牛奶的比例刚好，幼滑提神。￥32

鸡蛋班尼特（Egg Benedict），经典美式早午餐，有烟肉、面包和溏心水煮蛋，浇上荷兰酱，美味丰富，是一天的好开始。￥65

Info
地址： 朝阳区秀水大厦东侧地下356号
电话： 010-5169-9156
营业时间： 10:00 - 22:00
网址： www.cafeflatwhite.com
消费： 约￥80／位
前往方法： 位于秀水大厦东侧，东大桥路旁

京城第一高
国贸三期 09

楼高330米，2010年8月正式启用，是现今北京第一高楼。与国贸一、二期构成110万平方米的建筑群，成为全球最大的国际贸易中心。64~81楼为五星级的国贸大酒店，在72楼的餐厅更可鸟瞰全北京城，而70楼则是玻璃幕墙的游泳池和SPA会所，在泳池里透过玻璃就可以俯瞰京城。

MAP: P.200 C2

Info
地址：朝阳区建国门外大街1号
电话：010-6505-2288
前往方法：地铁1号线"国贸"站B出口走约5分钟即到

"北京土楼"
朝外SOHO 10

设有住宅、写字楼、商场及别墅的大型发展项目，外形是不规则的玻璃幕墙，设计理念来自闽西客家的环形土楼。内部有大小不同的胡同小巷，有道路、步行街、广场和公园，犹如一个小城。

MAP: P.200 B1

Info
地址：朝阳区朝外大街乙6号
前往方法：地铁10号线"金台夕照"站B出口，沿朝阳门大街走约15分钟即到

8个天文仪器分别为：玑衡抚辰仪、赤道经纬仪、纪限仪、地平经纬仪、地平经仪、黄道经纬仪、天体仪及象限仪

经常被遗忘的庭园还展出浑仪、简仪、圭表、秤漏等，切勿错过

明清天文台
古观象台 11

MAP: P.200 A2

建于明朝正统年间，位于元大都的角楼，是明清两朝的国家天文台，也是世上最古老的天文台之一。这里展示有8个清朝增设的铜质大型天文仪器，反映中国传统工艺及西方大型天文仪器相结合的成就，见证东西方文化交流。

铜质天文仪器在1900年八国联军入侵北京时，曾被法国和德国夺去，之后陆续归还

Info
地址：东城区东裱褙胡同2号
电话：010-6524-2202
开放时间：09:00 - 16:30
入场费：¥10
前往方法：地铁1号线"建国门"站C出口

三里屯、工人体育场　建国门

潘家园

奥运场馆

逛市场、尝京味

潘家园

01 潘家园旧货市场
电话：010-5120-4699
营业时间：
周一至周五 08:30-18:00；
周六、日04:30-18:00
场内推介：
毛主席像章等纪念品二
手书刊连环图、大棚区古
董、二战军用品

02 海碗居
电话：010-8731-3518
营业时间：10:30-22:30

03 北京古玩城
电话：010-5960-9999
营业时间：
A座10:30-22:30、B座24
小时

　　潘家园旧货市场闻名中外，场内有数百个地摊商铺，各自摆出自家珍宝，讲价时尽显看家本领。游客可从各式货品中窥探老北京的历史和生活，实在值得一游！

　　市场附近更有连当地人都大赞正宗的北京炸酱面，不妨顺道去一下。逛市场、尝京味，去感受最地道的北京吧。

交通 地铁10号线"劲松"站。

潘家园周边示意图

N

圣保罗医院　武圣北路
地铁10号线　劲松站　南磨房路
广仁医院　恒安中医院
沙板庄小学　西大望路
华威路　海文医院　东三环南路　虎城中学
磨房中街
武圣路
北京工业大学
东来顺　松榆北路
潘家园路　KFC　松榆公园　南磨房中心小学
01　金百万　武圣东路
松榆里二小
03　松榆南路　垂杨柳中学
华威南路　02

西北门入口左手边的F区，早上会有地摊摆卖，不少都是外来的少数民族，叫价比有些卖场的便宜

Tips 1 Can

1. 潘家园每天开放，但逢周六、日摊贩最多，04:30便开放，建议选周六、日前来。

2. 潘家园仿制品极多，游客不易分辨。当地人教师，要买就买便宜的新货，就不怕大破费却买了赝品。

3. 一定要杀价，一般杀价起码减一半。拿起货品打量时，摊主通常会叫游客开价，此时不妨开个很低的价，说一个自己都认为不可能的价钱，周旋一番后说不定会成功。

京城旧物淘宝

潘家园旧货市场 01

　　潘家园是北京乃至全国最大规模的旧货市场，占地4万多平方米，分为地摊、古建房、古典家具、现代收藏、石雕石刻和餐饮服务等6大区。4000多个商户和摊档售卖古玩、玉器、工艺品、旧书刊、字画、家具等各式旧物，货品种类繁多。

　　然而，其中仿制品混杂，很多时候连古玩专家都难以分辨，因此请抱着不求古董、只求淘得心头好的心态。在此可感受当地文化，也可体验北京人讲价的本领，吸引中外游客到此观摩猎奇，人气极高。

MAP: P.207 A3

北门口有很多三轮车，收费约￥60/趟

卖二手书刊、剪报的地摊最受当地人欢迎

环绕大棚区的仿古楼多卖古董、书画、文房四宝及木质家具等

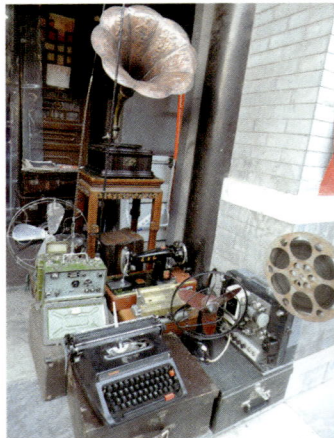

潘家园入口有北门和西北门两个，北门在东三环路潘家桥的西面

Info

地址： 朝阳区潘家园路
电话： 010-5120-4699
营业时间： 周一至周五 08:30-18:00；
　　　　　　周六、日 04:30-18:00
网址： www.panjiayuan.com
前往方法： 地铁10号线"劲松"站D出口，沿东三环路南往南走约15分钟即到

北门入口前的D区，有许多旧留声机、放映机、电视机等

潘家园有不少便宜的仿制品，不用大破费也可以淘到自己喜欢的

各式毛主席塑像、红卫兵陶瓷像、茶具。约￥45起

毛主席像章等纪念品

　　西北门左手边的F区地摊，有大量毛主席肖像纪念品及"文革"时期物品，虽然很多都是现代生产的新品，但设计精美，极吸引游客。

"文革"时期的工农画报。￥70

款式众多的毛主席像章。约￥10～20/个

"文革"宣传画集，一直是艺术家的灵感来源。￥10～30/本

二手书刊连环图

　　潘家园最南面的小巷是古旧书刊专区，有很多地摊摆卖旧书报刊。

古旧书刊区有数十个旧书摊，每个都有上百本旧书刊，包括中、英文书籍杂志，甚至线装古籍

20世纪60～80年代的各省粮票和油票。约￥30起

不少摊档卖小人书（连环图），当中既有二手旧书也有新印刷品。￥15～60/本

大棚区古董

大棚区中有大量陶瓷工艺和古董

　　市场东部E区有4个有棚顶的大棚地摊，专卖古董、工艺品、玉器、旧家品等，也有少量西藏及少数民族特色的饰品。能否买到便宜的真品，就要看阁下您的眼光了。

在旧家品摊档中，不乏别具老北京风情的家中旧物

大量古铜钱和少数民族特色银器手镯

二战军用品

　　位于现代收藏品大厅的老曹专卖日军和美军二战时期在中国使用过的军用品，如制服、个人用品等，甚至防毒面具也有卖。

98式日本陆军军服

二战日军
98式军服

二战时期使用过的防毒面具

日军所穿的真皮皮靴，手工精致

老北京炸酱面
海碗居

02

MAP: P.207 C3

在北京叫老北京炸酱面的店铺有上百间，当中以海碗居口碑最佳。手工擀面筋道十足，酱香味美，菜码分量十足。当地人都引以为荣，每逢有外地亲戚朋友到访北京，必定带他们到此一尝正宗炸酱面。海碗居的驴打滚、豌豆黄、艾窝窝等小吃也非常受欢迎。

面条爽滑筋道，肉丁肥瘦适中，面酱火候恰到好处，好吃得可连吃两碗。当地人甚至说这里的炸酱面比妈妈做的还要好吃。￥18

吃炸酱面步骤：

1 面码即配料，有豆芽、芹菜、青豆、黄瓜、心里美萝卜、青蒜和大葱，丰富齐全

2 海碗居仍保留"摔碟儿"的传统，即店小二在客人面前，用飞快的速度将面码一碟碟倒在碗内，奏出干脆利落的乒乓声响

3 店小二几秒内就将7碟面码悉数倒在碗内，让客人自己加入面酱

☆ I Can
Tips
北京的炸酱面店一般提供免费面汤，当地人喜欢吃完面后喝上一碗，清甜暖胃，感觉更满足。

店铺采用大理石八仙桌、红漆实木长条凳，墙上还有巨型《炸酱面赋》

海碗居总店在海淀区，这家松榆店靠近潘家园

┨ Info ┠
地址：朝阳区松榆南路36号
电话：010-8731-3518
营业时间：10:30-22:30
网址：www.haiwanjv.com
消费：约￥40/位
前往方法：从潘家园旧货市场沿东三环南路往南走至松榆南路，再往东走约10分钟即到，在7天连锁酒店1楼

逛完地道的潘家园，如果想看真正的古董，可到附近的北京古玩城

古玩不夜城
北京古玩城

03

北京古玩城分A、B两座，汇集数百家来自世界各地的古玩经销商，内有青铜器、明清古玉、瓷器、家具等。B座更是24小时营业，号称"古玩不夜城"。

MAP: P.207 A3

┨ Info ┠
地址：朝阳区东三环南路21号
电话：010-5960-9999
营业时间：A座10:30-22:30、B座24小时
网址：www.antiquecity.com.cn
前往方法：从潘家园旧货市场，沿东三环南路往南走约15分钟即到

奥运支线

北京地铁8号线又称"奥运支线",全长4.75公里,只有4个车站,主要经过奥林匹克公园范围,从"北土城"站至"森林公园南门"站,每个站都有特色设计。

入场要安检

进入奥运场馆必须接受安全检查,游客不能携带饮品、大件行李、打火机及其他危险物品进入场馆。节假日游客较多,安检经常排队,请预留排队等候的时间。

提醒你

鸟巢滑雪、水立方游泳

奥运场馆

　　2008北京奥运会过后,北京地标除了故宫和长城,更增加了鸟巢和水立方。

　　最近,场馆内部新增了多项游乐设施:水立方游泳馆和嬉水乐园已开放;鸟巢在冬季也会举行欢乐冰雪季,不单是参观,还可以亲身下场,领略刘翔、郭晶晶的视野。

交通 在"北土城"站转乘地铁8号线,到"奥林匹克公园"站。

鸟巢呈椭圆的马鞍形状，长330米，宽220米，高69.2米，奥运会期间设有10万个座位，现在已减至8万个

钢铁炼成的鸟巢
国家体育场

01

　　2008北京奥运会的主场馆，奥运会、残奥会的开闭幕式、田径及足球比赛决赛都在此举行。2001年由瑞士建筑师赫尔佐格、德梅隆与中国建筑师合作设计，用众多网状钢铁编织而成，犹如一个鸟巢。

　　占地25万平方米，建筑费用高达35亿元人民币，由重达4.5万吨钢铁建成，整座建筑物完全没有半根柱石支撑，成为举世瞩目的惊人建筑。

MAP: P.212 A3

看台分为上、中、下3层，升旗杆是场内的拍照热点

01 国家体育场
电话：
010-8437-3017
开放时间：
09:00-17:00
场内推介：
鸟巢欢乐冰雪季

02 国家游泳中心
开放时间：
参观09:00-21:00*
游泳周一至周五
13:00-21:00;
周六、日
09:00-21:00*
嬉水乐园
10:00-21:00*
电话：参观010-
8437-0112、游泳
010-8437-8912、
嬉水乐园010-
8437-8086
场内推介：
水立方嬉水乐园

03 玲珑塔
开放时间：
进场后外部
随时参观

04 数字北京
开放时间：
进场后外部
随时参观

05 国家体育馆
开放时间：
进场后外部
随时参观

06 盘古大观
开放时间：
外部随时参观

奥动场馆周边示意图

（地图）
奥林匹克森林公园（南区）
奥林东路
森林公园南门站
全程超越实验小学
科荟路
北辰东路
科荟南路
朝阳外国语学校（高中部）
天辰西路
天辰东路
大屯北路
北小河路
安立路
北辰西路
北辰东路
大屯路隧道
大屯南路
慧忠北里二小
大屯路
国家会议中心大酒店
北辰世纪中心
A2
湖景东路
朝阳外国语学校（初中部）
国家会议中心
奥林匹克公园站
B
湖景西路
北辰里小区
国家体育场北路
北辰洲际酒店
03
奥林匹克公园
大屯医院
慧忠里小学
名人国际大酒店
04
05
慧忠路
慧忠路隧道
国玉大酒店
慧忠里
飘亮购物中心
安翔北路
售票处
北辰购物中心
盘古七星酒店
02
售票处
01
中心花园
北辰购物中心
06
北顶娘娘庙
国家体育场南路
中心花园
奥林中心站
B2 B1
五洲皇冠假日酒店
中华民族园
奥体中心体育馆
英东游泳馆
北四环中路
民族园路
奥林匹克体育中心
安定路
科通酒店
奥体中路
中国体育博物馆
北沙滩
市老年病医院
奥体中路
安贞路
北土城站
A B
北土城西路
D2
北土城东路
地铁10号线
D1
C1
小月河
C2
地铁8号线

212

场馆平日只开放一个电梯，就在M3楼梯旁

鸟巢内设有大型纪念品店，就在104附近

拍摄攻略
1. 不论日夜，在鸟巢西北角的通道上可拍到最佳的鸟巢全景，人很少。
2. 场馆外面的小型鸟巢路灯，也是拍摄热点。

顶部钢架的空隙铺设了聚氟乙烯膜，既可挡雨，也可避免阳光直接照射场内，影响观众视线

场馆通道展出奥运开幕式使用过的道具，包括这"缶"

提醒你

冬季限定
鸟巢欢乐冰雪节

每逢冬季，鸟巢都会变身成露天滑雪场，场内场外设有多项冰雪玩乐设施，成为北京市中心的最佳玩雪乐园。

场外设有大型雪地斜坡，并有雪上飞碟、雪地摩托及挑战冰等冰雪意儿，但都要额外收费

每年冰雪场外都有不同娱乐设施，包括电动脚踏车 Segway

截至2010年，鸟巢欢乐冰雪节已经举行到第二届，整个场馆都铺满白雪

每个冰雪节都有一个主题，2010年的主题是卡通雪城堡

鸟巢形的雪地迷宫，难度不高

场内有冰上碰碰车、滑冰场、儿童滑道等，大人小朋友都可乐在其中

Info
电话：010-8437-3017
开放时间：09:00 - 17:00
售票点：鸟巢南及北侧售票处
入场费：参观票￥50；雪场￥120（平日）、￥180（节假日）
鸟巢欢乐冰雪节日期：
　每年12月下旬至次年2月下旬
网址：www.n-s.cn
*每年举办日期不同，请留意网页公告
前往方法：地铁8号线"奥林匹克公园"站D出口，往南走约5分钟即到

总建筑面积6.5万平方米，内设多个游泳池、跳水台、贵宾区、媒体区等

泡泡水立方
国家游泳中心 02

　　这里是奥运会水上项目比赛主场馆，包括游泳、跳水、花样游泳、水球比赛等，是中国首个采用聚氟乙烯（ETFE）气枕结构的建筑，也是全世界最大、功能最多的游泳场馆，被美国《商业周刊》评选为"2005年当代中国十大新建筑奇迹"之一。

　　由澳大利亚PTW与ARUP公司联合设计，在奥运众场馆中唯一由港澳台华侨捐资建造。设计意念来自肥皂泡，以3000多个大小不一、形状各异的气枕泡泡覆盖外墙，既营造出水的感觉，也可折射光线、减低室温。水立方现已对外开放游泳池和嬉水乐园，吸引游人下水一试。

MAP: P.212 A3

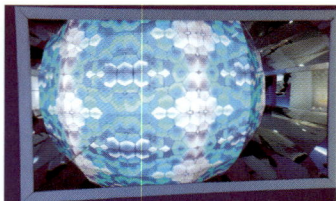

水滴剧场放映3D影片，周二至周日开放，每天5场，入场费￥20，片长10分钟

ETFE气枕泡泡解码

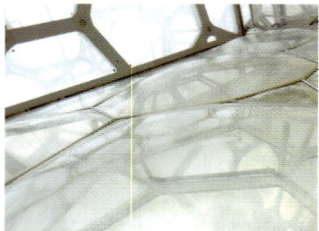

水立方的练习池也开放为公众游泳池，入场费￥50

展览厅内展出比赛专用的跳板，郭晶晶就是站在此上面夺得金牌的

场馆在奥运期间提供17000个坐席

场馆由3000多个ETFE气枕泡泡覆盖10万平方米外墙，每个膜只有0.2毫米厚，透过管线充气。每个ETFE气枕大小和镀度不一，可折射光线，降低阳光令室内升温的程度，节能30%

嬉水乐园主要分为儿童浅池嬉水区、水疗SPA健康休闲区、魔法滑道区等五大嬉水区域

亚洲最大
水立方嬉水乐园

　　2010年8月8日开放的水立方嬉水乐园，面积达1万多平方米，为亚洲最大的室内主题水上乐园。入场费￥200，如果不想破费下水，买￥30的参观票可隔着玻璃观看。

最具看头的是魔法滑道区，设有多条大型滑道

嬉水乐园天花挂满大型水母装饰，增添水世界感觉

I Can Tips

开放成公众游泳的只有练习池，入场费￥50；而大型游泳比赛使用的主池则并未开放。

即使在寒冬仍有大批旅客带着游泳圈排队入场嬉水

有趣纪念品

水立方内有多间纪念品店和摊位，卖以水立方为题的纪念品。水立方贵州茅台外形有趣，分蓝、红、黄3色。￥668~1380

从水立方主题泳衣到羽绒服均有出售。￥128起

Info

开放时间：参观09:00-21:00*
　　　　　游泳周一至周五13:00 - 21:00；周六、日09:00 - 21:00*
　　　　　嬉水乐园10:00 - 21:00*
电话：参观010-8437-0112、游泳010-8437-8912、
　　　嬉水乐园010-8437-8086
售票点：水立方西侧南门
入场费：参观票￥30、游泳票￥50、嬉水乐园￥200
网址：www.water-cube.com
*20:30停止售票
前往方法：地铁8号线"奥林匹克公园"站E出口，鸟巢对面

接通全世界
玲珑塔　03

　　多功能演播塔，高7层，设计理念源自传统中国文化中塔的建筑风格，是奥林匹克公园中最高的建筑物，在奥运期间把比赛画面向全世界传播。

MAP: P.212 A2

玲珑塔外的广场，是直排滚轴溜冰的好地方

晚上，楼层会随时间变色，最后变成奥运五环的颜色

Info
前往方法：鸟巢北面

数据核心
数字北京　04

　　外形酷似电路板，奥运期间这里是技术支援中心和奥运通信中心，玻璃幕场上装有LED显示屏，全面提供奥运信息，是奥运会的强大数据库，从内到外都是高科技的表现。

MAP: P.212 A3

Info
前往方法：位于北辰西路，水立方西北面

现在的数字北京属市政府资源，为应急指挥系统、信息服务的中心

215

场馆屋顶曲面仿如一把张开的中国折扇，飘逸而富动感

体操场地
国家体育馆 05

　　奥运期间在此举行体操、蹦床、手球赛事，在残奥会中用作轮椅篮球项目比赛场地。场馆采用中空LOW-E玻璃，具保温、隔热、防紫外线作用，令场内赛事不受外间天气影响。

MAP: P.212 A2

Info
前往方法：水立方北面

巨型火炬
盘古大观 06

MAP: P.212 A3

　　由写字楼、国际公寓、酒店和商业店铺组成的大型发展项目，当中最高的建筑物貌似龙头，但不少人认为它更像奥运火炬，称其为"火炬楼"。

Info
前往方法：水立方西南面

盘古大观的盘古七星酒店在奥运期间曾接待多国代表及传媒机构入住

奥林匹克公园二三事

水立方外墙会变换多种灯光颜色，非常迷人

1. 免费夜景

　　鸟巢、水立方等场馆有关门时间，但户外的奥林匹克公园则全天候24小时开放，且不收费，晚上各场馆还有特别灯光效果，很多北京人都喜欢晚饭后来拍夜景兼散步。

亮灯时间：夏季约20:00-22:00，冬季约19:00-22:00

2.上厕所

　　场馆之间距离颇远，从一个场馆走到另一个场馆中途如有需要，公园内设有多个临时洗手间，并有专人常驻负责清洁，卫生情况很好。

3.吃饭

　　场馆外设有外卖亭，真功夫套套￥15，另有爆米花、汽水等小吃，场馆内也有多间快餐店，其中水立方里的餐厅最多，价格不算太贵。

4.饮水

　　公园内多处设有饮水机，在炎炎夏日对游客来说非常方便。

5.园内交通

　　奥林匹克公园面积极大，场内有小型电动观光车，环绕中心区一周，途经玲珑塔、北顶娘娘庙、鸟巢、水立方和国家体育馆，车费￥20/程，在上述景点均设有上车处。

京城后花园

海淀区

位于北京西北部，古称"海淀镇"，曾是北京西北郊最大的集镇。区中有"三山五园"，三山即香山、玉泉山、万寿山；五园即畅春园、圆明园、静明园、静宜园、颐和园，是明清两朝皇室郊游颐养的胜地，号称"京城后花园"。

此外，中国两大最高学府——北京大学和清华大学也位于海淀区，令海淀区更添文化气息。

交通 地铁1、2、4、10号线。

京城水系——御河荡舟

在中央电视塔附近、玉渊潭公园的昆玉码头，每天有3班小游船沿京城水系通往颐和园。京城水系是当年皇室往返颐和园的专用河道，昔日慈禧往返颐和园避暑也必走此河道，游客乘游船可领略当日皇室游御河之风光。

游船全程约1小时，沿途可欣赏两岸风光，终点是颐和园的南如意门

明清时期水道两岸种满桃树和柳树，每逢春夏便柳绿桃红美不胜收，留下了"天坛看松，长河观柳"的佳话

Info

售票点：中央电视塔售票处
电话：010-6852-9429/
　　　　010-6852-8739
航班：10:00、13:10、15:00
收费：套票￥160*
*中央电视塔门票+京城水系游船河+颐和园门票，但不包括园内其他景点的入场费

提醒你

海淀部分地区示意图

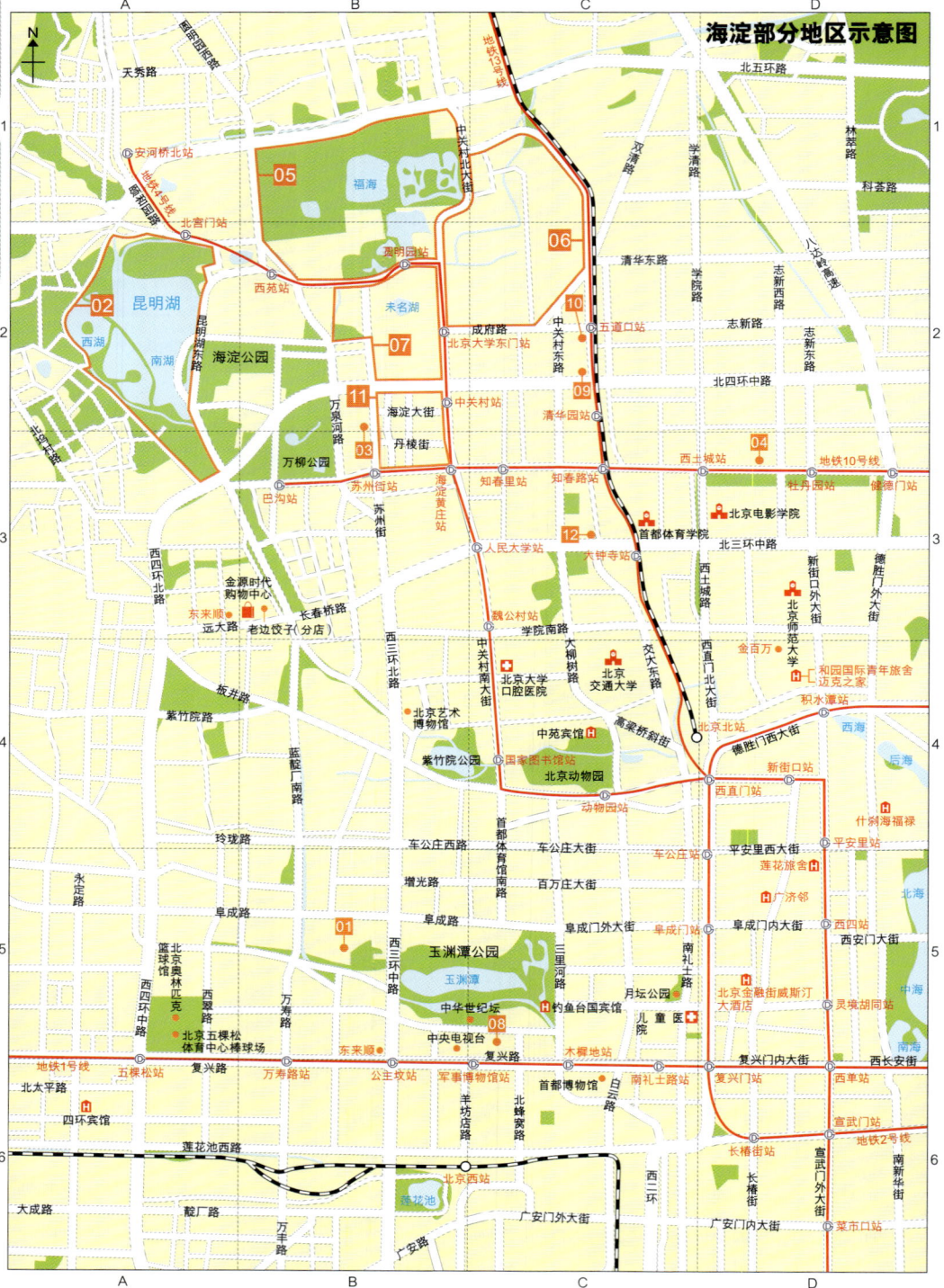

N

天秀路　北五环路　地铁13号线　林萃路　科荟路

圆明园遗址公园

安河桥北站　地铁4号线　颐和园路

福海

05　　**06**　学清路　双清路　清华东路　学院路　志新西路　志新路　志新东路

北宫门站　西苑站　圆明园站

昆明湖　**02**　西湖　南湖　昆明湖东路　海淀公园

07　未名湖　成府路　北京大学东门站　**10**　五道口站　中关村东路

北四环中路

万泉河路　**11**　海淀大街　中关村站　**09**　清华园站　**04**　西土城站　地铁10号线　牡丹园站　健德门站

03　丹棱街　苏州街站　海淀黄庄站　知春里站　知春路站　北京电影学院

巴沟站　苏州街　人民大学站　**12**　大钟寺站　首都体育学院　北三环中路

新街口外大街　德胜门外大街

西四环北路　金源时代购物中心　东来顺　远大路　老边饺子(分店)　长春桥路　学院南路　魏公村站　西土城路　北京师范大学

金百万　和园国际青年旅舍　迈克之家

板井路　万柳公园　紫竹院路　紫竹院南路　西三环北路　中关村南大街　大柳树路　北京大学口腔医院　北京交通大学　交大东路　西直门北大街　积水潭站　西海

北京艺术博物馆　紫竹院公园　国家图书馆站　北京动物园　中苑宾馆　高梁桥斜街　北京北站　德胜门西大街　后海

玲珑路　新街口西大街　什刹海福禄　平安里站

动物园站

车公庄西路　首都体育馆南路　车公庄大街　车公庄站　平安里西大街　莲花旅舍　北海

增光路　百万庄大街　西直门站　广济邻

阜成路　**01**　阜成路　阜成门外大街　阜成门内大街　西四站　西安门大街　中海

北京奥林匹克篮球馆　玉渊潭公园　三里河路　阜成门站　南礼士路　月坛公园　北京金融街威斯汀大酒店　灵境胡同站

玉渊潭　中华世纪坛　钓鱼台国宾馆　儿童医院　南海

西翠路　万寿路　**08**　中央电视台　兴业路　木樨地站　复兴门内大街　西长安街

北京五棵松体育中心垒球场　东来顺　南礼士路站　复兴门站　西单站

地铁1号线　五棵松站　复兴路　万寿路站　公主坟站　军事博物馆站　首都博物馆　宣武门站　地铁2号线

北太平路　四环宾馆　羊坊店路　北蜂窝路　长椿街　宣武门外大街　南新华街

莲花池西路　长椿街站　菜市口站

大成路　靛厂路　北京西站　广安门外大街　广安门内大街　万丰路　莲花池　西二环　广安路

01 中央电视塔
电话: 010-8841-6232
开放时间:
08:30-22:00（21:30停止售票）

02 颐和园
电话: 010-6288-1144
开放时间:
（旺季4~10月）大门06:30-18:00、
园中园08:30-17:00
（淡季11月~次年3月）大门07:00-
17:00、园中园09:00-16:00
场内推介:
苏州街、清晏坊（石舫）、长廊、
乐寿堂、德和园、仁寿殿、昆明湖

03 白家大院
电话: 010-6265-8851/
010-6265-4186
营业时间: 11:00-22:00

04 老边饺子
电话: 010-6235-2308
营业时间:
夏季11:00-14:00、17:00-22:00
冬季10:30-14:00、17:00-21:30

05 圆明园
电话: 010-6262-8501
开放时间:
5~8月07:00-19:00、11月~次年
3月07:00-17:30、4月及9-10月
07:00-18:30
场内推介:
西洋楼遗址、园林水景、十二生
肖兽首铜像

06 清华大学
电话: 010-6278-5001
开放时间:
周六、日, 法定假期及学校寒暑
假08:30-16:30

07 北京大学
电话: 010-6275-1310

08 中国人民革命军事博物馆
电话: 010-6686-6244
开放时间: 夏季08:30-17:30;
冬季08:30-17:00
休息: 周一

09 雕刻时光咖啡馆
电话: 010-8236-3094
营业时间: 10:00-20:00

10 光合作用书房
电话: 010-8296-3033
营业时间: 09:00-次日00:00

11 中关村
开放时间: 各商场不尽相同

12 大钟寺博物馆
电话: 010-6255-0843
营业时间: 09:00-16:30
休息: 周一
地铁1号线

中央电视塔总高405米,
1992年开始为CCTV传输
电视广播信号。电视塔地
下是太平洋海底世界

俯瞰京城全景
中央电视塔 **01**

　　始建于1987年, 为全国第3
高、全球第6高塔, 第18层设有
京城"最高食府"的旋转餐厅, 第
19层为室内观景厅, 第22层更
有露天瞭望平台, 在此可360度
俯瞰京城全景。旅客可在空中寄
明信片, 并盖上空中邮局印章。

MAP:P.218 B5

展厅展出中央电视台的器材, 图为新中国成
立十周年庆典用过的摄录机

塔内设有CCTV新闻联播的主播台布景, 人
人都可以做主播

▶Info◀
地址: 海淀区西三环中路11号
电话: 010-8841-6232
开放时间:
08:30-22:00（21:30停止售票）
入场费: ￥70
网址: www.ctvt.com.cn
前往方法: 地铁1号线"公主坟"站A2出
口, 沿西三环中路往北走约
15分钟即到

第22层为露天瞭望平台, 视野更广

登上电视塔, 附近的玉渊潭湖景, 以至京城
全景尽收眼底

颐和园主要由万寿山和昆明湖组成，其中湖水面积就占去全园的3/4

颐和园内部示意图

皇家园林
颐和园 02

　　中国现存规模最大、保存最完整的皇家园林，为中国四大名园之一。始建于1750年，原以昆明湖水色而命名为名"清漪园"，在第二次鸦片战争中被英法联军烧毁。1886年，慈禧太后挪用海军军费等款项重修，并于两年后改名为"颐和园"，作为其晚年的颐养之地。1900年，颐和园又遭八国联军严重破坏，后经历多年修复才恢复昔日面貌。整个园林占地290公顷，以杭州西湖风景为蓝本，园内分为宫廷区、前山前湖区、后山后湖区3大景区，亭台楼阁等古建筑3000多间，大小园林院落20多处。1998年更被联合国教科文组织列入《世界遗产名录》。

MAP:P.218 A2-A3

━━━━Info━━━━

地址: 海淀区颐和园路
电话: 010-6288-1144
开放时间:
（旺季4~10月）大门06:30 - 18:00，园中园（德和园、佛香阁、文昌院、苏州街、淡宁堂）08:30-17:00
（淡季11月~次年3月）大门07:00 - 17:00，园中园09:00 - 16:00
入场费: 旺季￥30、淡季￥20
园中园: 德和园￥5、佛香阁￥10、文昌院￥20、苏州街￥10
联票（入场费+园中园）: 旺季￥60、淡季￥50
网址: www.summerpalace-china.com
前往方法: 地铁4号线"北宫门"站D出口，走2分钟便是北宫门入口

苏州街

从北宫门进园即至苏州街，位于后溪河上的市集，仿江南水乡的一水两乡形式而建。清漪园时期岸上还有各式店铺，由太监和宫女装扮成店员，为皇帝巡游时妃嫔购物服务，故又称"买卖街"。

清漪园时期苏州街上设有玉器古玩店、绸缎店、茶楼、金银首饰楼等店铺，后于1860年被列强焚毁，现在的景观为1986年重修的

清晏舫（石舫）

船舫式园林建筑，俗称"石舫"，取其"河清海晏"（太平盛世）之意，前身是明朝圆静寺的放生台，后来成为皇室的宴会场所。用大理石堆砌而成，是颐和园唯一带有西洋风格的建筑。

清晏舫原有五六座，船长36米，光绪十九年（1893年）重建时才改为洋式舱楼

长廊

全长728米，横贯万寿山下东西两边，是中国园林中最长的游廊。游廊上方每根梁上都有精致的彩绘，共有1万多幅壁画。

长廊在1992年被认定为世界上最长的园林长廊，列入《吉尼斯世界纪录》

长廊上的彩画主题包括《西游记》、《三国演义》、《红楼梦》等中国名著

乐寿堂、德和园

慈禧太后住在颐和园期间，曾以乐寿堂为寝宫，并在德和园听戏。位于乐寿堂和德和园之间的是玉澜堂和宜芸馆，分别为光绪帝和皇后隆裕的寝宫。

玉澜堂四通八达，光绪皇帝曾被囚禁于此

乐寿堂是慈禧太后居住的地方，也是清宫中最早安装电灯的地方

德和园每天整点都有京剧表演，极受游客欢迎

仁寿殿

乾隆、慈禧在园中坐朝听政的正殿，乾隆时名为"勤政殿"。光绪时重建，取《论语》中的"仁者寿"为名。

光绪帝曾在仁寿殿召见康有为，并下诏变法，变法失败后，光绪帝则被软禁在玉澜堂

从东宫门穿过仁寿门，就是仁寿殿

十七孔桥，长150米，因有17个不同大小桥洞而得名，桥上有544只神态不同的石狮

昆明湖

昆明湖是清朝皇家园林中最大的湖泊，湖面广阔，水色清碧，占整个颐和园面积的3/4，仿照西湖而建。湖上有3个小岛，以汉武帝建章宫首创的"一池三山"模式而建，两岸取名为东堤和西堤，湖中的十七孔桥是颐和园最具人气的景点之一。

湖上有游船来往清晏舫至玉澜堂、铜牛或南湖岛，单程￥8/人

南湖岛通过十七孔桥与东堤相连，岛上有涵虚堂、鉴远堂、月波楼等建筑

昆明湖上，每逢夏季便荷花盛开，是京城赏荷佳景之一

位于西堤的玉带桥，昔日清朝皇室从颐和园乘船至玉泉山，便由此桥下通过

铜牛，1755年铸造，据说是为镇压水患而修铸的，牛背上有乾隆所写的关于夏禹治水的《金牛铭》

《大宅门》宫廷菜
白家大院 03

大院占地50多亩，内有多间居室，礼亲王后代曾在此居住了几百年

院内大致保持原貌，更辟有明湖、亭台楼阁、小桥流水

建筑原为清太祖努尔哈赤儿子礼亲王后代的官邸，后来变成同仁堂乐家的大宅，名为"乐家花园"，电视剧《大宅门》就是以此大院的历史为蓝本写的，并在此取景拍摄。现今大院装潢极具王府气派，主打宫廷菜，招牌菜包括干烧四宝鸡、妃子笑、香酥鸭方、白府宫爆虾等。就餐全程更有宫女打扮的服务员侍候，不时还有京剧、弹琴表演，可真正体验王爷级的享受。

MAP:P.218 B2

从装修到餐桌、椅套的布置，均一丝不苟

王府烤鹿肉，外焦里嫩，酱香浓郁。¥128

身穿宫廷服饰的服务员在门外侍候，见到客人就说"您吉祥"，称女客人为"格格"，男客人为"王爷"

大厅金碧辉煌，更不时有京剧表演

Info

地址：海淀区苏州街15号
电话：010-6265-8851 / 010-6265-4186
营业时间：11:00 - 22:00
消费：约¥200 / 位
前往方法：地铁10号线"苏州街"站A出口，沿苏州街往北走约5分钟即到

天下第一饺
老边饺子 04

Tips
老边饺子按份计算，一份约有15个，有多种口味。

来自沈阳的东北饺子店，据说是世界上历史最悠久的饺子店，1829年由边福始创。以汤煸饺闻名，邓小平尝过后也大为称赞，一代相声宗师侯宝林尝后更道："边家饺子，天下第一。"

MAP:P.218 D3

老边饺子闻名中外

一品三鲜蒸饺，先炒猪肉，再用鸡汤或骨头汤煨制。皮薄而滑溜，馅料鲜味十足。¥20 / 15个

Info

地址：海淀区北土城西路179号
电话：010-6235-2308
营业时间：
夏季11:00 - 14:00、17:00 - 22:00
冬季10:30 - 14:00、17:00 - 21:30
网址：www.laobian.com.cn
消费：约¥30 / 位
前往方法：地铁10号线"西土城"站B出口，沿北土城西路往东走约10分钟即到

历史中的华丽园林 05
圆明园

MAP:P.218 B1-B2

由圆明园、长春园和绮春园（又名万春园）3园组成。原为明代皇族的故园，清朝康熙帝把该园赐给四子胤禛（后来的雍正帝），并赐名圆明园。经过雍正、乾隆、嘉庆、道光、咸丰皇帝共150多年的扩建，集合大批人力、物力，打造成结合江南与西洋风格的皇家花园。占地5200亩，共有40园景，每一园的造景与工程都堪称中国建筑美学之最，赢得"万园之园"的美誉。

可惜，1860年英法联军攻入北京，将圆明园付之一炬，成为令人心碎的历史。昔日华丽的园林，现已改建为遗址公园，分为圆明园、绮春园、长春园及福海4大景区，供游人参观。

Info
地址：海淀区清华西路28号
电话：010-6262-8501
开放时间：5~8月07:00-19:00、11月~次年3月07:00-17:30、4月及9~10月07:00-18:30
入场费：大门门票¥10、西洋楼遗址景区¥15、圆明园盛时全景模型展¥10、通票（包括上述3个景点）¥25
网址：www.yuanmingyuanpark.com
前往方法：地铁4号线"圆明园"站B出口，即到南门

★I Can Tips
园内交通：
在绮春园北面有电瓶车开往西洋楼遗址，收费¥5/位。

圆明园中最著名的景点——大水法，属于西洋楼景区的一部分，原是规模最大的喷泉群，西洋风格的巨柱和雕花石门都用汉白玉制成。正因为是石头所建，所以英法联军的火才烧不掉，也才有今日的遗址

圆明园内部示意图

西洋楼遗址

始建于乾隆十二年（1747年），由意大利传教士郎世宁等设计，包括6组西洋式建筑、3组水法（喷泉）和无数庭院小品。采用巴洛克风格建筑，而装饰细节上则保留着东方神韵。

在残垣断壁中，仍可见细致的雕刻

方形外观，据说是乾隆为一位信奉伊斯兰教的妃子而建的礼拜堂

迷宫黄花阵，原名"万花阵"，是仿欧式的迷宫，中心建有一座西式的圆基八方亭，寓意天圆地方

园林水景

乾隆皇帝仿照六下江南时看过的山光水色、名园胜景而建，更融入诗中景物，漫步园中即可游遍大江南北。

每到夏天荷花盛开之时，在此赏荷令人忘掉时间

别有洞天，原称"秀清村"，雍正时期曾在此处开炉炼丹，乾隆、嘉庆二帝也常在此园居住

单孔残桥，据说园内本有200多座石桥和木桥，战争后仅存这座残桥

十二生肖兽首铜像

海晏堂的喷水台原本有十二生肖兽首铜像，身躯为石雕人形，中空连接喷水管。后被英法联军掠劫一空，流失海外。如今，部分铜像被陆续送回中国，在圆明园内展出。展览厅位于电瓶车站旁，免费参观。

原来的十二生肖兽首铜像每小时由一个兽首轮流喷水，到正午时分更有十二生肖同时喷水

225

清华大学里既有西洋风格建筑，也有中国传统景致，被誉为最美丽的大学之一

中西合璧
清华大学 06

邻近圆明园，前身是清华学堂，始建于1911年，地处皇家园林清华园，雍正、乾隆、咸丰先后居住于此。校园内绿草青青，景色优雅，中式庭园与西洋风格建筑融和自然。2010年被美国著名财经杂志《福布斯》评为全球14个最美丽的大学校园之一。**MAP:P.218 C1-C2**

清华园原名熙春园，后来由咸丰帝赐名为清华园

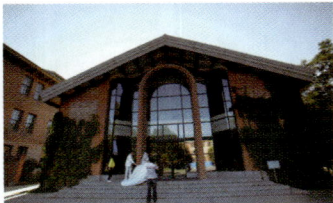

校园内典雅的西洋建筑是婚妙摄影热点

近春园原是咸丰帝的旧居，也是朱自清的《荷塘月色》的原址

清华大学纪念品
东门入口旁设有清华大学的官方纪念品店，卖各式清华T恤、书包、襟章等，非常受游客欢迎。校园内到处都有供学生用的小文具店，也会有少量清华大学纪念品卖，如笔记本、墨水笔等，售价会比官方纪念品店便宜点儿。

经典清华运动T恤 ￥45

清华T恤有几十种款式（￥65起），书包设计极富新中国气息（约￥30起）

各式清华校徽。￥3~8/个

Info
地址：海淀区清华大学
电话：010-6278-5001
开放时间：周六、日，法定假期及学校寒暑假08:30 - 16:30*
网址：www.tsinghua.edu.cn
*确切日期请留意公告
前往方法：地铁4号线"圆明园"站B出口，沿清华西路往东走约5分钟即到

北大享有极高的声誉和地位，毛泽东、蔡元培、陈独秀、李大钊、鲁迅、胡适等均曾在北大任职或任教

北大图书馆是全亚洲最大的图书馆

北大校园又称"燕园"，为明清两朝的皇家园林

新文化运动的发祥地
北京大学 07
MAP:P.218 B2

创建于1898年，为中国近代第一所国立大学，也是新文化运动与五四运动的发祥地。北大校园既有自然风景，又有浓厚人文气息，每逢周末举办书市，吸引游客慕名来参观。

东方语言文学系院舍，已故国学大师季羡林便曾在此任教

Info
地址：海淀区颐和园路5号
电话：010-6275-1310
网址：www.pku.edu.cn
前往方法：地铁4号线"圆明园"站C出口即到

博物馆位于"北京西"站附近

兵器馆中展示的079银灰色战鹰

军事迷必到
中国人民革命军事博物馆 08

建于1958年，分多个专题展，包括土地革命战争馆、抗日战争馆、全国解放战争馆、抗美援朝战争馆等。当中最吸引人的是兵器馆展出的多架大型战机、"东风一号"导弹及坦克等重型武器，入口旁的纪念品店还有军用的罐头卖，军事迷一定要到这里看看。
MAP:P.218 C5

Info
地址：海淀区复兴路9号
电话：010-6686-6244
开放时间：夏季08:30-17:30；冬季08:30-17:00
休息：周一
入场费：免费*
网址：www.jb.mil.cn
*每天发3万张票，16:30停止发放，凭有效证件领取
前往方法：地铁1号线"军事博物馆"站A出口即到售票处

提醒你

首都博物馆
位于军事博物馆附近，展出北京从古代到近代的文化、历史、艺术、风俗等展品近6000件。当中包括瓷器、古代书法等，还有大量介绍老北京民生的模型展，从中可了解北京的文化历史与民风。

Info
地址：西城区复兴门外大街16号
电话：010-6339-3339
开放时间：09:00-17:00（16:00停止入馆）
休息：周一
入场费：免费*
网址：www.capitalmuseum.org.cn
*每天发4000张门票，需在网上或电话预约，当天预约
前往方法：地铁1号线"木樨地"站C出口，往东走约2分钟即到

最好的时光
雕刻时光咖啡馆 09

咖啡馆已创办超过10年，分店遍布西安、南京和上海。几乎每个北京的学生都曾到这里雕刻年轻的时光，独自看书喝咖啡，或是与恋人说情话，或是任由失意心情随咖啡香气飘逝。 **MAP:P.218 C2**

秘制猪排饭加鸡蛋，内容丰富，酱汁猪排滋味十足

香草肉酱意大利粉，新鲜番茄配香草清新开胃，意粉筋道

店铺装修优雅，是看书发呆的好地方

雕刻时光在北京有多间分店，图为魏公村店，而五道口店则最受北大、清华学生欢迎

黑森林蛋糕，朱古力浓郁香甜，是咖啡的最佳伴侣

香山店的慵懒小猫极受客人欢迎

Info
地址: 海淀区成府路华清嘉园12号楼2号3楼
电话: 010-8286-3094
营业时间: 10:00 - 20:00
网址: www.sitcoffee.com
消费: 约￥60 / 位
前往方法: 地铁13号线"五道口"站B出口，沿财经东路往南走约3分钟即到

阳光、书本、咖啡
光合作用书房 10 MAP:P.218 C2

1995年创始于厦门，2003年在北京开业，为北京带来阅读新风气。将音乐、咖啡与阳光等生活文化元素带进书房，也是京城少有营业至凌晨的书店，成为爱书人喝咖啡、享受阳光的文化聚集地。

2楼设有咖啡店，每张桌上都有台灯，方便客人看书

地下是书店，阳光透进来，与书本进行"光合作用"

自然的阳光仍然是书店的最大卖点

Café Latte，香滑咖啡、一本好书，就是消磨午后时光的最好配搭。￥26

维也纳咖啡，香浓提神，让人更易集中精神看书。￥22

Info
地址: 海淀区成府路华清嘉园1号楼
电话: 010-8286-3033
营业时间: 09:00 - 次日00:00
网址: www.o2sun.com
消费: 约￥30 / 位
前往方法: 地铁13号线"五道口"站B出口

购物步行街
中关村 11
MAP:P.218 B2-B3

　　中关村是北京人周末的购物热点，附近一带大型商场、书店林立，特别是会聚了各式商场、餐饮、电影院、超市的中关村广场步行街，更是一家大小以及情侣们的逛街首选，每逢周末必然人头攒动。

中关村广场步行街的欧美汇购物中心，聚集了Uniqlo、CK等大热品牌

人气云南菜餐厅——中8楼在步行街也有分店

在苏州街与北四环西路交界处，有大型的中关村图书大厦

Info
地址: 海淀区中关村
前往方法: 地铁4号线"中关村"站D出口

大钟楼门上有乾隆题字的"华严觉海"匾额

永乐大钟重46.5吨、高6.75米、外径3.3米，内部刻有23万字经文，是世界上最大的佛钟

永乐大钟
大钟寺博物馆 12

　　原名"觉生寺"，乾隆时期将大钟从万寿寺移送至此，故俗称"大钟寺"。本为皇家佛教寺庙，1985年被划为古钟博物馆，展示中、外古代钟铃共400多件，反映中国古钟文化演变。
MAP:P.218 C3

西周时期的甬钟，已有两千年历史

展示世界各国赠送中国的友谊钟，工作人员可代敲让参观者试听其声音

庭院中展示各地机构赠送的铜钟

近年，大钟寺在农历新年也会举行庙会，每年元旦更会敲钟108响

Info
地址: 海淀区北三环西路甲31号
电话: 010-6255-0843
营业时间: 09:00 - 16:30
休息: 周一
入场费: ￥10
前往方法: 地铁13号线"大钟寺"站A出口，沿北三环西路往西走约5分钟

平民文化的起源

崇文区（现并入东城区）、宣武区（现并入西城区）

　　位于北京市南部的崇文区和宣武区，现已分别并入东城区和西城区，但北京人一般仍称呼其旧名。两区各以"宣武"与"崇文"两座城门命名，两区相连，本地人通常并称其为"南城"。

　　昔日，相较于住满达官贵人的东城、西城，崇文区、宣武区则是平民百姓的聚居地。区内胡同狭窄，走向没那么规矩，很多就依地势而建，四合院规模也较小，没有华丽的复进式四合院。

　　就在狭窄的胡同中，孕育出了独特的北京平民文化。这里繁华的市民商业街、戏院林立，是昔日普通大众的娱乐之地，众多老字号也在此诞生，京剧亦在此得以发扬光大。

　　随着城区的发展，拆迁的老区多不胜数，可喜的是崇文、宣武的变迁相对较少，仍保存着淳朴的胡同民风，市井之中更流露出深厚的历史文化气韵。

交通　地铁1、2、4、5号线。

记忆中的崇文、宣武

"崇文区"和"宣武区"其实已不存在了，2010年年底，政府将两区分别划入东城区和西城区。很多北京人都感到不舍，认为"宣武"与"崇文"两座城门已拆，连地名也消失实在可惜。

崇文门菜市场，1976年开业时曾是全国的最大菜市场，2010年关闭清拆，迁至广渠门，原址将兴建写字楼

京奉铁路正阳门东车站，俗称"前门火车站"，是北京最早的火车站。始建于清光绪二十七年（1901年），为欧式风格建筑，现已规划为中国铁道博物馆正阳门馆

提醒你

N

A B C D

1

东交民巷
西交民巷
市二十九中
广场西侧路
广场东侧路
东来顺
北京警察博物馆
正阳门
前门站
宣武门东大街
市急救中心
和平门站
市一六一中（南校区）
前门西大街
和平门商场
前门西街中学
KFC
煨楼
旅游集散中心
和平门支局
前门西河沿街
市规划展览馆
北京铁路博物馆

2

香炉营头条
香炉营东巷
北京师大附中
余家胡同
延寿路
珠宝市街
13
北京第一实验小学
椿树医院
琉璃厂西街
琉璃厂小学
琉璃厂东街
炭儿胡同小学
07
东来顺
瑞蚨祥
前门大街
广和剧场
06
鲜鱼口街
市四十三中
南新华街
西草厂街
山西街
抬头巷
大观楼
09
08
大栅栏西街
煤市街
粮食店街
前门东路
10

3

骡马市大街
铁树斜街
陕西巷
石头胡同
珠市口西大街
校尉营胡同
甘井胡同
东来顺
京泰龙国际酒店
珠市口大街
世纪天鼎购物广场
精忠街
11
市四十三中
潘家胡同
阡儿胡同
万明路
板章胡同
天坛路
东市场街
05
天桥市场斜街

4

虎坊路
腊竹胡同
永安路
天桥市场斜街
永安路
虎坊路
04
永安路百货商场
友谊医院
东经路
东经路
天桥医院
天桥南大街
北京自然博物馆
南横东街
黑窑厂街
太平街
西经路
北纬路
北纬路中学
新农街
禄长街
太平街小学
北京伊斯兰教经学院
市六十二中
崇文区（现并入东城区）、宣武区（现并入西城区）部分地区示意图

A B C D

回民学校
东来顺
广安门内大街
菜市口站
牛街支局
宣武图书馆
教子胡同
回民小学分校
开元名都酒店
17 牛街
16
输入胡同
15
法源寺
中国佛学院
法源寺前街
菜市口大街
地铁4号线
中国伊斯兰教经学院
枣林前街
南横西街

5

01 天坛
电话: 010-6702-8866
开放时间:
3~6月08:00-17:30、7~10月08:00-18:00、11月~次年2月08:00-17:00（关门前1.5小时停止售票）

02 老磁器口豆汁店
电话: 010-5169-3114
营业时间: 06:00-20:00

03 红桥市场
电话: 010-6711-9130
营业时间: 09:30-19:00

04 永安路百货商场
电话: 010-6303-6566/
010-6303-6289
营业时间: 08:30-18:30

05 前门大街
开放时间: 24小时

06 都一处烧卖馆
电话: 010-6702-1555/
010-6702-1671
营业时间: 10:00-22:00

07 大栅栏
开放时间: 24小时

08 六必居
电话: 010-8843-3907
营业时间: 08:30-19:00

N

E　F　G　H

首都大酒店
前门东大街　地铁2号线
14　前门东小街
崇文门站
崇文门西大街
前门小学　市九十六中
利群烤鸭店　东打磨厂街
区中医院　崇文门外大街
西兴隆街　新世界商场
　便宜坊
　百老汇电影中心
上三条小学
崇文门东大街
花市上头条
北花市大街
西花市大街
南花市大街

1

长巷四条小学　祈年大街
便宜坊
新世界商厦　搜秀城
茶食胡同　崇文门外大街
两广中医医院　普仁医院　新景小学
福善寺

国龙医院
珠市口东大街　地铁5号线
磁器口站
广渠门内大街
石板胡同

2

南桥湾街　清华街
金台小学　祈年大街
东晓市街
新生巷
西唐街
慈店西街
红桥小学

市十一中　金鱼池中街
金鱼池西街　金鱼池地巷
香椿胡同
东大地街
法华寺街

3

精忠街小学
天坛路
01　02
区中医院第一门诊
金台小学分校
03
区实验中学
体育馆西路

祈年殿

体育馆路小学
体育馆路
北京体育馆

A2
A1　天坛东门站　B
一零九中学
龙潭路

4

市一一五中
广渠门中学分校
前门小学
龙潭西湖公园

E　F　G　H

09 同仁堂
电话: 010-6303-1155
营业时间: 08:00-19:00

10 琉璃厂
开放时间: 外部随时参观

11 湖广会馆
电话: 大戏楼010-6351-8284、
楚畹园010-6355-3112
博物馆开放时间: 09:00-19:00
楚畹园营业时间: 10:00-14:00、
17:00-21:30
京剧演出时间: 19:30-20:40

12 老舍茶馆
电话: 010-6303-6830/
010-6302-1717
营业时间: 09:30-22:00
演出时间:
(民乐、皮影)周一至周五14:00-18:00;
(曲艺专场)周六及周日|
(综艺表演)13:50-21:20*

13 Capital M
电话: 010-6702-2727
营业时间:
平日午餐11:30-14:30、晚餐18:00-
22:30;周六、日早午餐11:30-
17:00,下午茶15:00-17:00、晚餐
18:00-22:30

14 前门23号
电话: 010-6559-9200

15 牛街清真寺
电话: 010-6527-5315
开放时间:
08:30-11:00、12:30 -16:30

16 清真吐鲁番餐厅
电话: 010-8316-4691
营业时间:
10:00-14:00、17:00-21:00

17 牛街清真超市
电话: 010-6355-6687
营业时间: 09:00-22:00

皇家祭坛
01

天坛

原名"天地坛"，是明清两朝帝王祭天、祈谷和祈雨的场所。始建于明永乐十八年（1420年），是现存中国古代规模最大的祭祀建筑群，总面积达273公顷（2.73平方公里），是故宫面积的4倍。天坛的主建筑是祈年殿和圜丘，坛内种有3000多棵百年古树，见证天坛的历史。**MAP:P.233 E3-E4、F3-F4**

附近居民常到天坛休闲，拿笔用清水在地上练习书法，是京城百态的代表之一

天坛内部示意图

北门
售票处
北天门
天坛路
双环万寿亭   神厨   宰牲亭   售票处
皇乾殿   七十二长廊   东门
百花园   喷水池   祈年殿   七星石
月季园   东天门
西门   西门   丹陛桥   地铁5号线"天坛东门"站A出口
钟楼
斋宫   九龙柏   皇穹宇
神乐署   回音壁   宰牲亭
三座门   圜丘   神厨
天桥南大街   更衣台
昭亨门   泰元门
广利门   南门
永定门东街

N

祈年殿

坐落在祈谷坛中央，明清两朝皇帝均在此祈求风调雨顺、五谷丰登。殿平面呈圆形，直径26米，上为三重檐圆攒尖顶，蓝色琉璃瓦顶象征青天

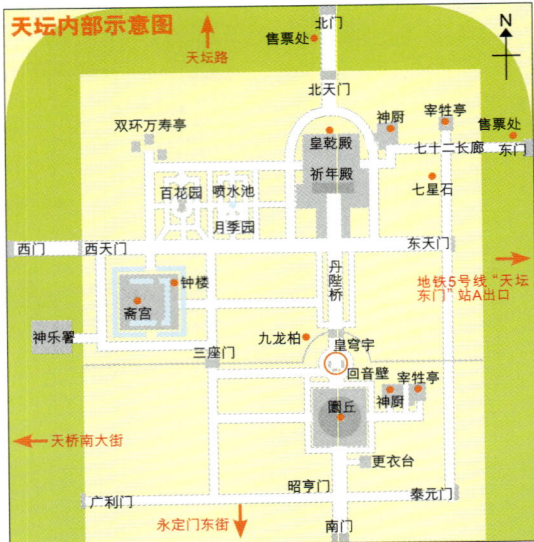

Info

地　址： 东城区天坛内东里7号
电　话： 010-6702-8866
开放时间： 3~6月08:00-17:30、7~10月08:00-18:00、11月~次年2月08:00-17:00（关门前1.5小时停止售票）
入场费： 4~10月门票￥15、联票￥35，11月~次年3月门票￥10、联票￥30
网　址： www.tiantanpark.com
前往方法： 地铁5号线"天坛东门"站A出口

提醒你

1.祭天仪式起源
自周朝起，中国已有祭天仪式，汉代以来历朝历代帝王皆极为重视。明永乐以后的490多年来，每年冬至、正月上辛日和孟夏（夏季的首月），皇帝都会到天坛祭天和祈谷。如遇上干旱，皇帝便会在圜丘坛祈雨。祭祀时，皇帝率领文武百官朝拜祷告，献上供品，以祈求上苍垂怜施恩。

2.天南地北、天圆地方
天坛位于紫禁城东南方，位于东城区的地坛则建在紫禁城东北部，以符合中国古代天南地北之说。天坛为"回"字形布局，以两重坛墙包围，坛墙南边是方形，北边呈半圆形，象征"天圆地方"，俗称"天地墙"。

3.重建祈年殿
祈年殿原建于明朝，但在光绪年间被雷击起火焚毁，据说当时殿柱用沉香木制，燃烧时清香的气味数里之外都可以闻到。现在的祈年殿是光绪年间重建的，但基本建筑结构还保留着明朝的模样。

圜丘

圜丘是皇帝举行祭天大礼的地方，坛平面呈圆形，设三层汉白玉围栏

圜丘坛的拱门与其余四坛采用同样建筑风格

站在坛上看着开阔的天空，令人感到自然之庄严伟大

燎炉，焚化供品之用，祭祀时每个燎炉均烧上千斤木柴

燔柴炉，用绿琉璃砖砌成，祭祀皇天上帝时焚化牲口及供品之用

每层围栏都有多个用于坛面排水的石螭头，栏杆头上刻有云龙纹

皇穹宇、回音壁、斋宫

皇穹宇是供奉皇天上帝及皇帝上八代祖宗的牌位的地方

回音壁，皇穹宇院落的圆形围墙，因壁面整齐平滑，所以声音可沿内弧传递。两人分站东西两边，一人靠墙低声说话，另一人在远处也能清晰听见

斋宫，皇帝祭天前入住、作斋戒沐浴的地方

百年古树

天坛种有3500多棵古松柏及古槐，自明永乐年间种植，至清中叶已形成颇具规模的古树群落

苍翠古树与茵茵绿草，构成天坛静谧深远的气氛

提醒你

京城五坛

北京一共有五坛，是古代皇帝祭祀的地方，包括南城的天坛、北城的地坛、东城的日坛、西城的月坛、皇城的社稷坛，按《周易》理论而设立，南北东西相互对应，体现了天地日月人的关系。

豆汁，味道酸而微甜，外地人一般难以接受。但豆汁营养丰富，可消暑、健脾、祛毒，北京人最爱配焦圈当早餐。￥1.5/碗

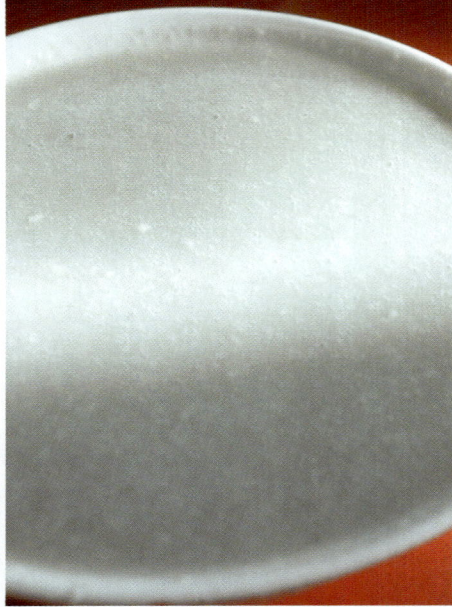

门外卖玉米菜团子，有萝卜粉条、雪里红鸡蛋、香菇油菜等多种馅。￥1.5/个

玉米面菜团子极受欢迎，店员每天不停制作，即制即蒸

名人爱豆汁

虽然很多外地人对豆汁不感兴趣，但豆汁却深得北京老百姓钟爱，很多京城名人都喝豆汁能喝出瘾。文坛巨人老舍先生曾自封为"喝豆汁儿的脑袋"，其夫人胡絜青更说过要看出一个人是否地道北京人，看他能否喝豆汁便知道。梁实秋亦曾在散文中写道"豆汁之妙，一在酸，酸中带着馊腐的怪味；二在烫，只能吸溜着喝，越喝越烫，最后是满头大汗"。京剧大师梅兰芳在抗战时隐居上海，但对豆汁念念不忘，他的北京弟子到上海演出时，便特意用玻璃罐装满豆汁带给老师。

提醒你

这里是街坊早餐店，糖火烧、螺丝转、墩饽饽等小吃均非常受欢迎

日卖近千碗
老磁器口豆汁店 02

很多人逛完天坛的节目就是到北门对面喝豆汁，酸馊的味道是北京人的最爱。豆汁是制作绿豆淀粉或粉丝时的副产品，虽不是珍贵食材，却是昔日宫廷的御膳小吃。京城中以老磁器口最有名气，日卖近千碗。门外还卖玉米面菜团子，广受街坊喜爱。

MAP:P.233 F3

玉米面外层像包子又像饭团，较硬而粗糙，带淡淡的粟米甜香，配上开胃的萝卜粉条馅，味道还真不错

Info

地址：东城区天坛路71号
电话：010-5169-3114
营业时间：06:00 - 20:00
消费：约￥10/位
前往方法：地铁5号线"天坛东门"站A出口，沿天坛路往西北走约10分钟即到，就在天坛北门对面

除了珍珠，市场2楼还卖丝绸和服装，3楼则卖古玩字画和工艺品

京城第一珍珠卖场
红桥市场 03

MAP:P.233 G3

中国最大规模的珍珠零售及批发市场之一，楼高8层，面积超过3万平方米。这里的珍珠品种丰富，包括海水珍珠、淡水珍珠、翡翠玉石等。附近以低价批发见称的红桥天乐玩具市场也广受游客欢迎。

Info

地址：东城区天坛东路46号
电话：010-6711-9130
营业时间：09:30-19:00
网址：www.hongqiao-pearl-market.com
前往方法：地铁5号线"天坛东门"站B出口

各种铁皮玩具，包括铁皮青蛙、铁皮老鼠等。￥5起

店铺的老北京生活用品种类繁多

上海牌重音口琴，品牌始创于1939年，很多中国人的第一把口琴就是上海牌。￥30

飞跃鞋，20世纪七八十年代中国少年的奢侈品。2006年被法国潮人Patrice Bastian引进欧洲变成潮物，一双卖50欧元，广受《ELLE》等潮流杂志报道，连万人迷Orlando Bloom在电影《我爱纽约》里都曾穿过。￥38起

深入民居淘宝
永安路百货商场 `04`

隐藏在民居小区里，1958年开业，专卖老品牌国货化妆品、搪瓷家庭用品、文具、服装等，全都是老北京的回忆。很多货品在北京市面已很难找到，连当地人都专程来淘宝。 **MAP:P.232 B3**

金星牌钢笔，连生产商都已倒闭了20多年，绝对绝版。￥20

百货位于民居小区，是街坊生活用品的来源

搪瓷水杯，老北京家庭必备。￥5~15

大红色保暖瓶（￥20起）和"囍"字痰盂

▌Info
地址：西城区永安路143号
电话：010-6303-6566 / 010-6303-6289
营业时间：08:30 - 18:30
前往方法：
1. 地铁4号线"菜市口"站C出口，转乘出租车，约￥10
2. 地铁4号线"菜市口"站C出口，走约15分钟

"铛铛车"开放给游客乘搭，每天09:00 - 21:00营运，往返前门至珠市口段，全程约5分钟，单程￥20/位

昔日繁华商街再现
前门大街 `05`

这里昔日是皇帝出城前往天坛所走的御道，明朝建外城后，变成老字号商贾云集、盛极一时的商业大街，至今已有570多年历史。奥运前这里大修改造成商业步行街，重现明末清初的建筑风格，汇集全聚德、都一处、九龙斋等多间老字号，还有ZARA、Uniqlo等外国品牌新商铺迁入，重复热闹。 **MAP:P.232 D1-D3**

老北京"铛铛车"，自1924年起成为北京人的主要交通工具，本于20世纪60年代已消失，现今又重出现于前门大街上

大街全长800米，北端有一座前门五牌楼

▌Info
地址：西城区前门大街
前往方法：地铁2号线"前门"站C出口

乾隆赐名的200多年名店 06
都一处烧卖馆

清乾隆三年（1738年）开业，本是前门外大街的小店"王记酒铺"，因乾隆赐匾取名"都一处"而享誉京城200多年。都一处以烧卖闻名全国，从烫面、和面、走锤到蒸，共需要14道工序。烧卖的花边褶皱最多可达30层，如同一朵朵精美的绢花，皮滑而馅肉多汁，更自创十几款馅料。此外，其传统凉菜及山东菜也非常受欢迎，每逢饭点必然排队。

MAP：P.232 D2

MAP：P.232 D2

乾隆赐名的都一处

话说乾隆微服私访京城，农历年三十晚深夜回宫时，很多店铺已经关门，只有王瑞福的"王记酒铺"仍然营业。乾隆进店用膳，由于招待周到、酒味浓香、小菜可口，便问老板王瑞福店名是什么，老板答："小店没名"，乾隆听后说："此时京城只有你一家开业，就叫都一处吧。"过了几天，更送来一块乾隆皇帝御笔赏赐的"都一处"虎头匾，从此声名大噪。

提醒你

马莲肉，以马莲草捆绑猪肉卤制而成，猪肉连着皮冻，爽口清凉。￥28

京糕梨丝，山楂糕配搭雪梨丝清甜爽口，消暑清热，夏天必选。￥18

蟹黄烧卖，蟹黄新鲜甘香。￥18

猪肉大葱烧卖是招牌烧卖，皮薄而滑溜，馅料鲜嫩多汁，丰富而不油腻。￥28

乾隆白菜，用麻酱、蜂蜜、白醋、芝麻拌的凉菜，开胃美味，据说乾隆吃后大赞。￥15

都一处在此营业已有200多年历史

装修像古代酒铺，放有描述乾隆当日在酒铺用膳情景的雕像

门外放有模仿当日送来乾隆御笔虎头匾时情景的雕像

Info

地址：西城区前门大街38号
电话：010-6702-1555 / 010-6702-1671
营业时间：10:00 - 22:00
消费：约￥50/位
前往方法：地铁2号线"前门"站C出口，沿前门大街走约5分钟即到，在大栅栏牌坊对面

中华老字号摇篮
大栅栏 `07`

北京人发音为"大石栏儿"，自明朝以来已是极繁盛的商业街，老北京有句顺口溜："看玩意儿上天桥，买东西到大栅栏"。大栅栏内有同仁堂、张小泉、张一元、内联升、步瀛斋等多家中华老字号总店，全都装修得古色古香，重现古代的繁华面貌。

MAP:P.232 C2、D2

明朝时为防止盗贼隐藏在大街小巷之内，于是在街巷道口建立木栅栏，因而得名

大观楼，北京第一家电影院。老板任景丰在空地上用自然光和手摇摄影机拍成了中国第一部电影，在大观楼放映

瑞蚨祥绸布店，为京城八大祥之首。1949年新中国成立时，天安门广场升起的第一面五星红旗的面料也由瑞蚨祥提供

—Info—
地址： 西城区大栅栏
前往方法： 地铁2号线"前门"站C出口，沿前门大街走约5分钟即到大栅栏牌坊

老字号酱料王
六必居 **MAP:P.232 D2** `08`

中华老字号酱园，创始于康熙年间，以各式甜酱菜和黄酱最为著名。北京人最爱用其甜酱菜伴粥当早餐，或用其黄酱制作炸酱面酱料，每逢农历年前肯定排长队。

招牌产品有甜酱八宝菜、甜酱黑菜、甜酱黄瓜、白糖蒜、黄豆酱油等

—Info—
地址： 西城区前门外粮食店街3号
营业时间： 08:30-19:00
网址： www.liubiju.com.cn
前往方法： 大栅栏靠近前门大街段，转入粮食店街即到

王牌名药
同仁堂 **MAP:P.232 D2** `09`

乐氏家族世代经营的药店，创始于清康熙年间，主营过百种自创中成药，产品行销40多个国家和地区。安宫牛黄丸、同仁大活络丸、壮骨药酒、塞隆风湿酒等都是王牌药品，大栅栏总店还有中医师驻诊。

牛黄解毒丸，清热解毒，吃涮羊肉上火了可以服上一丸。¥8/盒

当地人有疑难杂症时必到同仁堂买药

—Info—
地址： 西城区大栅栏街24号
营业时间： 08:00 - 19:00
网址： www.tongrentang.com
前往方法： 大栅栏街中段

文人旧市
琉璃厂 `10`

相比人来人往的前门大街和大栅栏，琉璃厂明显较恬静古雅。这里自清朝起已是京城最大的古旧书市和文房四宝街，分为东街和西街，现今仍有多家著名老店和古玩字画店。

MAP:P.232 A2、B2

三轮车夫可带游客穿越琉璃厂街、延寿街、大栅栏西街做胡同游，收费约¥40/位

位于西街头的中国书店，是中国最大的古籍旧书书店

—Info—
地址： 西城区前门大街38号
网址： www.liulichangchina.cn
前往方法： 地铁2号线"和平门"站C出口，沿南新华街往南走约5分钟即到

采访当晚上演《孙悟空大闹天宫》，猴王表情丰富，逗得观众开心得不得了。而且硬桥硬马真功夫，非常好看

楚畹园

会馆的楚畹园提供特色私房菜，上菜较慢，建议开戏前提前两小时来这里吃饭

西歧一口香臊子面，是流传自西周的传统名菜，酸、辣、香俱全，滋味十足。￥8

坛子鸡，肉质嫩滑而入味，伴饭一流。￥35

京剧大戏楼
湖广会馆 11

　　曾是清代湖南、湖北人的同乡会馆，始建于1807年，孙中山、梅兰芳、纪晓岚、曾国藩等也曾踏足此地。四合院建筑内设湖广私房菜馆"楚畹园"，和一座大戏楼，每晚有北京京剧院著名京剧演员演出，配中、英文字幕，是大家初看传统京剧的首选地点。

MAP:P.232 B3

看京剧有免费茶点供应

大戏楼设上、下两层观众席，可容纳千人，全场观众高声喝彩时极有气氛

湖广会馆的大戏楼曾被评为京城的四大戏楼之一

I Can Tips

会馆在"文昌阁"设有北京戏曲博物馆，每天开戏前开放，入场前可前往参观。

▶Info◀

地址： 西城区虎坊路3号
电话： 大戏楼010-6351-8284、
　　　　楚畹园010-6355-3112
博物馆开放时间： 09:00 - 19:00
楚畹园营业时间：
10:00 - 14:00、17:00 - 21:30
京剧演出时间： 19:30 - 20:40
博物馆入场费：
￥10（持京剧门票可免费参观）
京剧门票： ￥180、￥280、￥380、￥680
网址： www.beijinghuguang.com
前往方法： 地铁2号线"和平门"站C出口，沿南新华街往南走约15分钟至虎坊路即到

京调茶艺馆
老舍茶馆 12

　　以文学巨人老舍的名作《茶馆》命名。每天都有民乐、皮影戏、相声、变脸、京剧、杂技、功夫等演出，可一边品茗一边欣赏，美国前总统布什曾是座上客。

MAP:P.232 C1

店员当场为客人泡茶，非常讲究

身穿古装的伙计仿佛是从京剧中跑出来的人物

大碗茶，附送茶点，图为小窝头，另有艾窝窝、豌豆黄等多款选择，小巧精致。茶费￥38~80/位

老舍茶馆重新开张时，老舍夫人胡絜青更亲临揭幕式

▶Info◀

地址： 西城区前门西大街正阳市场3号楼
电话： 010-6303-6830 / 010-6302-1717
营业时间： 09:30-22:00
演出时间：（民乐、皮影）周一至周五14:00-18:00；（曲艺专场）周六及周日；（综艺表演）19:50-21:20*
门票： 综艺表演￥180~380；民乐、皮影免费
网址： www.laosheteahouse.com
消费： 约￥100/位
*包括曲艺、京剧、相声、变脸、舞蹈、功夫等，每晚不同
前往方法： 地铁2号线"前门"站C出口，沿前门西大街往西走约5分钟即到

在前门品茗
Capital M
13

位于前门大街，坐拥天安门和故宫的宏伟景色。主打现代欧陆菜式，其中甜品的口碑最佳，逢周末品茗更是一大特色。在拥有500多年历史的正阳门前，品尝下午茶，实在是非同一般的享受，难怪曾获《金融时报》强烈推荐。

MAP:P.232 D1

Pavlova，新西兰传统蛋白饼，是必点的招牌甜品，入口即化，回味无穷。￥98

脆皮乳猪配焦糖，用西班牙方式制作，外层香脆，肉汁丰富，足够两人分享。￥258

下午茶包括各式甜品、松饼、丹麦三明治等，从甜品到茶具均非常精致，是周末下午的最佳享受。￥138/位

Tips
周末的露台座位经常爆满，建议预先订位。

设有酒吧，提供多款特色鸡尾酒，同样可欣赏前门美景

露台夜景一流，在此享用晚餐极度浪漫

Info
地址：西城区前门大街2号3楼
电话：010-6702-2727
营业时间：
平日午餐11:30 - 14:30，晚餐18:00 - 22:30；
周六、日早午餐11:30-17:00，下午茶15:00 - 17:00，晚餐18:00 - 22:30
网址：www.capital-m-beijing.com
消费：约￥250/位
前往方法：地铁2号线"前门"站C出口，沿前门大街走约5分钟即到

由米其林二星名厨Claudio Sadler开设的Ristorante Sadler，又名"三乐意式餐厅"

Maison Boulud à Pékin，又名"布鲁宫法餐厅"，由米其林二星名厨Daniel Boulud开设

院子内是偌大的草坪，时尚杂志《Vogue》曾在此举办星光熠熠的千人派对

贵族聚点
前门23号
14

MAP:P.233 E1

曾是清朝的美国使馆，由上海外滩的创办人李景汉打造成北京的贵族聚点。内有两家米其林二星餐厅、名牌手表百达翡丽专卖店、艺术中心及剧院等，汇集高级餐饮、文化艺术与奢华娱乐。

Info
地址：西城区前门东大街23号
电话：010-6559-9200
网址：www.chienmen23.com
前往方法：地铁2号线"前门"站B出口，沿前门东大街往东走约5分钟即到

礼拜殿
朝向圣地麦加，乃全寺最主要的建筑，可容纳千人礼拜。以中国传统木结构建筑，有3层屋顶，门楣饰以各种文体的《古兰经》文。

中国宫殿式的礼拜寺 15
牛街清真寺

　　始建于辽代，由阿拉伯学者纳苏鲁丁创建，结合中国古典宫殿和阿拉伯式清真寺的建筑风格，位居京城四大清真寺之首。寺内保留了大量文物，包括两块阿拉伯文基碑，以及阿拉伯语与波斯语对照的《古兰经》手抄本及木刻，受到国内外学者关注。

MAP：P.232 A5

寺内有多个"乜贴箱"（捐赠箱），乜贴（Niyyah）为伊斯兰教用语，可解释成奉献。

碑亭
共有两座，位于礼拜殿前两旁，左右对称，亭内碑文记载礼拜寺修建经过。

望月楼
楼高约10米，平常关闭，每年伊斯兰历九月进入斋月时，阿訇（伊斯兰教教师）、乡老登楼寻望新月，以定斋月始末，故名"望月楼"。

涤虑处
又称"男水房"，供穆斯林男信徒洁身净心之用。

参观清真寺守则
在伊斯兰教国家参观清真寺有很多规则，如女人需要戴头巾或穿长袍，而牛街清真寺的规则较宽松：

1. 进入礼拜堂前要脱鞋，在寺内应保持安静。
2. 女生不可穿短裙，否则禁止入内。
3. 穆斯林一天礼拜5次，每天的时间都不一样，以太阳的高度来认定时间，分别为日出前的晨礼、午后的晌礼、太阳平西时的晡礼、日落天黑前的昏礼、夜间的宵礼，每次需时十多分钟。

提醒你

邦歌楼
用作礼拜前登楼向教民报告时间，又称"宣礼楼"或"唤醒楼"。

清真女寺
女信徒专用，寺内天花梁柱上用花朵和吉祥器物图案装饰，悬挂玻璃串珠大吊灯，结合中国和阿拉伯风格。

Info

地址： 西城区牛街18号
电话： 010-6527-5315
开放时间： 08:30-11:00、12:30 -16:30
门票： 外国人￥10、中国籍非教徒￥5
前往方法：
1. 地铁2号线"长椿街"站C2出口，沿长椿街及牛街往南走约15分钟即到
2. 地铁4号线"菜市口"站D出口，沿广安门内大街往西走约10分钟，转到牛街再走约3分钟即到

正宗西域风味
清真吐鲁番餐厅 ¹⁶

1985年开业，是北京最早的新疆风味餐厅之一，多年来口碑极佳。餐厅的孜然采自吐鲁番，所以能做出正宗新疆风味。每个客人必点一大盘烤羊肉串，其大盘鸡、拉条子、烤馕等新疆风味菜式也大受欢迎。

MAP:P.232 A5

特色羊排，外层铺满芝麻的烤羊排极香浓，分量足够3~4人分享。￥98

馕炒肉，馕是新疆人的主食，以炉烤制而成，外形似薄饼，外脆内软，充满芝麻香，加入孜然炒肉，更加惹味。￥30

近年重新装修，大厅饰以伊斯兰风格花纹装饰

牛街清真社区

牛街一带是京城的清真社区，据说这里原是一片石榴园，称为"榴街"。因为住户多为回民，做出的牛肉出名地好吃，加上"牛"和"榴"字同音，于是人们干脆改称"榴街"为"牛街"。

街上布满伊斯兰小吃摊贩，每到开斋节，居民便在牛街上唱歌跳舞，一派节日气氛。

提醒你

餐厅楼高两层，采用绿、白色的伊斯兰建筑风格

Info
地址： 西城区牛街北口6号楼
电话： 010-8316-4691
营业时间： 10:00 - 14:00，17:00 - 21:00
消费： 约￥50/位
前往方法： 从牛街清真寺沿牛街往北徒步5分钟即到

王守义十三香孜然粉，清真品牌，用来做肉美味甘香。￥4

法立德孜然味牛肉肠，带有辛香孜然味，风味独特。￥7

超市卖许多清真食品，连内蒙古伊利推出的清真食品都有

超市货品符合清真标准，为回民提供生活所需

汇集各地清真美食
牛街清真超市 ¹⁷

位于清真寺附近，占地3层，其中地下超市有2000多种来自各地的清真食品，不少在市面都极为罕见，例如宁夏夏进乳品的清真牛奶、山东百寿坊的清真牛羊肉汤等。第二层是清真就餐区court，有兰州牛肉面、西安羊肉泡馍等各地清真美食。

MAP:P.232 A5

Info
地址： 西城区牛街5号
电话： 010-6355-6687
营业时间： 09:00 - 22:00
前往方法： 牛街清真寺斜对面

243

不到长城非好汉

万里长城

万里长城长又长。

始建自春秋战国时期，经过历代的增补修筑，已有两千多年历史。现存长城一般指明长城，西起甘肃嘉峪关，东至辽东虎山，行经10个省区市，岂止万里，总长达8852公里，如同中国历史一样源远流长。1987年，被联合国教科文组织列入《世界遗产名录》，也被评为"世界七大奇迹"之一。

游览长城，有许多个关城可以选择。从北京出发，恬静的有慕田峪、热闹的有八达岭、陡峭的有水关、最有战略价值的有居庸关、最原始的有金山岭、依山傍水的还有山海关。每段各有特色且难度不同，可依据体力和喜好选择最适合自己走的长城关城。

*往长城交通请见后文各个关城的"前往方法"

01 慕田峪长城
电话: 010-6162-6022/
010-6162-6894
开放时间: 夏07:00-18:30、
冬07:30-17:30
缆车营运时间: 夏08:00-17:00、
冬08:30-16:30

场内提供
小圈、瓦厂、小修面

02 八达岭长城
电话: 010-6912-1363/
010-6912-2222
开放时间: 夏季06:30-19:00、
冬季07:00-18:00
索道营运时间:
旺季08:00-16:30、
淡季08:30-16:00

03 居庸关
开放时间: 4-10月07:30-17:00、
11月~次年3月08:00-
17:00

旅游集散中心一日游

位于前门的"旅游集散中心"每天都有团前往八达岭长城、居庸关、明十三陵、司马台等近郊景点。收费¥100~160/人，根据景点而定，费用已包括景点门票及车费，沿途有导游讲解，部分更赠送午餐，但行程也包括到购物中心，变相缩短参观时间。

长城一日游出发时间

八达岭长城：每天06:00-10:30
司马台长城：平日09:00、周末07:00-08:30
*满客即走，如不满客，也保证11:30把乘客送到长城

▶Info◀

地址：西城区前门西大街甲1号
电话：010-8353-1111
前往方法：地铁2号线"前门"站C出口

德胜门长城旅游专线

西城区的德胜门箭楼处设有八达岭长城的旅游专线919路，前往居庸关和水关长城的话需搭乘919路再转车。

▶Info◀

地址：西城区德胜门东大街9号德胜门箭楼
营运时间：06:30-17:00（约5分钟一班）
车程：约1.5小时
车费：空调¥12、普通¥7
前往方法：地铁2号线"积水潭"站A出口，沿北二环路往东走约10分钟即到

提醒你

万里长城所在位置示意图

04 水关长城
场内推介：
长城脚下的公社

05 金山岭长城
电话：0314-8830-222
开放时间：24小时
紧通营运时间：08:00-17:00

慕田峪是游人较少但极具气势的长城景区，大可慢慢拍照参观

气势磅礴也能静赏 01

慕田峪长城

　　自冯小刚电影《非诚勿扰2》在此取景后而人气急升。慕田峪长城的历史可追溯至北齐（550~577年），由于战略地位重要以及多次修缮，成为明长城保留最为完好的部分之一。开放路段全长约3000米，建有敌楼、铺房等26座，海拔最低486米，最高上升到800多米，蜿蜒腾跃在燕山群峰中，被长城专家称为"危岭雄关"。

　　慕田峪很少有旅行团前往，北京市内有旅游专车直达，比起人头攒动的八达岭长城要清静得多。而且这里景致开阔，区内更有缆车服务，附近还有不少特色餐厅和度假村，所以在此可以静静地感受长城的磅礴气势。

MAP:P.245

城楼解码
长城中的"楼"，指的是城楼，是古时的观察所、指挥所和战斗据点。第1楼即是最近长城起点的第一座城楼，以此类推。在慕田峪乘搭缆车可直达14楼。

提醒你

冬季的慕田峪长城，枯黄的野草更添苍凉感觉

慕田峪长城示意图

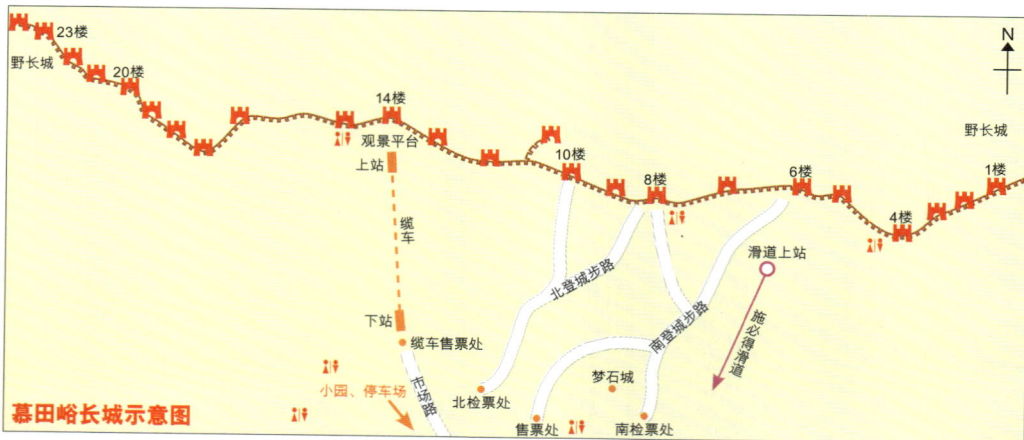

N

野长城
23楼
20楼
14楼
观景平台
上站
缆车
下站
缆车售票处
10楼
8楼
6楼
4楼
1楼
野长城
北登城步道
南登城步道
滑道上站
施必海滑道
梦石城
小园、停车场
市场路
北检票处
售票处
南检票处

乘搭缆车可直达第14楼附近的观景平台，全程耗时约5分钟。票价：单程￥45，来回￥65

第14~20楼有很多卖饮品和纪念品的小摊贩，真佩服他们每天爬数百级楼梯到此做生意

第20楼前有一段"长命斜"，举头一望石级延绵不断

靓景拍摄攻略

在第20楼的观景台，可看到长城伏在巍峨山脊的宏伟景色

第15楼可拍到长城延绵的气势

透过敌楼窗户拍长城，是热门的摄影构图

采访当日正有一对新人和摄影师在此拍婚纱照

提醒你

电影《非诚勿扰2》中，葛优就是在这第15楼向舒淇求婚的

部分路段极其陡斜，两名年轻人赛跑上斜，累得要四肢爬行才能平衡

野长城

21楼往后属于野长城部分，即是未完全修复的路段。虽然对外开放，但一片残垣断壁，道路狭窄而陡峭，较危险。若游客在此受伤，门票保险里并不担保此段，所以建议有丰富攀山经验的游人才可跟随远足团爬这段。

残垣断壁

由野长城往前走约10公里，即到著名景点箭扣长城

Info

地址：怀柔区慕田峪长城
电话：010-6162-6022/010-6162-6894
开放时间：夏07:00-18:30、冬07:30-17:30
入场费：￥45
缆车营运时间：夏08:00-17:00、冬08:30-16:30
缆车票价：单程￥45、来回￥65
网址：www.mutianyugreatwall.com
前往方法：
1. 公交车：从地铁2号线"东直门"站，转乘936路旅游专车，总站是红螺寺，但之后还有一个站，下车即到慕田峪长城停车场。发车时间：07:00、08:00、09:00，回程时间：14:00、15:00、16:00，车程约2小时
2. 包车：从北京市区包车往返约￥600，服务周到，提供从酒店接送往返其他京郊旅游或机场接送服务

Reflections有两间卧室，用当地采石场的石头建造，落地玻璃窗设计景致开阔

住在长城边
小园

慕田峪长城附近的慕田峪村里有十多栋度假屋与艺术餐厅，由定居这里十多年的美国人Jim Spear设计，把乡村农舍改建成中西合璧、新旧并融的梦想之家。每间屋可容纳5人或以上，都可以望到长城景色，房价最低只要￥3000/晚，在长城下开派对或静静享受农村新体验都很适合。

Reflections屋内置有回旋楼梯

Heart's Repose是一间偌大的四合院，有3间房间，带浴室、厨房、客厅连壁炉，可容纳6~7人

Heart's Repose的开放式厨房非常宽敞，最适合一家大小住或开派对

由村内最旧房屋改建的Reflections，从外观到布置均大致保留原貌，内有两间套房，带浴室、厨房、客厅和壁炉，可容纳4~5人

另一款度假屋Pavilion建筑采用玻璃屋风格，在室内也可亲近大自然

课室的西餐
小园餐厅

小园附设西餐厅，用废弃的小学改建而成，从露台可看到长城景色。菜式大多采用慕田峪村所种的新鲜食材，最适合爬完长城在此小憩休整。

小园是慕田峪一带首家西餐厅，附设彩色玻璃工作室，每天13:00及15:00均有工艺师现场表演吹制玻璃

餐厅仍保持课堂的布置

餐厅提供蜡笔让客人在餐纸上画画，之后会贴在教室

乡村沙拉，采用当地农村所种的蔬菜，非常新鲜，分量够3人享用。￥76

—Info—

地址： 怀柔区慕田峪村
电话： 010-6162-6506
餐厅营业时间： 09:00 - 21:00
餐厅消费： 约￥100 / 位
度假屋房租：
Pavilion 约￥3000 / 晚、Reflections 约4200 / 晚、Heart's Repose约￥5600 / 晚
网址：
www.theschoolhouseatmutianyu.com
前往方法： 从慕田峪长城停车场沿下山车路走，约15分钟即到

房间采用落地玻璃设计，躺在床上就可尽览远山长城景致，视野开阔

床顶还有天窗，可躺着看星星

瓦厂还设有露天泳池和SPA

最受欢迎的中国B&B
瓦厂

由琉璃瓦厂改建而成，同样由小园老板Jim Spear设计，沿用瓦厂布局，运用原有的一砖一瓦，将窑洞改造成套房，既保留了原始建筑，亦有创新，极受旅客欢迎，卖点是身在房内就可饱览长城美景，曾获得《Trip Advisor》"最受欢迎中国B&B旅馆"的第4位。

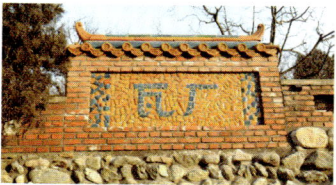

餐厅设有壁炉，让人感觉像置身于欧洲古老大屋中

瓦厂由当地工匠改建　聘用村民做服务员，也帮助了村民的生计

老板Jim Spear运用瓦厂留下的碎琉璃瓦来装饰酒店，物尽其用

Info
地址：怀柔区北沟村
电话：010-6162-6506
房租：高级套房 约¥1280/晚、豪华套房 约1380/晚
网址：www.brickyardatmutianyu.com
前往方法：位置距离慕田峪长城停车场颇远，可预先联络小园面包车前来接，车程约15分钟

农家手擀面
小庐面

隐藏在慕田峪北沟村里的农家院落，只在夏天周末时营业，是由Jim Spear打造的地道人气手擀面馆。手擀面¥32一碗，炸酱、卤酱等酱料及配菜则可另点。客人还可以尝试亲手擀面，因此吸引了很多香港及外地游客前来体验正宗的农家风味。

小庐面只在夏天周末营业，是很多游客乃至北京人夏天的期待

客人可坐在炕上体验北方院落特色，也可在露天座位上欣赏长城

Info
地址：怀柔区北沟村130号
电话：010-6162-6506
营业时间：每年4~10月逢周六、日11:00-15:00
消费：约¥100/位
网址：www.xiaolumian.com
*需订位
前往方法：位置距离慕田峪长城停车场颇远，可预先联络小园面包车前来接，车程约15分钟

八达岭长城游览区以关城为中心，全长3741米，从南7楼到北12楼，共有19座敌楼

做个真好汉

八达岭长城

对于很多海外游客来说，八达岭几乎就是中国长城的代名词，几乎每名攀登长城的好汉都是从八达岭长城开始的。

八达岭是北京最早开放旅游的长城，也是至今保存最好、最著名的一段明代长城。可行部分全长3741米，最高点海拔1015米，史称"天下九塞之一"，把中国长城的特色尽情展现。

八达岭的优点是设施完善、交通方便，附近游乐设施、餐厅、纪念品店林立，自缆车建成后，爬几级楼梯便可到达好汉坡当好汉了。唯一缺点，那就是游人太多！

关城，又称瓮城，是八达岭长城的最主要部分，但由于需要徒步拾级，所以经常被遗忘。关城墩台下层以10多层花岗岩石砌成，城台两侧各建一座敌楼，十分雄伟

进入关城后会看到几座明代铸造的大炮，其中最大的一门叫"神威大将军"，1638年铸造

八达岭长城滑道旁设有熊乐园，园内饲有多头黑熊、棕熊等，免费参观

MAP:P.245

北门锁钥，关城东门上题有"居庸外镇"，西门上方则有"北门锁钥"。有说"居庸之险不在关，而在八达岭"，指居庸关虽是古代北京之门，但八达岭才是防御的据点

"不到长城非好汉"的好汉坡位于北8楼，是留影热门地

位于停车场前的中国长城博物馆，展览全国各地长城文物、照片和模型等，免费

从关城向南走可达7个城楼，向北走可达12个城楼。往北行到北4楼就是滑车道，北8楼则有索道站

八达岭景区内交通

昔日游览八达岭，只能徒步，现在上山则可乘缆车，够胆量的还可乘滑道下山。

缆车

缆车全程只需15分钟，攀升500米，可直上北8楼，步行几级楼梯就到好汉坡。票价单程￥30、来回￥60

滑车

在熊乐园旁乘滑车可到北4楼，票价单程￥30。若要去好汉坡需再步行约40分钟

游八达岭4大线路

线路一：
从关城起步南行至南4楼，再原路返回关城，优点是游人较少，适合拍照。

难度：★★★★★
需时：2~3小时

线路二：
乘缆车上北8楼，再步行到关城折返下山。

难度：★★★☆☆
需时：1小时

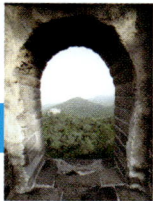

线路三：
乘缆车上北8楼，转乘滑道下山，从林场出口离去。

难度：★☆☆☆☆
需时：半小时

线路四：
徒步上山，再乘滑道或缆车下山，先苦后甜。

难度：★★★★☆
需时：2~4小时

八达岭长城示意图

▶Info◀

地址：延庆县八达岭长城
电话：010-6912-1363 / 010-6912-2222
开放时间：夏季06:30 - 19:00、
　　　　　冬季07:00 - 18:00
入场费：旺季￥45、淡季￥40
索道营运时间：旺季08:00 - 16:30、
　　　　　　　淡季08:30 - 16:00
索道收费：来回￥60、单程￥40
滑道收费：单程￥30
网址：www.badaling.gov.cn
前往方法：
1. **包车：**从北京市区包车往返约￥600
2. **公交车：**在西城区德胜门搭乘八达岭长城旅游专线919路即到，车程约1.5小时。营运时间：06:30 - 17:00
　　车费：空调￥12、普通￥7
3. **和谐号：**地铁2或13号线"西直门"站A出口，在北京北站转乘和谐号"北京北至延庆"Y字头线路，至八达岭站下车，走20分钟即到景区入口
　　列车每天对开2~3班，车程约1.5小时。首班列车约09:30从北京北站开出，末班车约19:40从八达岭开出，确切时间请留意公告。回程车票需在八达岭火车站购买，建议在八达岭下车后立即购买回程车票
　　车费：空调￥23、普通￥19

居庸关在军事上占有重要位置，早在春秋战国时期，《吕氏春秋》就称"天下九塞，居庸其一"

居庸关极具中国古城池的建筑特色，瓮城内建有一座关帝庙

居庸关地处沟谷，北面河道与长城交汇处建有水门，因此居庸关风景格外秀丽，山峦翠绿

兵家必争
居庸关 03

离北京只有约50公里的居庸关长城，是北京西北的门户，历朝都是兵家必争之地。居庸关分为南关和北关，南关采用瓮城式设计，马蹄形的城墙后才是正式的城门。昔日若敌军攻入瓮城，守军随即将主城门和瓮城门关闭，就如同瓮中捉鳖。

2008年Karl Lagerfeld曾在居庸关举行Fendi时装秀，让全球注目

MAP：P.245

■Info
地址：昌平区南口镇居庸关
开放时间：4～10月07:30-17:00、11月～次年3月08:00-17:00
入场费：4～10月￥45、11月～次年3月￥40
网址：www.juyongguan.com
前往方法：在西城区德胜门搭乘八达岭长城旅游专线919路公交车，到南口东街下车，转乘昌平区城乡班车68路车直达景区

水关长城东起"川字一号"敌楼，西至京张铁路时被截断

水关长城属于八达岭的一部分，有些旅行团采用鱼目混珠的方法，将水关说成八达岭长城，所以参加旅行团时要询问清楚

有"中国铁路之父"之称的詹天佑，曾在水关居住3年，敌楼旁便是其故居

陡峭险峻
水关长城 04

位于八达岭长城的东段，具备敌楼和水门的功能，能以水抗敌，故取名为"水关"。现在的水关长城全长6.8公里，以险峻见称，吸引了众多爬山爱好者慕名而来挑战。

水关长城梯级多而陡峭，游客都要侧身平衡

MAP：P.245

■Info
地址：延庆县八达岭镇石佛寺村
电话：010-8118-1505
营业时间：4～10月06:30-17:30、11月～次年3月07:30-17:00
入场费：￥26
前往方法：在西城区德胜门搭乘八达岭长城旅游专线919路公交车，到八达岭站下车，再转乘小巴到石佛寺即到

3号别墅名为"看与被看",由中国建筑师崔恺设计,房子就像一个大玻璃箱,达到"人看山、山看人,室内看室外,室外看室内"的互动乐趣

住宿费过万、参观¥120

公社分为一期和二期,一期有11幢别墅,由不同的著名建筑师设计,每幢有4~6间客房,面积300~700平方米不等,房租¥10000/晚以上。新开的二期有31幢别墅,以套房和客房形式出租,分为标准间、家庭间等,房租¥2000/晚起,价钱较大众化。

房价太贵,不是人人负担得起,但一般游客仍可付费参观,费用每位¥120,可参观一期12栋别墅的外观,如别墅当日没人租用,或可以入内参观。

参观时间:周一至周四09:00-17:00
参观费:每位¥120
*参观需预约,预约电话:010-5878-8328

二期的31幢别墅分为标准间、家庭间、豪华间、套房等形式,最低¥2000/晚

香港建筑师张智强设计的"手提箱",2楼所有墙壁均可拆除,变成一个完整空间

公社内有多家餐厅,在山上的农社(池畔咖啡)设有游泳池,让住客可以悠闲地度过一个下午

中国十大新奇建筑之一
长城脚下的公社

由12位亚洲著名建筑师设计的42栋别墅,是中国第一个被威尼斯双年展邀请参展并荣获"建筑艺术推动大奖"的建筑作品,2005年更被美国《商业周刊》评为"中国10大新建筑奇迹"之一。

12位亚洲建筑师包括日本的隈研吾(代表作:Tiffany东京银座旗舰店)、中国香港的严迅奇(代表作:中环国际金融中心)等。公社内还附设俱乐部、餐厅、SPA、儿童俱乐部等,别墅¥10000/晚起,是长城下最奢华的住宿享受。

公社内的Anantara SPA,去享受长城下的SPA吧

Info

地址:北京G6京藏高速公路53号水关长城出口
电话:010-8118-1888
房租:公社二期标准间¥2000/晚起
公社一期别墅¥10000/晚起
网址:
www.communebythegreatwall.com
前往方法:在水关长城旁有路牌清楚指示方向,走约5分钟即到

由泰国建筑师堪尼卡设计的"大通铺",共有4间卧室

儿童公社的图书室色彩鲜艳,另有爬山、园艺、手工制作等活动

金山岭长城沿线设有大小关隘5处、敌楼67座、烽燧2座，每隔50~100米就有一座

原始旧貌
金山岭长城 05

长城上敌楼密集，每座都各有特色，分砖木结构、砖石结构；单层、双层；平顶、八角攒尖顶等，各有特色

地处河北省滦平县与北京市密云县交界处，始建于1368年，西起古北口，东至望京楼，全长10.5公里，被专家称为"明长城的精华"。地势险要，敌楼密布，且每座设计各异。400多年来，经历无数地震、古代战争和现代战争炮火的蹂躏，但依然保持着原始的旧貌，没有过多的人工修复，展现最真实的长城景观。

MAP:P.245

乘索道可直达最高点的小金山楼

金山岭长城全长10.5公里，东面是雾灵山，西面是卧虎岭

Info

地址：河北省滦平县金山岭长城
电话：0314-8830-222
开放时间：24小时
入场费：旺季￥50、淡季￥40
索道营运时间：08:00-17:00
索道门票：单程￥30、双程￥50
网址：www.cdchangcheng.com
前往方法：
1. 从北京市区包车往返约￥600
2. 旅游集散中心旅行团：￥160~300/位，包括景点门票及车费。（详细资料见P.245介绍）

长城沧桑

从索道站走过四五座敌楼，就可以看到原始的长城

因为战火或日久失修而倒塌的部分，也原封不动地保留着，行经这些地方时要小心注意

在原始长城路段更感昔日长城的苍凉

金山宾馆提供四合院式客房和独门小院式标准间，约￥298/晚起

住在金山岭

金山岭长城脚下建有度假村和金山宾馆，景区内还有别具风格的民居、茅草屋等可提供住宿。

金山宾馆位于长城检票附近

景区内设有供游客露营的地方，场内提供饮水等基本设施

景区内还有咖啡吧、酒吧、摄影人俱乐部

度假村的房间为仿古民居，内设厨房，租约￥400/晚起

段先生饭店设有农家院住宿，约￥300/晚起

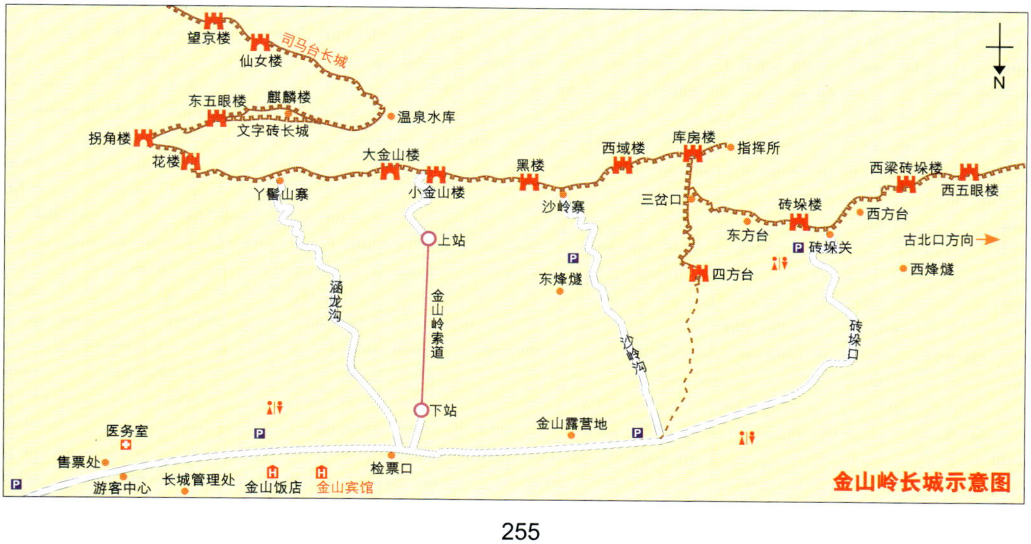

金山岭长城示意图

火车漫游郊野
河北省

　　河北省简称"冀"，地处黄河下游以北，故称"河北"。东临渤海，包围北京和天津两个直辖市，是京城通往外省的门户。

　　河北省也是铁路密度最高的省份之一，交通便利，极适合坐火车旅游。当中最热门的旅游城市首推靠近北京的唐山、秦皇岛和承德，从北京乘火车前往只需2~4小时，即可欣赏与北京截然不同的海岸、园林与草原风光。

提醒你

火车游河北必读

1. 北京每天有多班列车分别开往唐山、秦皇岛和承德，下文各景点介绍的为发车时间最佳及车程最快的班次，其余班次可参阅网址：www.china-mor.gov.cn
2. 火车票预售期一般为11天，但经常调整，建议最少早一天购买。在旅游旺季、暑假尾声及春运期间票源紧张，建议尽早预购。
3. 除了可在火车站购票，北京市内也有多个代售点，大部分酒店或旅馆也提供购票服务，但或会收取手续费。
4. 火车票分为硬座、软座、硬卧和软卧，前往唐山、秦皇岛和承德的快车车程也需2~4小时，建议购买软座票。若搭乘晚上出发、清晨到达的慢车，则建议购买硬卧或软卧较为舒适。

01 唐山
推介：
唐山地震遗址纪念公园、唐山湾国际旅游岛

02 秦皇岛
推介：
山海关、北戴河、华夏庄园

03 承德
推介：
避暑山庄、外八庙、大清花饺子馆、乔家满族八大碗

04 木兰围场
电话：0314-780-2673

河北省示意图

过去与现在

唐山 01

1976年7月28日，唐山市发生的黎克特制7.8级大地震，造成24万人死亡、16万人重伤，破坏范围超过3万平方公里的世纪大灾难。

今日的唐山，早已走出地震的阴霾，重建成为现代化的工业城市，南部著名的唐山湾更发展为度假胜地，展现新的生命力。昔日的灾区遗址，现已改建成纪念公园及博物馆，供世人凭吊，感受天灾的无情。

MAP: P.256

Info

前往方法：
北京通往唐山的交通：
1. 在"北京西"站乘搭T5682或T5683次火车到"唐山"站，车程约3小时，软座车票￥61
2. 在"北京"站乘T14或T11次火车到"唐山北"站，车程约2.5小时，车票￥37

位于纪念碑广场的唐山抗震纪念碑

公园内设有五座总长达300多米、高7.28米的纪念墙，寓意7月28日的唐山大地震发生时间，墙上刻有24万地震罹难者的名字

纪念水池约30000平方米，水池尽头就是车厂在地震后所剩余的支架部分

沉痛的回忆

唐山地震遗址纪念公园

原址为唐山机车车厂的铸钢车间，建于1959年，面积约9072平方米。地震时3幢厂房四周墙柱全部倒塌，屋架落地，剩下的部分中间立柱亦扭曲、倾斜。这座2009年开放的遗址纪念公园，占地40万平方米，划分为遗址区、水区、碎石广场区和树林4个区域，放置有长300多米的纪念墙，供世人祭奠地震中的罹难者，凭吊唐山那一段沉痛的历史。

公园内的唐山地震博物馆纪念展厅，展出从唐山市民间收集的照片和物品，将1976年的唐山重现眼前

Info

地址： 唐山市岳各路19号
博物馆开放时间： 09:00 - 11:00，
　　　　　　　　14:00 - 16:00
网址： www.tseqpark.ccm
前往方法： 在市内乘游1路公交车，
　　　　　　在总站即"地震遗址公园"站下车即到

广场上的时钟雕塑，记录下万史上一个沉寂的时刻

月岛的水上小屋极具异国风情，除了是度假胜地，也吸引不少新人前来拍摄婚纱照

异国海湾风情
唐山湾国际旅游岛

位于河北省东南部、面向渤海的小海湾，在唐山湾乘船不用30分钟，即可到附近多个旅游岛屿，包括菩提岛、月岛（又称月坨岛）和祥云岛。其中月岛上建有众多荷兰风格的度假屋，别具异国风情，是河北省的度假胜地。

小屋倒映在湖水上，美得像幅画

唐山湾国际旅游岛码头设有游船往来3岛

码头海天一色，日落时分景色更显迷人

月岛度假别墅一览

海景标准房间，可免费享用温泉，房价￥400～500/晚

小木屋，内设大床房并带浴室，但设施比较简陋，房价￥360/晚

家庭别墅，房租￥460～800/晚

Info

地址：唐山市乐亭新区唐山湾国际旅游岛
电话：0315-2945-678
开放时间：08:00 - 18:00
入场费：月岛￥100*、月岛和菩提岛￥180
*包括来回船票及门票
*月岛上自费休闲项目：自行车、摩托车、放天灯、出海钓鱼、泡温泉
前往方法：从乐亭县包车，前往唐山湾国际旅游岛码头，收费约￥70

最美的海岸风光
秦皇岛

02

MAP: P.256

提到秦皇岛，自然会想起秦始皇东巡至此，派人入海求仙的故事，秦皇岛正因此而得名。距离北京280公里的秦皇岛，临靠渤海湾，拥有山海关、北戴河等沿海景点，可欣赏河北省最美的海岸风光。

Info

前往方法： 北京通往秦皇岛的交通：在"北京"站乘D21次火车到"秦皇岛"站，车程约2小时，软座车票￥111

北戴河的天马浴场

前天下第一关
山海关

建于1381年，从前被认为是明长城的东端起点而闻名天下，有"天下第一关"之称。但自1990年辽宁省的虎山长城被发掘后，考古界认为虎山长城才是明长城的东端起点，但这依山傍海的山海关，依然吸引着游客慕名前来。

Info

地址： 河北省山海关区一关路
电话： 0335-5051-106 / 0335-5919-509
开放时间： 08:00-18:00
入场费： ￥50
网址： www.shg.com.cn
前往方法： 从秦皇岛市内乘25或33路公交车，在山海关站下车即到

异国风情度假胜地
北戴河

清光绪年间，北戴河被开辟为"允中外人士杂居避暑地"，自此中外名流、传教士把北戴河营造成一个极具异国风情的度假胜地，与枯燥闷热的河北省内陆形成对比。

Info

地址： 河北省北戴河区海滨
前往方法： 从"秦皇岛"火车站乘34路公交车，到"北戴河海滨"总站下车即到

不少游客在北戴河天马浴场露营

中国第一葡萄酒庄
华夏庄园

位于秦皇岛昌黎县城北，位于北纬40度，气候和地理环境与法国波尔多相近，因而成为中国第一红酒品牌——长城牌的发源地。华夏庄园建于1999年，占地56.2亩，内有葡萄园、地下酒窖、餐厅等，甚至建有1000米长的模拟长城。

参观者可一尝庄园内不同品种的葡萄，并可现场购买

全亚洲最大的地下酒窖，内藏超过2万个橡木酒桶，台湾富商郭台铭在此也有私人藏酒室

Info

地址： 河北省昌黎县城关昌抚公路西侧华夏长城工业园
电话： 0335-2031-799
开放时间： 08:00-17:00
入场费： ￥30（包括品尝1款华夏长城葡萄酒）、￥50（包括品尝4款华夏长城葡萄酒）
网址： www.hxcofco.com
前往方法： 在市内有旅游专车前往，需和庄园预约

259

紫塞明珠 03
承德

MAP: P.256

旧称"热河"，因位于长城边靠近塞外，而边塞的土地又呈现一片紫色，故亦有"紫塞明珠"的美誉。这个古老的城市拥有中国现存最大的天然皇家园林"避暑山庄"，以及雄伟壮观的寺庙群"外八庙"。而北部的清朝皇家猎苑"木兰围场"则展现出广阔的草原风光，向来是河北省的避暑胜地。

Info
前往方法：
北京通往承德的交通：
从"北京"站乘K7711火车到"承德"站，车程约4.5小时，软座车票￥61

如意湖中的洲岛错落，搭乘游览船可饱览避暑山庄景致

天然皇家园林
避暑山庄

在清朝的皇家花园之中，避暑山庄是唯一的全天然花园。始建于1703年，历经清朝康、雍、乾三代皇帝，耗时89年建成，由皇帝宫室、皇家园林和寺庙群组成，是清朝皇帝夏日避暑和处理政务的场所。

山庄宫墙用虎皮石修建，全长10公里，形似长城，有"小八达岭"之称，将外八庙景色尽收眼底

Info
地址： 河北省承德市避暑山庄
电话： 0314-202-9771
开放时间： 08:00 - 17:00
入场费： 4月16日～10月15日￥90、10月16日～次年4月15日￥60
网址：
www.bishushanzhuang.com.cn
前往方法：
1. 从"承德"火车站乘搭5、7、11、15路巴士即到
2. 出租车费起步为￥5，一般从承德市区到避暑山庄不超过￥10

湖面被长堤和洲岛分成5个湖，各湖之间有桥相通

避暑山庄的最大特色是山中有园，园中有山

世遗寺庙群
外八庙

避暑山庄周围建有多座大型藏传佛教寺庙，其中8座由清政府直接管理，故称为"外八庙"，是中国现存最大的皇家寺庙群。昔日朝廷让谒见帝皇的少数民族首领在此进行宗教活动，反映了清朝尊重不同文化、促进民族和谐的政策。避暑山庄与其周围的8座寺庙一起，在1994年被联合国教科文组织列为世界文化遗产。

须弥福寿之庙，乾隆70岁华诞时六世班禅前来贺寿，乾隆特意为班禅而建

普陀宗乘之庙，乾隆曾数次在此接见西藏活佛和高僧

普宁寺，内里供奉世上最大的金漆木雕佛像千手千眼观世音菩萨

普佑寺，清乾隆年间为通过宗教加强与蒙藏地区的联系而建

Info
地址： 承德市避暑山庄外围
开放时间： 08:00 - 17:00（16:00为最后入庙时间）
入场费：（须弥福寿之庙）旺季￥30、淡季￥20；（普陀宗乘之庙）旺季￥40、淡季￥30；（普宁寺）旺季￥50、淡季￥40；（普佑寺）￥10
网址： www.bishushanzhuang.com.cn
前往方法：
1.从承德市内乘坐6路公交车即到
2.从避暑山庄正门乘坐出租车前往，约￥10

满族风情
大清花饺子馆

到了河北省，饺子是必吃的。大清花饺子主打煎饺、蒸饺、水饺以及各式东北菜，从装修到服务员服饰都充满十足的满族风情。

门面是简朴的原木装修

牛肉芹菜饺子，皮薄而滑溜，馅肉鲜嫩丰富。￥12

捞拌时蔬，正宗东北风味，夏天吃特别消暑清新。￥28

Info
地址： 承德市丽正门大街
消费： 约￥40/位
前往方法： 避暑山庄正门对面

塞北农猎菜
乔家满族八大碗

八大碗是满族人家最平常的菜肴，极具地道风味。餐厅主打满族家常菜和塞北农猎饭，充满民族特色。

餐厅就位于大清花饺子馆旁

坝上荞面窝子，北方传统面食，精致味美。￥15

手把鹿肉排，外焦里嫩，十分美味，推荐！￥28

Info
地址： 承德市丽正门大街
消费： 约￥40/位
前往方法： 避暑山庄正门对面，大清花饺子馆旁

夏天绿草青青，秋天金黄璀璨，还有
森林和高原湖泊，美得像童话世界

皇家猎苑
木兰围场 04
MAP: P.256

　　位于承德市围场满族蒙古
族自治县，原是清朝的皇家猎
苑，昔日皇帝每年都来这里进行
射猎，史称"木兰秋狝"。围场现
设塞罕坝国家森林公园、御道口
草原森林风景区等，其中月亮湖
更是电视剧《还珠格格》的取景
地，成为北京人的度假热点，也
是婚纱摄影的胜地。

木兰围场与内蒙古接壤，水草丰美，金黄秋色尤其迷人

月亮山位于塞罕坝国家森林公园的正门
后面

景区内可以骑马，一尝昔日皇帝策马驰骋的感
觉。收费￥50／小时

Info

地址：承德市围场满族蒙古族自治县木兰围场
电话：0314-780-2673
入场费：￥110*
网址：www.saihanba.com.cn
*包括塞罕坝国家森林公园、御道口草原森林
　风景区

前往方法：

1.从北京出发：在"北京北"站乘坐开往赤峰
　的2559次火车，到"四合永"站下车，车程
　约7小时

2.从承德出发：在"承德东"站乘坐开往通辽
　方向的6029次火车，到"四合永"站下车，
　车程约3小时

到达河北的"四合永"站，转乘中巴到围场县
城，车费约￥5，车程约90分钟。到达后可乘班
车或包车到景区，车程约2小时，吉普车包车
费约￥400／天

月亮湖是电视剧《还珠格格》的主要取景
地，因而声名大噪

公园晚上有篝火晚会，有满族及蒙古族歌舞
表演

风韵犹存

天津

　　自1860年天津成为通商口岸后，西方各国先后在天津设立英、美、法、德、日、俄、意、奥、比9国租界，因此天津西洋风格建筑林立，至今风韵犹存。

　　今天的天津，是中国4个直辖市之一，并成为国家重点发展城市之一，现代建筑拔地而起，众多国际企业与商贸会议均取地天津，造就天津中西文化合璧、古今并融的独特国际都市面貌。

天津

天津

天津部分地区示意图

N

A　B　C　D

河北区

南开区

南开区

天津北站

天津站

西北角站

西南角站

二纬路站

海光寺站

南京路

鞍山道站

营口道站

津浦一支线

北马路

南马路

东马路

南开三马路

长虹生态园

西市大街

长江道

南门外大街

业业大街

荣安大街

滨安大街

多伦道

赤峰道

和平路

华世奎故居

建国道

平安街

张廷谔故居

民族路

洪坊路

自由道

张自忠路

张学良故居

新华路

泰安道

新兴路

西湖道

卫津路

鞍山西道

营口道

成都道

桂林路

九龙路

马场道

围堤道

友谊路

天津大学

青年湖

气象台路

西安道路

贵州路

红旗路

三潭路

南平路

白堤路

复康路

红旗南路

迎水道

水上公园北道

水上公园西路

水上公园东路

卫津南路

峰山道

天津广播电视塔

天塔湖

吴家窑大街

水上公园

天津日航酒店

天津水晶宫饭店

天津喜来登大酒店

天津站

博爱楼

10

01

03

09

04

08

07

02

06

05

11

H

景点介绍

A

01 天津之眼
开放时间：09:30-21:30
休息：周一上午（09:30-12:00）

02 世纪钟
开放时间：24小时

03 金汤桥
开放时间：24小时

04 梁启超故居
电话：022-2445-0856
开放时间：09:00-11:30、
　　　　　13:30-16:30

B

05 粤唯鲜
电话：022-2339-8888
营业时间：09:00-21:00

06 瓷房子
电话：022-2712-3366
开放时间：09:00-17:30

07 意式风情区
电话：022-2446-6655

08 巴伐利亚德餐啤酒坊
电话：022-2445-6112
营业时间：11:00-次日01:00

C

09 铃兰1915公馆
电话：022-2361-6566
营业时间：11:00-14:00、
　　　　　17:30-21:30

10 古文化街
开放时间：24小时

D

11 周恩来邓颖超纪念馆
电话：022-2359-2257
开放时间：09:00-16:30
　　　　　（16:00停止售票）
休息：周一

对外交通

从北京出发：

2008年正式运营的"京津城际铁路"，从"北京南"站搭高铁乘"和谐号"到"天津"站，车程只需30分钟，每15~30分钟一班，快捷又舒适。北京开出的头班车为06:35，天津开出的末班车为22:45。

天津地方不大，适合进行当天来回的一日游。建议搭乘约08:00的京津城际铁路到天津，逛完各个景点后，晚上约22:00回京。

和谐号在2008年8月通车，被誉为国产子弹火车，时速最高可达350公里。行车舒适稳定，提供Wi-Fi，设备非常现代化。票价：一等座￥69、二等座￥58

"天津"站位于天津市中心，交通非常便利

从海外出发：

天津滨海国际机场位于天津东丽区，每天均有多班航班往返天津至香港、台北以及多个国内外城市。从天津机场去市中心可乘机场巴士，运营时间为06:00 - 19:30，每30分钟一班，车程约20分钟，总站为"天津"站后广场。
网址：www.tbia.cn

市内交通

1. 地铁

天津是中国内地继北京后第2个拥有地铁的城市。目前营运的包括"刘园"站至"双林"站的1号线，以及"中山门"站至"东海路"站的9号线，东段又称津滨轻轨。

正在兴建的有2、3号线，及9号线的"天津"站至"中山门"站延长线。规划中的还有4、5、6、7、8、10号线，以及Z1及Z2线，届时将可通往天津各区及机场。

2. 的士

天津的士首3公里收费￥8，其后每公里￥1.7，另有少量帕萨特等中高档车型的士，收费每公里￥2。由天津火车站乘的士到市中心，收费约￥40，比北京便宜，而且方便省时。

3. 公交车

天津共有近200条公交车线路，在市内四通八达，车费￥1起。
天津智能交通网：www.tjits.cn

气候

天津四季分明，全年平均气温约13℃。春季多风，天气干燥；夏季炎热，也是雨季，以7月为最热；秋季天高气爽，冷暖适中；冬季寒冷，干燥少雪，当中1月最冷。春末夏初和秋天是到天津旅游的最佳季节。

提醒你

天津名人故居多

天津名人辈出，众多政治、文坛名人均曾在天津居住，包括张学良、梁启超、曹禺、霍元甲、段祺瑞、汤玉麟等，留下大量名人故居，位于外国租界的多是西洋风格建筑，其余地区的则是中国传统大宅。当中部分因时代变迁而遭改建，但大多数仍保留着当日面貌，为天津增添一份历史文化的韵味。

张学良故居
张学良曾与杨虎城发动西安事变，推动国共第二次合作。其天津故居是一所具有巴洛克风格的西洋楼房，张在20世纪二三十年代来天津时均住此处。
地址：和平区赤峰道78号

张廷谔故居
张廷谔曾于1934年及1945年两次出任天津市市长，其旧居为意式风格砖木结构的楼房。天津解放后，其旧居由部队使用，至今仍用作办公大楼，保留旧貌。
地址：河北区民主道35号

华世奎故居
华世奎为天津八大书法家之一，其2层楼的旧居始建于清末民初，带地下室，采用砖木结构，坡式瓦顶上筑有阁楼与老虎窗。
地址：河北区胜利路389号

霍元甲故居
霍元甲是清末著名的爱国武术家、"精武体育会"创始人，自电影《霍元甲》放映后更无人不知。其故居建于清同治初年，为小三合院式民宅建筑，现在开放参观，陈列着霍元甲练武用的兵器、精武会会旗等。
地址：西青区小南河村北

全球唯一桥上摩天轮
天津之眼 01
MAP: P.264 C1

观光舱内安装了自动平衡系统，因此转动时观光舱不会倾斜，还有随气温启动调节的冷暖空调

　　2009年启用，乃世界上唯一建在桥上的摩天轮，成为天津的新地标。摩天轮高120米，相当于35层楼高，设有48个透明观光舱，每个观光舱可乘8人。旋转一周约30分钟，当观光舱升至最高处时可看到方圆40公里内的景致，尽览天津美景。

Info
地址：河北区永乐桥
开放时间：09:30 - 21:30
休息：周一上午（09:30 - 12:00）
票价：￥50
前往方法：从"天津"站徒步约15分钟即到，售票处位于永乐桥下层

融汇中西
世纪钟 02
MAP: P.264 D2

　　为迎接2000年新世纪而建，并在2000年1月1日零时敲起第一遍钟声。世纪钟盘心和指针以花挡镂空制作，钟盘刻度则是12星座图案的青铜浮雕。钟上顶太阳、下挂月亮，每分钟转3次，寓意阴阳交替，互始互终，整个设计结合中西天文及哲学意念。

世纪钟周围还设有8个不同颜色的星空回转灯、16个水晶灯等，日景、夜景同样美好

Info
地址：河北区天津火车站外
前往方法：从"天津"站走约5分钟即到，位于解放桥前

现在每年节假日期间，金汤桥均会向市民展示其电动开合功能

桥的两端均放有坦克车，以纪念解放会师

解放会师纪念
金汤桥 03
MAP: P.264 C1

　　建于清光绪年间，为天津最早建造及现今仅存的三跨平转式开启钢桥。桥梁可电动开合，1970年大修时一度拆除开启设备，至2005年重修时才恢复这项功能。1949年平津战役后，人民解放军就在金汤桥举行胜利会师，因此金汤桥也是天津获得解放的象征。

桥头的会师公园，竖立着解放军雕塑

Info
地址：海河上游
前往方法：建国路与南开区水阁大街之间

饮冰室旧居
梁启超故居 04

MAP: P.264 D2

中国近代启蒙思想家、政治活动家梁启超的故居，由意大利建筑师白罗尼欧设计，为两层意式砖木结构楼房。梁启超在此居住了15年，众多学术研究和著作均在此完成。2003年更被列为纪念馆，展示其生平事迹。

Info

地址: 河北区民族路44号、46号
电话: 022-2445-0856
开放时间: 09:00 - 11:30、13:30 - 16:30
入场费: ￥10
前往方法: 意式风情区附近

梁启超的书斋又称"饮冰室"，其著作集亦名《饮冰室合集》

能吃的博物馆
粤唯鲜 05

天津古玩收藏家张连志开设的粤菜酒家，由意大利设计师设计，墙上布满突起的砖块，故又名"疙瘩楼"。店中展示3000多件从西周到明清各时期的文物，吃饭之余又可免费参观，被誉为"能吃的博物馆"，连歌星王力宏等也曾是座上客。

Info

地址: 和平区河北路283-285号
电话: 022-2339-8888
营业时间: 09:00 - 21:00
消费: 约￥100/位
前往方法: 睦南道口。乘公交车13路，"国语学院"站下车；乘公交车4路，"马场道"站下车

MAP: P.264 D3

粤唯鲜从建筑外观到店内收藏均值得一看

瓷房子楼高3层，据说单是装饰材料已价值20亿元人民币

古董狂人张连志

张连志先生的祖辈是盐商，富贵程度如同现在的石油商，在"文化大革命"时被抄家。据说，年少的他有次偷偷捡了一片邻居被红卫兵砸破的古董碎片，带回家给妈妈看，妈妈惊讶地说："都是珍宝啊"，从此他就开始收集这些碎片。张连志在20世纪80年代经商致富后开始收集古董，开设了3家"能吃的博物馆"，都是餐馆兼博物馆，共收藏文物近3万件。2002年更被《吉尼斯世界大全》列为收藏文物最多的餐馆。

提醒你

Info

地址: 和平区赤峰道72号
电话: 022-2712-3366
开放时间: 09:00-17:30
入场费: ￥35
前往方法: 乘1、609、610、619或632路公交车，在"百货大楼"站下车即到

过亿古瓷片
瓷房子 06

粤唯鲜老板张连志以一座已废弃的法式洋楼为基础，花了5年时间，用4亿多片古瓷片、5000多个古瓷瓶、4000多个古瓷盘碗、20多吨水晶与玛瑙、400多件汉白玉石雕等进行了装饰。屋内展出数百件明清家具、昔日民间日常用品等，吸引英国BBC、路透社等各地传媒争相报道。

MAP: P.264 D2

房子从内到外都布满古瓷装饰，极具艺术价值

晚上区内灯光璀璨，更显迷人

欧陆古典浪漫
意式风情区 07

始建于1902年，满是文艺复兴、巴洛克等不同时期和风格的建筑，花园、广场、罗马式喷泉点缀其中，曾是众多名人的居所。近年区内陆续有餐厅酒吧开业，在此可品尝各式欧陆美食，成为城中最有格调的餐饮热点。

MAP: P.264 D2

意式风情区内有众多意大利式建筑，大多有近百年历史

近年众多欧陆餐厅酒吧开业，成为天津的外国人及游客聚点

现在不少意式建筑已改为政府部门、私人住所或商业大楼

Info
地址：河北区南端
电话：022-2446-6655
前往方法：
1. 在市内搭乘27、638、645、660、805或961路公交车，"博爱道"站下车即到。
2. 从"天津"站走约15分钟即到

提供百款德国以及世界各国啤酒、红酒和烈酒

酒吧内设有舞台，不时有乐队现场演唱

德国啤酒坊
巴伐利亚德餐啤酒坊 08

正宗德国风情的餐厅兼酒吧，德国传统木质家具及装修古朴温馨。德国啤酒款式非常齐全，很多人即使饭后也特意前来，坐在户外花园，喝上一杯德国啤酒，极其惬意。其德国烤猪手和烤肠等也做得地道，非常受欢迎。

MAP: P.264 D2

夏日坐在户外啤酒花园把酒聊天极富情调

店内最受欢迎的德国啤酒Paulaner，具麦香且甘醇。￥60 / 杯

德国烤猪手，外皮香脆，伴酒一流，还有面包、肉丸、薯蓉等配菜。￥168

Info
地址：河北区自由道41号
电话：022-2445-6112
营业时间：11:00 - 次日01:00
网址：www.bafaria.com
消费：约￥150 / 位
前往方法：意式风情区内，自由道中段

烤三文鱼，面层微脆，肉质嫩得滑入口，一
点也不油腻

从装修到摆设均十分豪华，十足欧洲贵族大
宅风格

烤羊排，肉质鲜嫩多汁，
与酱汁非常配合

贵族法国菜
铃兰1915公馆 09

　　建筑原为冯国璋的一间寓所，1915年由德国建筑师按原建筑
风貌改建，当地人称"冯家花园"或"冯家大院"。现在变成法国
餐厅，主打法国创意菜。餐厅更设有管家服务，按客人口味安排菜
式，提供贵族式的享受。

MAP: P.264 D1

餐厅装修以简单的红白黑为主色，营造出奢
华的贵族格调

餐厅建筑平面呈"E"字形，具有强烈的德国
风格

蘸餐包的牛油，也精致得
令人舍不得动手

菠菜汤，带海鲜味，清新
开胃

海鲜汤，海鲜味丰富浓郁，
令人非常满足

Info
地址：河北区民主道52号
电话：022-2361-6566
营业时间：11:00 - 14:00、17:30 - 21:30
消费：约￥200 / 位
前往方法：意式风情区内，民主道靠近
　　　　　　运河段

南北街口各有一座牌坊，分别上书"津门故里"及"沽上艺苑"

津门三绝 / 四绝?
狗不理包子、桂发祥麻花、耳朵眼炸糕，被誉为"津门三绝"。后人为了顺口，就加了一个"猫不闻饺子"，与"狗不理包子"相对，凑成"津门四绝"。

提醒你

位于26号的天后宫始建于1326年，初为商贾祈求妈祖保佑航海诸事顺利，现列为天津民俗博物馆，陈列各种民俗文物

天津民风商业街

古文化街 ⑩

MAP: P.264 C1

全长580米的街道上，开有近百间仿清代民间小店，卖天津特产、国画、手工艺品、民间玩意儿、古董等，是古色古香的商业街。街上有700年历史的天后宫，集合各式天津小吃，包括狗不理包子、桂发祥麻花、津门茶汤等，一条街已将天津名特产一网打尽，买礼物最适合。

在街上可尝到来天津必吃的狗不理包子

街上有多家津门茶汤店，有桂花莲子、桂圆八果等口味，用大茶壶开水冲制，再撒上葡萄干、黑白芝麻、果仁同吃，香甜暖胃。￥5/碗

街上有多间名叫"泥人张"的店铺，这些彩塑泥公仔曾是慈禧太后60及70大寿的贺礼之一，李鸿章等政要名流都曾慕名塑像

店铺门外有多个大型彩塑，工匠不时为其补色

泥人张彩塑题材源于民间故事、古典文学名著等，造型生动，每个￥15起

街上随处可见麻花专卖店，当中以十八街桂花祥最出名

麻花是天津驰名小吃，以香、酥、脆、甜见称，有多种口味。￥16/斤

建筑充满明清特色，卖各式天津传统工艺品及小吃，是特产集中地

▶Info
地址: 南开区古文化街
前往方法: 乘693或840路公交车到新安购物广场下车，走约5分钟即到

纪念馆于1998年开馆，为缅怀周恩来总理与夫人邓颖超

年轻时的周恩来总理与夫人邓颖超

周恩来于1949年10月1日被任命为总理及外交部部长的通知书

革命者的浪漫
周恩来邓颖超纪念馆 11

　　已故总理周恩来与夫人邓颖超在天津相识、相知、相爱，并共同走上革命道路，因此他们把天津作为第二故乡，临终前分别留下遗嘱将骨灰撒在天津海河。政府在天津设纪念馆，藏有数百件文物、文献、照片等，展示两人年少、念书、革命、留日，以及日常生活的点滴。

MAP: P.264 B5

周总理和夫人起居室内的麻将

西花厅是中南海里周总理及夫人办公和居住的地方

后院包括办公室、客厅、卧室、乒乓球房等，室内陈设均按原貌复原

专机厅内展出苏联部长赠送给周总理的伊尔14型专机

机舱内除了多个豪华座位，还有睡床

周总理开会用的客厅

Info

地址：南开区水上公园北路1号
电话：022-2359-2257
开放时间：09:00 - 16:30
　　（16:00停止售票）
休息：周一
入场费：免费（西花厅￥15、专机厅￥10）
网址：www.mzhoudeng.com
前往方法：乘94、904、643、871、872路公交车或观光2路车即达

馆内展出总理专用的轿车

Studio70室内面积约70平方米，玻璃外墙的浴室，一览无余的纯净开放式空间，简约而具艺术感

纯净的艺术空间
瑜舍

★I Can 诚意推介

MAP: P.175 D1

2008年落成，位于三里屯Village的精品酒店，是香港太古集团的首家酒店，由日本顶尖建筑师隈研吾Kengo Kuma设计，以艺术和天然为主题。酒店内放满艺术品，99间房间之中过半数面积超过70平方米，简洁的开放式设计极具空间感，更配备顶级设施，包括顶级沐浴用品、橡木浴缸、Denon室内影音系统、发热式地板等，成为旅京港人的热选。

浴室的橡木浴缸与洗手盆均来自北欧，另提供浴盐，以及用西藏矿泉水制的沐浴用品

Studio95的睡床面向落地玻璃，独特设计景致开阔。冰箱内更免费提供多款外国进口的零食、啤酒和汽水

酒店内放满当代艺术家作品，展现出新北京的感觉

传统中式家具与时尚设计出奇地融和

隈研吾的设计强调简洁和实用，最喜欢这藏身在书桌后面的电线插座，集齐全世界不同形状的插头

整栋酒店仿照中国传统四合院布局，绿色方格玻璃外墙则贯彻三里屯Village风格

▶Info
地址：朝阳区三里屯Village11号院1号楼
电话：010-6417-6688
房租：Studio45约￥2500 / 晚、Studio70约￥2900 / 晚、Studio95 约￥4000 / 晚
网址：www.theoppositehouse.com
前往方法：地铁10号线"团结湖"站A出口，沿工人体育场北路走约10分钟即到，在三里屯Village南区与北区之间

五行元素格调餐厅

瑜舍附设多家极具格调的餐厅酒吧，以五行元素为主题设计。除Village Café外，其他4家餐厅均位于地下，环绕泳池而建，极有气氛，成为城中年轻人的热门聚点。

Bei

紫色装潢配合天花犹如繁星的吊灯，璀璨浪漫。餐厅总厨Max Lexy曾被《Time Out北京》选为最佳厨师，其制作的料理糅合中国北方、日本及韩国特色，极受顾客欢迎。

Info
营业时间：17:30 - 22:00
消费：约￥100/位

Sureño

主打地中海菜，提供西班牙、希腊、法国南部和意大利的风味菜式。餐厅内富有地中海风格的开放式厨房和烧木式烤箱，真是别具一格。

Info
电话：010-6417-6688
营业时间：12:00 - 22:30
消费：约￥150/位

Village Café

位于大堂，提供各地美食，尤其是11:30-14:30供应的早午餐最受欢迎。阳光透过落地玻璃洒进来，天然舒适，最适合在此享用美食、看书或上网。

Info
营业时间：06:30 - 23:00
消费：约￥50/位

Club Punk

一开业即成为热门聚点，其音乐与气氛一流。除了来自美国的驻场DJ Saul，每周更有来自世界各地的Guest DJ，而自家的特色鸡尾酒亦是亮点所在。

Info
电话：010-6410-5222
营业时间：19:00 - 次日03:00
休息：周一、二
消费：约￥100/位起
网址：www.barpunk.com

Mesh Bar

Mesh意为网孔，酒吧天花板由两片大铁网装饰，金属混合原始的感觉非常有型，成为北京小资一族把酒聊天的首选。

Info
营业时间：17:00 - 次日02:00
消费：约￥80/位起

活力客房的面积极大,设有威斯汀的镇店之宝"天梦之床"

甜梦专家
北京金融街威斯汀酒店

位于西城区的西单金融商业地带,大部分房间都备有威斯汀独有的"天梦之床",配合阵雨花洒、"浸浴专家"服务,让每个客人都可放松身心,进入甜美梦乡。酒店更设有天梦水疗及多家特色餐厅,成为境外游客热选的五星级酒店之一。

MAP: P.145 B2

"天梦之床"解码

又名Westin Heavenly Bed,此床源于10年前一位住客的一通电话,他指出酒店最重要的服务是让客人睡个好觉。于是酒店花了3年多时间,近千次试验才研制出天梦之床。

每套天梦之床备有多层羽绒被、3款软硬不同的枕头、顺滑舒适的床单、双层床垫,堪称完美组合。北京奥运会期间,美国前总统布什入住威斯汀时就对这床恋恋不舍,还当即订购了一张。

活力客房设有客厅,超大办公桌、Herman Miller座椅,方便商务人士

活力客房的浴室极为宽敞,更附设阵雨花洒,带来热带雨林般的清新感觉

提醒你

浸浴专家

威斯汀特设"浸浴专家"(Bathologist)服务,客人可在4种香薰中选择一款。浸浴专家每天17:00过后就会到客人房间调好水温,加入香薰,点上蜡烛,并预备手工玉石眼罩和面膜,让客人回到房间后可立即浸浴,非常贴心。服务收费¥300(活力客房免费)。

金融街威斯汀位于西城区,另外朝阳区的望京也有一家

每张床上均放有送给客人的威斯汀熊仔或熊猫

Info

地址: 西城区金融大街乙9号
电话: 010-6606-8866
房租: 豪华客房约¥1800/晚、活力客房约¥2050/晚
网址: www.westin.com/beijingfinancial
前往方法: 地铁2号线"阜成门"站C出口,走约10分钟即到

休闲室安静宽敞，柔和的咯调令人放松

heavenly
BY WESTIN™ / spa

招牌疗程包括天梦之雨及滚石按摩，可达到减压、宁神、舒缓等功效

设有6间精心装饰的单人水疗室，以及照片中的两间宽敞奢华双人水疗室

亚洲最受欢迎
天梦水疗

　　提供融合现代水疗和中国传统养生服务，以自然色系设计，沁人心脾的香氛创造雅致的宁静环境，曾被美国《SPA》杂志评选为"亚洲最受欢迎水疗"。

多种水疗香油和护理产品以供选择，包括多个外国权威医学品牌

Info

营业时间：11:00-23:00
收费：天梦之雨按摩￥700／60分钟、
　　　　￥800／90分钟

地道家庭菜
Prego

　　酒店设有多家餐厅，其中Prego主打意大利托斯卡纳菜，特色是像妈妈招呼亲戚朋友的菜式，富有地道家庭风味。开放式的厨房和中央比萨饼烤箱，让客人可边吃边欣赏烹饪过程。

I Can Tips

设有午膳套餐，￥198／两道食品、￥298／三道食品、￥398／五道食品。￥398套餐包括沙律、比萨饼、饭或意粉、主菜、甜品，分量大，足够3～4人分享。

托斯卡纳辣味海鲜汤，用新鲜青口、蚬、花枝配合番茄和香草，非常开胃。￥95

Tiramisu，餐厅招牌甜品，入口即化，香浓美味令人难忘。￥58

餐厅采用开放式的意大利风格设计

Info

营业时间：11:00-23:30
消费：约￥300／位

点餐附送自家制面包，松软可口，蘸上罗勒酱、橄榄油等更见地道

四季比萨，餐厅招牌菜，有多款口味，饼底薄而香脆，做出正宗地道滋味。￥98

房间采用深色木质家具，气氛柔和，设施一应俱全。特别是特大Dream Big甜梦睡床，让人得到前所未有的熟睡

星级品位与享受
北京首都机场朗豪酒店

邻近机场3号（T3）航站楼，方便商务人士以及晚机到、早机返的旅客，不用担心堵车而延误时间。酒店结合现代风格与五星级享受，艺术品遍布酒店每个角落，服务和设施也非常贴心。附设多间餐厅及酒吧，住店客人大可足不出户，焦点是连夺两年米其林二星荣誉的香港明阁分店，成为近期京城的餐饮热点。

朗豪酒店的艺术画廊是一大亮点，展示新进艺术家作品

"乐"贵宾客房的浴室，设有超大浴缸

"乐"贵宾客房，备有意式即磨咖啡机，星级享受

大堂电视提供最新的航班资料，万一班机延误，不妨在酒店餐厅酒吧歇一会再上机

每个房间均备有iPod音乐播放器

朗豪酒店距离机场只需1分钟车程

▶━━ Info ━━◀
地址：朝阳区北京首都国际机场三号航站楼二经路1号
电话：010-6457-5555
房租："智"客房（豪华间）约￥1250／晚、"乐"贵宾客房约￥1475/晚*、"适"套房约￥2250／晚
网址：
beijingairport.langhamplacehotels.com.cn
*行政楼层豪华间
前往方法：从首都国际机场3号航站楼，乘免费巴士至酒店，车程约1分钟

米其林二星分店
明阁

　　自从香港明阁连夺米其林二星荣誉，北京朗豪新开的明阁也引起全北京注目。这里选用京城的食材，配合粤式烹调，打造集合新派粤菜和北京鲁菜的美味，与香港店各有特色，但价钱更实惠。

驰名京烤骨，肉质非常软嫩，入口即化，酱汁酸甜开胃，毫不油腻。¥58

生拆蟹肉粟米羹，汤羹非常滑溜，清新鲜甜。¥48/位

从香港明阁调派至北京的行政总厨陈远隆先生，融合粤菜和鲁菜特色，创出令人感动的美味

香椿拌核桃（前，¥38）和芥末东北黑木（后，¥25）清新鲜嫩，结合鲁菜制法，爽脆开胃，非常有特色

北京明阁装潢清幽雅致

━Info━
营业时间：11:30 - 14:30，17:30 - 22:30
消费：约¥100/位

现场DJ打碟，极有气氛

24小时餐吧
Portal - Work & Play

　　开放式的24小时餐吧，附设酒吧、网吧、游戏机及DJ台多部分，客人可边喝水、边上网、打游戏或处理工作，特别方便商务人士，结合工作与玩乐于一体。

备有多部电脑供客人使用

设有多部游戏机，可以玩吃鬼、战机等怀旧电子游戏

Feel me baby（前，¥80）、Cosmopolitan（后，¥60）

Portal的开放式酒吧，灯光迷幻

━Info━
营业时间：24小时
消费：约¥100/位

豪华客房内璀璨的水晶灯、奢华的银紫色床铺、型格暗花墙壁，华丽而不落俗套

十大时尚酒店

I Can 诚意推介

Hotel G（极栈）

位于潮流夜店林立的工体西路，时尚十足的Hotel G自然成为时尚人士的热选。出自曾打造台北著名夜店Opium Den、Plush的英籍设计师Mark Lintott手笔，灵感源自20世纪60年代的好莱坞剧院，每个房间设计都极尽华丽时尚，更被《Trip Advisor》选为全球十大时尚酒店之一。

MAP: P.175 A3

房内放满Designer chair，加上巨型怀旧电影造型照，就像好莱坞的电影场景

酒店附设多间顶级餐厅酒吧，包括来自美国洛杉矶的汉堡名牌25 Degrees

标准客房同样用上奢华迷人的紫色格调

房间均有免费独立Wi-Fi，速度更快

房客可按喜好亮起不同颜色的窗灯，令酒店外墙发散七色的迷幻都会魅力

Info

地址: 朝阳区工体西路甲7号
电话: 010-6552-3600
房租: 标准客房约￥1088／晚、
豪华客房约￥1288／晚
网址: www.hotel-g.com
前往方法: 地铁10号线"团结湖"站A出口，
转乘出租车约￥15

278

精选套房设有露台、带天窗的阳光客厅和优
雅私隐的睡房，每间客房各有不同情调

到处是阳光
桔子水晶酒店

　　桔子酒店在全中国有20间分店，其中北京占10间。灵感来自美国加州的桔子郡，以简约自由为格调，当然还有加州的阳光。特别推荐建国门外分店，名为桔子水晶酒店，以落地玻璃、露台、天窗让阳光透进房间每个角落，甚至浴室，到处都是阳光。

MAP: P.200　A2

酒店位于建国门外商业区，交通方便

精选大床房采用开放式浴室，落地玻璃外是建国门附近的商厦，设计非常大胆

大堂采用阳光玻璃天幕，挂满波普艺术品

酒店的一大特色是采用玻璃浴室，身在浴缸都可看到露台景色

在露台享受阳光，或晚上欣赏夜景，惬意浪漫

┣Info┫
地址: 朝阳区建国门外永安里中街25号
电话: 010-6566-1515
房租: 商务大床房约￥1088／晚、精选大末房约￥1188／晚、精选套房约￥1388／晚
网址: www.orangehotel.com.cn
前往方法: 地铁1号线"永安里"站C出口，走约5分钟即到

高级时尚房内设有开放式圆形浴缸，配上银色珠帘，是酒店最受欢迎的情侣套房

大胆设计套房

A.hotel

位于工人体育馆内，住进体育馆本身已是特别体验，房间设计更非常大胆新颖。最值得一提的是高级时尚房，那面向睡床的圆形浴缸，像电影中的浪漫情节，曾引起传媒广泛报道，成为京城的人气酒店。

MAP: P.175 B3

其他客房设计也很时尚，红色主调的高级标准间简约舒适

酒吧风格非常独特，备有多种自家特色鸡尾酒

酒店位于工人体育馆内，外围夜店林立，夜里出来逛非常方便

高级时尚房除开放式浴缸，也设有淋浴间

Info

地址: 朝阳区工人体育馆东门
电话: 010-6586-5858
房租: 高级标准间约￥1588／晚、
高级时尚房约￥1888／晚
网址: www.a-hotel.com.cn
前往方法: 地铁10号线"团结湖"站A出口，
转乘出租车约￥15

高级豪华房面积达64平方米，备有42英寸大电视、DVD影碟机、iPod播放器、Wi-Fi等娱乐设施

京城最大客房

王府井希尔顿酒店

地处繁华的王府井，房间最小面积也有50平方米，是北京客房面积最大的酒店之一。房间设备结合科技与娱乐，更设有空中花园泳池及The SPA水疗中心，设施与服务一流，因此曾两度获"美国优质服务科学学会"颁发的国际五星钻石奖。

MAP: P.089 B2

位于6楼的空中花园泳池，可俯瞰附近一带景色

房间内的Mini bar有数十种饮品和零食，还有意式即磨咖啡机，提供免费咖啡

大理石浴室非常宽敞，焦点是那维多利亚式的浴缸，更附送紫色的胶皮鸭伴浴

房间内设有特大衣帽间，是每个女生的梦想

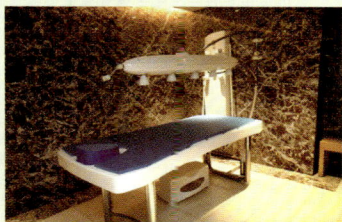

The SPA水疗中心共有9间私密水疗间，设施先进

Info

地址：东城区王府井东大街8号
电话：010-5812-8888
房租：豪华大床房约￥1305／晚、
　　　　 高级豪华房约￥1485／晚
网址：
www.hilton.com.cn/beijingwangfujing
前往方法：地铁5号线"灯市口"站A出口，走约10分钟

最新的3号（T3）航站楼在2008年建成

北京旅游须知

基本资料

　　北京市是中华人民共和国的首都和直辖市，邻近河北省和天津市。北京也是中国四大古都之一，是拥有3000多年的历史、850多年的建都史的历史文化名城，元、明、清等四个朝代都曾在此建都。现在北京是中国的政治、文化、教育和国际交流的中心。

气候

　　北京属于暖温带半湿润大陆性季风气候，四季分明。春季多风，夏季炎热多雨，秋季晴朗温和，冬季寒冷干燥。当中1月最冷，平均气温只有-3.7℃，但下雪的日子不多；7月最热，平均气温为26.2℃，但最高气温可达40℃。

　　注意北京冬季日短夜长，1月约07:30日出、17:00日落，因此旅游若要拍摄日景照片就要注意时间。

北京市气象局网址：www.bjmb.gov.cn

沙尘暴
北京的春季（3、4月），若遇上周边荒漠干旱少雨，就会引起浮尘、扬沙，甚至出现沙尘暴，届时空气会变得相当混浊，能见度极低。近年，经中央政府整治荒漠后，北京已较少出现沙尘暴，但仍有少量浮尘、扬沙天，这段期间旅游最好备口罩。

飞絮
北京市内种满柳树，每年四五月，柳絮随风飘扬，形成漫天飞絮的景象，同时造成一定程度的环境污染。近年政府已加强改善，但春季赏花时最好还是戴上口罩。

通用语言

　　普通话，北京人的普通话尾音多加"儿"字，但一般都能听懂。

上网

　　北京大部分酒店、新式餐厅和酒吧都提供免费Wi-Fi上网服务，非常方便。

北京首都国际机场

　　位于北京市东北方向，现在是全球第二、全中国第一繁忙的机场，设有3个航站楼。2号（T2）、3号（T3）航站楼之间有巴士接驳，车程约10分钟。

Tips：北京机场有3个航站楼，离境时请查清楚航班从哪个航站楼出发，以免延误时间。

北京首都国际机场网址：www.bcia.com.cn

行李领取处旁设有更衣室，方便乘客下飞机后能更换装束，非常有趣

旅客服务中心柜台前设有纪念印章，带当日日期

Tips：免费Wi-Fi
机场提供免费Wi-Fi，但需凭有效证件在自助领号机上领取账号，并经认证后方能上网，一个账号可免费上网5小时。

机场往返市区的交通

a. 地铁机场专线

在机场可乘搭2008年落成的"机场专线"往返市中心，全线只有4个站，分别为2号航站楼、3号航站楼、三元桥及东直门站，全程约43分钟，车费￥25，约15分钟一班。旅客可在三元桥或东直门站转乘其他地铁。

Info

营运时间：机场2号航站楼开出 06:20 - 23:10；东直门站开出 06:00 - 22:30
票价：￥25
网址：www.bcia.com.cn/traffic/express

b. 出租车

从机场乘出租车到东城区，车费约￥90，需时约35分钟。若有3~4人同行，乘坐出租车直达酒店的车费与坐机场专线差不多，又不用搬行李转车，比较方便。

c. 机场巴士

机场设有多条线路的机场巴士通往市区，途经多个停靠站，车费一律￥16，在机场及各站点均有售票。人多的线通常每隔15分钟一班，其余线路也不超过30分钟一班。

Info

票价：一律￥16
机场巴士热线：010-6459-4375/
010-6459-4376（24小时服务）
网址：www.bcia.com.cn/traffic/airbus

机场巴士途经T3、T2、T1各航站楼后，再开往市区

领取行李出闸后即能看见机场巴士售票处，也可向职员咨询线路

通往市区的机场巴士线路

	停靠站点：	营运时间：
方庄线	亮马桥、白家庄、大北窑（国贸桥）、潘家园、十里河（京瑞大厦）、方庄（贵友大厦）	机场开出07:00 - 24:00、方庄开出05:30 - 21:00
西单线	北小街桥西 、安定门桥西、积水潭桥西、西直门桥南、复兴门桥东、西单（路口南地铁站）	机场开出07:00 - 24:00、西单开出05:30 - 21:00
北京站线	三元桥、渔阳饭店、东直门、东四十条、朝阳门、雅宝路、北京站	机场开出07:00 - 24:00、北京站开出05:30 - 21:00
公主坟线	国际展览中心、西坝河、安贞桥、马甸桥、北太平庄、蓟门桥、友谊宾馆、苏州桥、紫竹桥、航天桥、公主坟（新兴宾馆）	机场开出06:50至当天航班结束、公主坟开出05:10 - 21:00
中关村线	小营、亚运村（安慧桥）、学院桥、中关村（四号桥）	机场开出06:50 - 24:00、中关村开出05:30 - 21:00
奥运村线	广顺北大街、湖光中街、育慧里、北苑路大屯、大屯、奥运村	机场开出07:00 - 22:30、奥运村开出05:30 - 20:30
西客站线	朝阳公园桥、通惠河北路、永安里东街、广渠门、磁器口、珠市口、菜市口、广安门外、中盐饭店站	机场开出07:20 - 22:30、西客站开出05:10 - 21:00
上地线	东方普罗旺斯、望都家园、天通苑北、天通苑西三区北门、回龙观东大街、回龙观西大街、回龙观、上地快捷假日酒店	机场开出07:30 - 22:30、上地开出05:10 - 21:00
通州/亦庄线	西大街、北苑、翠屏、通州太阳花酒店、荣京东街（地铁站）、亦庄开发区	机场开出07:00-24:00、亦庄开出05:15 - 18:45

*另有往天津、秦皇岛等地的机场巴士长途线路，详情可上网查询。

283

市内主要交通

1. 地铁

现在，运营中的北京地铁共有14条线路、198个车站，预计2015年将增至19条线路，遍布北京市。除机场专线外，其他票价均为￥2，而且不用担心堵车，因此从早到晚都很挤拥，上下班时间更甚，但仍是游北京最经济、最省时的方法。

北京地铁最初于1969年试运行，北京是中国第一个建有地铁的城市

站内设有自动售票机，部分只收硬币

由于北京堵车问题严重，所以当地人都选择搭乘地铁，地铁大部分时间都很拥挤，当中1、2、5号线尤甚

北京面积很大，地铁站与站之间距离很远，有时下车后仍要走一大段路才能到达景点，可考虑下车后转乘出租车

如没有零钱，可到售票处购票，只要说有几位就行，反正乘多少站都是￥2

Info

营运时间：约 05:00 - 23:30
票价：￥2（机场专线除外）
北京地铁网址：www.bjsubway.com

一卡通

公交车、地铁车票储蓄卡。适用于出租车、公用电话、停车场、公园门票、电影院、大型超市等。用一卡通搭乘公交车折扣高达40%，但地铁则无优惠。在部分公交车站、地铁站、邮电局等均可申办，每张押金￥20，用完可再充值。
注意：退卡地点不多，对于只在北京逗留几天的游客来说，不算非常划算。

北京的公交车有电车、双层车等车款

2. 公交车

现在北京有900多条公交线路，覆盖全市、四通八达，车费￥1起。虽然每逢上下班时间会遇上堵车，车上也挤得像沙丁鱼罐头并不好受，但只要避开繁忙时间，乘公交车旅游仍然非常方便。

每个公交车站都设有详细线路牌，只要对一对地图景点附近街名与地标，就知能否到达

部分线路车上有乘务员，如没零钱可向乘务员买车票

Info

营运时间：约 05:00-23:00
车费：￥1 起
北京公交网址：www.bjbus.com
*可以点到点查询途经巴士线路，非常方便

公交车上可使用一卡通，最高可省40%

3. 出租车（的士）

北京的出租车3公里起价￥10，其后每公里￥2。23:00 - 次日 05:00则起表￥10，每公里在￥2的基础上再加收20%。

出租车司机称为"的哥"或"的姐"，收据叫"的票"

注意
最好随身携带酒店名片，致电让酒店职员直接跟司机说怎么走，或出门前请酒店职员写下线路。

实用电话

公安报警 ———————————— 110
火警 ——————————————— 119
急救中心 ———————————— 120
交通事故 ———————————— 122

实用网址

北京首都城市信息服务网

资讯非常丰富，提供多个特色主题旅游资讯，如赏花、胡同游、古迹游等，也有近期应节活动、节日消息，更新及时。另有各类公交、地图，乃至新闻等实用资料。

网址：www.beijing.cn

北京市旅游发展委员会

提供最新旅游、饮食、玩乐、住宿、购物资讯，图片丰富。

网址：www.visitbeijing.com.cn

大众点评网

聚集了北京的商店餐厅资料，有很多大众写下的食评和感想，可做参考。

网址：www.dianping.com

建议行程

4天3夜初次访京名胜游

目标人群 一家大小、男女老幼初次到访京城。

第一天：
以中午到京为前提：颐和园 → 什刹海吃晚饭 → 奥运场馆看夜景

第二天：
天安门看升旗 → 故宫 → 利群烤鸭店吃午饭 → 天坛 → 潘家园旧货市场 → 海碗居吃炸酱面/老舍茶馆吃晚饭兼看传统表演 → 东华门夜市

第三天：
慕田峪长城 → 798艺术区 → 三里屯吃晚饭

第四天：
雍和宫 → 钟楼、鼓楼 → 南锣鼓巷、鼓楼东大街 → 机场

4天3夜文艺青年游

目标人群 喜欢文化、艺术的年轻人。

第一天：
以中午到京为前提：颐和园 → 清华大学 → 雕刻时光咖啡馆/光合作用看书吃晚饭（晚上可入住迈克之家、阅微庄、侣松园、广济邻、莲花旅舍或和园）

第二天：
中国电影博物馆 → 798艺术区 → 草场地艺术区 → 那里花园吃晚饭/夜游

第三天：
什刹海单车游 → 烟袋斜街 → 钟楼、鼓楼 → 南锣鼓巷、鼓楼东大街 → 方家胡同46号 → 五道营胡同 → 到现场音乐俱乐部看乐队表演

第四天：
中国美术馆 → 北大红楼 → 钱粮美树馆享受午后阳光 → 东、西交民巷看古西洋建筑 → 机场

3天2夜美食购物潮游

目标人群 喜欢逛街购物、尝美食的潮流达人。

第一天：
以中午到京为前提：三里屯Village购物 → 那里花园/1949 -The Hidden City吃饭 → 三里屯那里市场或同里酒吧夜游

第二天：
南锣鼓巷、鼓楼东大街 → 五道营胡同 → 工体吃晚饭 → 工体夜店Clubbing

第三天：
花家怡园SOHO尚都店吃午饭 → 新光天地最后冲刺购物 → 机场